深入虎穴，士兵突击。

解围阿纳姆

THE BATTLE OF THE BRIDGES

市场花园行动中的美军第82空降师第504伞兵团

［荷］弗兰克·范·鲁特恩（Frank Van Luntern）著

林立群 译

重庆出版集团 重庆出版社

The Battle of the Bridges
Copyright © 2014 by Frank Van Luntern
All rights reserved
版贸核渝字（2015）第089号

图书在版编目（CIP）数据

解围阿纳姆/(荷)弗兰克·范·鲁特恩著;林立群译.—重庆:重庆出版社,2017.7
(士兵突击丛书/冯建华主编)
书名原文:The Battle of the Bridges
ISBN 978-7-229-12005-4

Ⅰ.①解… Ⅱ.①弗… ②林… Ⅲ.①第二次世界大战战役－史料Ⅳ.①E195.2

中国版本图书馆CIP数据核字(2017)第028165号

解围阿纳姆
THE BATTLE OF THE BRIDGES

[荷]弗兰克·范·鲁特恩（Frank Van Luntern） 著
林立群 译

责任编辑：连 果
责任校对：刘小燕
书籍设计：博引传媒

重庆出版集团 出版
重庆出版社

重庆市南岸区南滨路162号1幢 邮政编码：400061 http://www.cqph.com
重庆长虹印务有限责任公司印刷
重庆出版集团图书发行有限公司发行
E-MAIL:fxchu@cqph.com 邮购电话：023-61520646

重庆出版社天猫旗舰店
cqcbs.tmall.com

全国新华书店经销

开本：710mm×1000mm 1/16 印张：17 字数：320千 插页：34
2017年7月第1版 2017年7月第1版第1次印刷
ISBN 978-7-229-12005-4
定价：49.80元

如有印装质量问题，请向本集团图书发行有限公司调换：023-61520678
版权所有 侵权必究

Advance Praise for *The Battle of the Bridges*
《解围阿纳姆》一书的发行评语

犹如永放光辉的群星，在我们化作尘土时，他们在九天之上列队前行；犹如闪烁发亮的群星，在我们置身冥界后，他们星光不灭，与日月同在。

——劳伦斯·宾尼恩（Laurence Binyon）

《致逝者》（*For the Fallen*）作者

也许人们会很快把这些付出生命代价的年轻人遗忘，但我不会且永远也不会忘记他们。

——卡瑟琳娜·巴亨海默（Katherina Bachenheimer）

[西奥多·H.巴亨海默（Theodore H.Bachenheimer）一等兵的母亲]

给联谊会事务官的一封信，1947年3月12日

孤军趁夜闯入敌军阵中是最令人心惊胆寒的战斗形式。

——罗伊·M.汉纳中尉(Roy M.Hanna)，

在接受作者采访时的评论，2008年5月3日

佩戴勋章最多的人不一定是参战最多的人。

——罗伯特·C.布兰肯西普（Robert C.Blankenship），

给弗朗西斯·W.麦克莱恩（Francis W.Mclane）下士的信，1944年7月28日

通过多年执着的研究以及从第504伞兵团老兵那里获得的第一手资料，弗兰克·范·鲁特恩帮助我们更好地理解'市场花园'行动。在书页里，那些人性故事栩栩如生，无论悲剧、喜剧，都是那么激动人心。

——约翰·C.麦克马努斯（John C.McManus）博士，
《九月的希望：美军视角里遥远的桥》、《已死者及将死者》、
《D日：大红一师在奥马哈海滩》图书作者

很少能看到像弗兰克·范·鲁特恩写作得这么扎实的作品。任何想了解第二次世界大战西欧战场第一手体验的人都不能错过这本书。

——道格·麦克凯比（Doug McCabe），科尼利厄斯·瑞恩档案管理员

本书详尽研究了第504伞兵团在'市场花园'行动中的作战经历。传奇般强渡瓦尔河，攻克奈梅亨大桥的战斗过程得到了最细致的复原。

——斯蒂芬·扎罗加（Steven Zaloga），
《恶魔的花园：D日里隆美尔在奥马哈海滩的绝望防守》一书作者

关于美军二战中最强战斗部队第504伞兵团在'市场花园'行动中表现的生动叙述。第504伞兵团在那场战役中的表现英勇无比，且听范·鲁特恩给你娓娓道来。书里引用的那些访谈均为首次出版，他把你带到了第504伞兵团的火线上，仿佛是让那些老兵和你慢慢叙述自己原汁原味的故事。本书很好地介绍了第504伞兵团在奈梅亨附近的战斗经历，让读者可以一起重温1944年9月的那些日子。"

——盖·勒法罗（Guy LoFaro），
《圣米歇尔之剑：二战中的第82空降师》一书作者

空降作战爱好者的必读书。范·鲁特恩的钻研令人赞叹，他参考了很多从未出版过的德语、荷兰语和英语资料。他搜集的第504伞兵团老兵的第一手资料使得本书鲜明地塑造了那些卓越的年轻人战斗时的英勇形象。他用流畅的笔墨叙述了二战中最大规模的白昼空降行动。

——约翰·斯帕瑞（John Sparry），
《空降指挥官：二战中第82空降师第505伞兵团和第508伞兵团的战斗》一书作者

献给
所有二战中在第504伞兵团并肩作战的官兵，
他们的牺牲永不磨灭。

To all the officers and men who served in the 504th Regimental combat Team in World War II. Their sacrifices will not be forgotten.

目录

1	■	前言	
5	■	致谢	
1	■	第1章	**新兵**
			莱切斯特，英国，1944.7.1—9.16
11	■	第2章	**第17次任务**
			莱切斯特，英国，1944.9.11—16
21	■	第3章	**"O"空降区**
			上阿瑟尔特，1944.9.17
35	■	第4章	**博汉南上尉的最后一次飞行**
			海宁根、上阿瑟尔特、赫拉弗大桥，1944.9.17
53	■	第5章	**攻克马斯河大桥**
			赫拉弗，1944.9.17
67	■	第6章	**马斯—瓦尔运河诸桥**
			赫门、马尔登及哈特尔特，1944.9.17
79	■	第7章	**巩固阵地**
			赫拉弗、尼尔布施、奈梅亨、韦亨 1944.9.18—19
93	■	第8章	**自杀任务**
			奈梅亨，1944.9.20
107	■	第9章	**混战**
			奈梅亨，1944.9.20

119	■	第10章	**I连强渡**
			奈梅亨，1944.9.20
135	■	第11章	**荷兰法院城堡及伦特跨线桥之战**
			奈梅亨，1944.9.20
151	■	第12章	**扩大桥头堡**
			奈梅亨，1944.9.20
159	■	第13章	**使命完成**
			奈梅亨，1944.9.20
175	■	第14章	**岛区**
			伦特、奥斯特豪特、奈梅亨，1944.9.21—23
187	■	第15章	**并非"田园漫步"**
			荷德边境，1944.9.24—27
199	■	第16章	**惠勒班公路之战**
			荷德边境，1944.9.28—10.2
213	■	第17章	**艾尔勒孔之战**
			荷德边境，1944.9.28—10.4
229	■	第18章	**坚守防线**
			荷德边境，1944.10.5—11.4
245	■	**后记**	1945.9—2014
252	■	**附录A**	优异服役十字勋章获得者
253	■	**附录B**	市场花园行动期间编制图

前　言

　　1944年9月20日，第504伞兵团于白昼在荷兰奈梅亨（Nijmegen）附近成功强渡瓦尔河（Waal），占领了市场花园行动中的一个主要目标，这是其他部队难以完成的。第504伞兵团完成了称得上是第二次世界大战中最具勇气、最为大胆的任务之一，这奠定了他们在历史上永不磨灭的地位。指挥这一行动的是3营营长朱利安·库克（Julian Cook）少校，他是一位充满力量和勇气的年轻指挥官。库克在当时只有26岁，4年前刚从西点军校毕业，年纪轻轻的他充满朝气，同时又具备一名军官所必需的沉着和冷静。这种领袖气质赢得了来自战友和敌军的敬意，库克在此次战斗中的英勇表现为他赢得了优异服役十字勋章—美国排名第二的勋章。库克少校的表现在团里并非孤例，那些热忱、勇敢的军官和士兵们从他们14个月前在西西里岛的第一次实战跳伞后就不断磨练自己的力量、强化战斗的技巧。该营大部分官兵实际上在美军参战前几个月才入伍。勇气和决心伴随着他们从西西里岛、意大利本土、荷兰、比利时和德国一路战斗过来，也让他们成为受勋最多的部队之一。

　　这群天空勇士的战斗历史开始于1942年5月1日的乔治亚州本宁堡（Fort Benning），那时距离首个美军空降实验，探索空降作战方法仅有2年时间（1940年6月）。当第504伞兵团初创的时候，它拥有的只是一些刚刚完成跳伞训练的年轻士兵。技术的创新极大地改变了作战形式，这也促使美军组建了第一批空降部队，为即将到来的大战开启了新的一页。统领这个团的是西奥多·L·邓恩（Theodore L.Dunn）上校，这位经验丰富的老将拥有17年的军旅生涯。在离开美国勇闯敌阵之前，第504伞兵团在高强度的空降和步兵作战训练中已遭遇了不少挑战。1942年他们移驻至北卡罗来纳州布莱格堡（Fort Bragg），和兄弟部队第505伞兵团以及第325团（滑翔机团）一起组建成第82空降师。

作为加入第82空降师的程序之一，该团要经受陆军地面部队总部苛刻的考核。但结果是下辖的几个营大部分未通过考核，这直接导致了指挥层的大换血。1942年12月，邓恩被解除指挥权，接替他的是一名年轻的中校，后者佩戴银橡叶军衔还不到3个月时间，入伍刚刚8年。这就是西点军校1935届毕业生鲁本·H·塔克三世（Reuben H. Tucker Ⅲ）中校，他之前是第504伞兵团的副团长。31岁的塔克成为陆军里最年轻的团长之一。实际上他确实是最合适的人选：他从最开始就在该团，和战友们建立了牢固的友谊。他和士兵们一起经历了严酷的训练，而他鲜明的领导风格足以带领他的士兵走向胜利。他到任后没有浪费一点时间，立刻率领各营在规定的时间达成目标，将部队打造成一支前所未有的攻坚力量。

这支部队于1943年在西西里岛完成首战，尽管在夜晚的空降行动中被友军误击造成不小的伤亡，总体来说还是相当成功的。他们在休整2个月后就被派到萨莱诺海滩（Salerno）去支援第5集团军。9月13日，在接到第82空降师师长马修·李奇微（Matthew Ridgeway）少将的命令仅8个小时后，第一批伞兵就降落到指定作战区域。天亮前，部队已经集合完毕且做好战斗准备。第5集团军指挥官马克·克拉克（Mark Clark）中将把第504伞兵团称作他所见过最好的部队之一。实际上，他这话真不是客套，当第82空降师调往英国准备诺曼底登陆时，克拉克中将要求把第504伞兵团留下来配属给第5集团军作战。

真正让人们开始认识第504伞兵团是从安齐奥海滩（Anzio）开始的，这支部队把自己的恐怖深深烙印到敌军心里，并为自己赢得了"袋袋裤魔鬼"（Devils in Baggy Pants）的称号。无畏、勇气和决心加上强有力的指挥，使得他们成为战争中最负盛名的一个团。詹姆斯·M·加文（James M. Gavin）中将曾是第82空降师和第505

伞兵团的指挥官，在他写的《柏林之路》（*On road to Berlin*）一书里，把塔克称为"也许是战争中最出色的团长"。

  本书里有大量关于这些年轻人的详细描述，记录他们是如何走到了一起，并从北非一路杀向柏林的胜利历程。从1943年7月至1945年5月间的战斗中有超过500名团里的战友献出了自己的生命，本书不仅是对他们的一种追思，同时也彰显第二次世界大战中第504伞兵团的核心精神——无畏和勇气。耳边回响起猛虎添翼的美军空中勇士所热爱的那句口号："空降！（Airborne）"

——克里斯托弗·塔克准将（美军，退役），
鲁本·H.塔克三世少将（美军，退役）之子

致　谢

威廉·D·曼德勒（William D. Mandle）中尉和戴维·H·惠蒂尔（David H. Whittier）一等兵在编写该团第一部团史的时候面临了巨大的挑战。他们在整理书稿时发现1944年12月至1945年5月间的资料文献非常缺乏。而当时在团部的小乔治·B·格雷夫斯（George B. Graves）下士在荷兰战役的时候倒是下决心要写一部第504伞兵团的战史。因此他在欧洲作战期间，一直坚持写日记，并将相关的战争报告副本、照片和受勋情况不断寄回老家，让他妻子保存以备之后写书使用。他的收藏整理成了一部很棒的剪贴本，但是这本计划中的回忆录一直没有启动。我在写作本书的时候，常常感觉是在完成乔治·格雷夫斯在1944年准备写的书。

我很幸运地得到了各方面的帮助：威廉·曼德勒少尉的三个孩子—斯蒂夫、香农和吉姆给了我全力支持，不仅仅提供给我他们父亲留下来的大量照片。曼德勒少尉曾经希望编写一本团史，但后来他被诊断出患有癌症并于1962年去世，这当然中断了他的写作。斯蒂夫抄录了不少他父亲的战时信件，并转寄给我。非常感谢你们三位一直以来的帮助，这极大地帮助了我的研究，给了我了解第二次世界大战中一位年轻少尉观察生活和战斗的独特视角。

麦克·毕加尔克（Mike Bigalke）不仅给我分享了乔治·格雷夫斯下士的照片、信件和报告，还将他从本宁堡多诺万研究图书馆里找到的该团意大利战役的报告影印件发给了我，另外还给我增加了一件珍贵异常的藏品—该团于1945年4月出版的团刊《螺旋桨滑流》（Propblast）原件。罗伯特·乌尔夫（Robert Wolfe）将我们于2007年8月参观宾州卡莱尔美国陆军历史军事学院时发现的那些报告和受勋名单也整理给我。

历史学家约翰·C·麦克马努斯（John C. McManus）（《九月希望》的作者）和弗雷德·巴尔迪诺（Fred Baldino），小詹姆斯·麦克纳马拉（James McNamara.Jr）以及蒂姆西·罗瑟（Timothy Rose）慷慨地给予了我科尼利厄斯·瑞恩（Cornelius Ryan）档案的影印件，包括巴尔迪诺、麦克马努斯和罗瑟做过的一些采访资料。斯蒂夫·莫罗泽克（Steve Mrozek）是研究第82空降师的官方历史学家，已经出版了两部伟大的作品，他给了我该团在1944年8月的花名册，这无价的材料帮我找到了许多原本没办法联系的老兵。

雷蒙（Raymond）和凯斯琳·布特克（Kathleen Buttke）是我于2004年9月在参观赫罗斯比克（Groesbeek）解放博物馆时认识的，当时一起在场的还有菲尔（Phil）和朱迪·罗森克朗茨（Judy Rosekrantz）、老兵阿尔伯特·克拉克（Albert Clark）（A连）、弗朗西斯·基弗（Francis Keefe）（I连），以及弗朗西斯的外甥杰克·巴里（Jack Barry）。我于2007年8月在第504伞兵团老兵的一次聚会晚宴上受邀作为嘉宾讲话，正是弗朗西斯要求我写一部团史。雷蒙和凯斯琳将他们对瓦尔河强渡中阵亡情况的研究分享给我，菲尔允许使用他叔叔戴维·罗森克朗茨（David Rosenkrantz）中士的信件和战地照片。

在荷兰，我得到了扬·博斯（Jan Bos）的帮助，他是第376空降野战炮兵营的研究专家，他慨然地分享了自己撰写的该营营史，以及路易斯·霍普特福莱施（Louis Hauptfleisch）上尉所拍摄的珍贵照片。丹尼斯（Dennis）和格尔达·赫门森（Gerda Hermsen）给了我关于理查德·根策（Richard Gentzel）和威廉·桑多瓦（William Sandoval）的信息，以及私藏的很多关于美军亨利—夏倍勒（Henri-Chapelle）公墓的照片。艾格伯特·范·德·舒特布鲁格（Egbert van de Schootbrugge）提供了特德·巴亨海默（Ted Bachenheimer）的私人档案，这给我提供了关于战后陆军记者的丰富素材，更好地理解那些阵亡伞兵家属的心路历程。前文引用过的卡瑟琳娜·巴亨海默给联谊会的信件就是从这里获得的。

我还要衷心地感谢两位了不起的朋友：约翰·范·阿斯腾（Johan van Asten）和乔斯·贝克斯（Jos Bex）。乔斯帮我联系上了彼得·克雷松（Peter Colishion）的家人以及提供关于瓦尔河强渡的地图。2007年8月，约翰陪我参加了第82空降师的第61届年会，那次举办的地点是宾夕法尼亚州的哈里斯堡（Harrisburg）。他可是一位无名英雄，在与奈梅亨当地政府抗争了多年后，终于让当局认识到保存历史痕迹的重要性，1984年一座瓦尔河强渡纪念碑树立了起来。

来自赫拉弗（Graaf）博物馆的扬·蒂默曼（Jan Timmermans）和内尔布施（Neerbosch），范特林登豪特博物馆的安妮—玛丽·简森（Anne-Marie Jansen）给了我1944年9月间拍摄于当地的一些照片和社会新闻作为背景资料。本·欧福汉德（Ben Overhand）和我分享了他对登霍威尔（Den Heuvel）战斗的了解，并提供了关于肯尼迪（Kennedy）少尉和鲍尔温（Baldwin）上士的照片和文件。荷兰退役准将本·波曼（Ben Bouman）热情地提供了回忆录，并回答了诸多关于他和B连在荷兰时的问题。阿扬·库伊肯（Arjen Kuiken）贡献了5张罕见的瓦尔河南岸戈尔德施电站的照片，都是未曾出版过的。我的父亲维姆（Wim）帮我处理了好几张照片的数字化增强效果，这让我的出版商（以及我）非常感激。

从英国也发掘出珍贵的资料。我的老友罗伊·哈姆林（Roy Hamlyn）和我分享了他当年乘坐帆布艇突破奈梅亨的经历，这可是参加过市场花园行动老兵的第一手回忆。遗憾的是他于2013年去世了。扬·博斯帮我联系上了罗伊·塔克（Roy Tuck），他参加瓦尔河强渡时是一位仅19岁的工兵。他不仅回答了我的所有问题，还把他的部分回忆录给了我。

卡尔·毛罗（Carl Mauro）二世不仅把他父亲的战争回忆录奉献出来，还帮忙试读了本书的几个章节，提供了不少罕见的照片，还为本书绘制了超棒的详细地图。感谢你的全力支持，卡尔！

我出色的作品代理人盖尔·乌尔斯特（Gayle Wurst）来自普林斯顿国际艺术代理公司，她把我写的完整团史推荐给了凯斯梅特（Casemate）出版社。我们合力把书稿整理成若干个篇章。本书是从第504伞兵团丰富经历中第一个被挖掘出来的作品。盖尔，感谢你！没有你，本书永远不会付印。

写作中最困难的部分是如何决定内容的取舍。我一开始是想写一份尽可能完整的团史，但当研究细节越来越深入的时候，新的材料不断涌现。有些故事不得不简单带过，比如特德·巴亨海默一等兵的故事，实际上光他的故事就可以很轻松地写上一个章节，但那就对团里的其他战友显得不公平了。我在写作过程中还采访了第307空降工兵营和第376空降炮兵营的老兵（大部分是军官），受制于篇幅限制，本书还是专注于第504伞兵团本身。

和其他那些关于市场花园行动的书不同，本书涵盖了那些后方的故事，包括随军牧师、救护兵、荷兰抵抗组织，与荷兰和英国民众的互动以及友军误击事故。第二次世界大战美军伞兵部队中的救护兵很少被谈到，我也是因为幸运地找到了伊凡·J·罗根（Ivan J.Roggen）退役少校和小查尔斯·R·泽克尔（Charles R.Zirkle）上尉才获得了大量一手信息。不过今天，他们都不幸去世了。查尔·鲍德里奇（Char Baldridge）是第359战斗机大队的历史专家，他帮忙提供了保罗·D·布伦斯（Paul D.Bruns）的回忆录，后者是另外一个营医。在他们的帮助下，我获得了多篇战时的新闻报道以及和德尔波特·屈尔（Delbert Kuehl）牧师为我提供的关于救护兵和牧师功绩的介绍。

通过研究每个连长达8个月的晨会报告，我发现了不少被《第82空降师荣誉榜》所疏漏的细节，后者是由赫罗斯比克解放博物馆出版的。因此本书从细节上来说更为准确，只要有可能，我就会引用亲历者证言和第504伞兵团官方报告，并且辅以德方报告、荷方回忆以及英方战争日记，尽量做到公正客观。当研究过程中发现有些人曾经获得过优异服役十字勋章而从未被书面记载后，我的惊喜之情难以抑制。

这份致谢词必须还要感谢那些数以百计把家庭档案打开的美国人，他们把自己曾在第504伞兵团服役的丈夫、兄弟、父亲、伯父和爷爷的资料（新闻报纸、信件、勋章、照片和个人收藏）分享给我。这些帮助对他们来说也许只是举手之劳，但对我来说却是无价之宝。他们的名字会出现在本书的诸多地方。

后来晋升为少将的鲁本·H·塔克的儿子们—杰夫（Jeff）、司各特（Scott）、格伦（Glenn）和克里斯托弗（Christopher）热情地回答了我提出的关于他们父亲的问题。杰夫把珍藏的照片提供给我，克里斯托弗慷慨地承担下完成本书前言的任务，他写得真是棒极了！很遗憾格伦英年早逝，没有看到本书的最终出版。

最后的感谢必须要给到第82空降师协会鲁本·塔克上校分会的麦克·乔治，这位在战后加入第82空降师的老兵仔细研读过罗斯·卡特（Ross Carter）的《袋袋裤恶魔》（*Those Devils in Baggy Pants*），并引荐我成为鲁本·塔克上校分会的荣誉会员。谢谢你，麦克，感谢你的友谊和热忱支持！

根据档案，我预估在第二次世界大战中有超过6 000名美国士兵曾在第504伞兵团服役过。从进攻西西里岛到最后攻克柏林期间，共有644人在战斗中阵亡或者由于伤病去世。希望他们永存人们心间。

—弗兰克·范·鲁特恩（Frank Van Luntern）
阿纳姆，2014年4月

第1章

★★★

新 兵

莱切斯特，英国，1944.7.7—9.16

在安齐奥海滩度过了60多个艰难的日子后，鲁本·塔克上校的第504伞兵团于1944年4月乘坐英国客轮"开普敦城堡"号从意大利来到了英国。他们在莱切斯特和自己所隶属的第82空降师会合。由于在意大利的战斗中损失惨重，第504伞兵团没有被征调参加1944年6月的诺曼底登陆。塔克手下有几十名伞兵志愿前往诺曼底，担任侦察兵或者师指挥部的警卫。

"早在那不勒斯（Naples）的时候就充斥着传闻"，刚刚晋升为一等兵的戴维·K·芬尼（David K.Finney）这样回忆道，他在营部直属连服役。"每天都会有新的传言，越传越神。最离谱的一种传言是我们要被送回美国了。我不认为有人会相信这些传言，但我倒挺希望这是真的。不管怎样，我们都打好包，随时准备去任何地方。那天终于来了，4月10日当天仍然有新的小道消息在散播，我们奉命前往那不勒斯码头。最后部队停在了一艘漂亮的英国轮船面前，这就是'开普敦城堡'号。我们通过跳板走上船，被安置在甲板上，前往英国的旅程就这样开始了……"

"我躺在自己的床铺上，听着轮船发动机的轰鸣声，感受着它给我带来的震颤。我不断地回想之前去过的地方——而不是去费力猜想

解围阿纳姆

我们将去往何处。在看到那么多死亡和痛苦后,我离开意大利时的心情有些沉重。我不禁想到,那些战友如此年轻就战死疆场,他们的家庭要承受多么大的痛苦。"D连的欧内斯特·W·帕克斯(Ernest W. Parks)上士也在"开普敦城堡"号上:"安齐奥在我们眼里等同于毁灭。很多人失去了挚友,只剩下无尽的哀思久久萦绕。"

1944年夏天的那几个月都用来让部队重新做好准备,迎接之后的战斗。步枪排下面增加了一个步枪班,因此现在包括三个步枪班和一个60毫米迫击炮班。获得新兵的补充已经很费时间,找到合适的军官更难,最难填补的是那些在过往战斗中因伤亡而空缺的军医岗位。到了1944年7月,第82和第101空降师补充军医的需求变得更为强烈,因为在诺曼底战役中他们都遭受了惨重的损失。

部队所能获得的新军医一般都类似来自爱荷华州的29岁保罗·D·布伦斯上尉那样。他从1943年10月起就驻扎在英国的西雷特姆(West Wretham),担任第359战斗机大队第369中队的军医,这让他远离前线。为了可以实现更多个人价值,他参加了一次空降师募兵大会。他回忆说:"志愿加入的人员被要求起立。我记得一位同僚军官说,'天呐,还是坐着吧。'回想起来,我得说那是一个好建议,当然我没接受那一建议,尽管我知道这是善意的。"

下一站就到了莱切斯特附近的伞兵训练基地:"我真想尽快忘了那些训练的日子。这包括每天早晨1小时的跑步,紧跟着的是2小时的体操和1小时的课堂学习。下午则是继续重复早上的过程。这样高强度训练的意义在我们登上C-47运输机后才彻底明白。随着'起立,挂钩'的口令,我们朝飞机舱门外望去才知道之前近乎折磨人的训练是非常必要的。跳伞和每天超过10小时的跑步、训练比起来,真不算什么。"

伞兵部队的军医有三个主要工作:心理安慰、急救和治疗伤员。如果伞兵知道军医会和他们一起跳伞,这意味着当他被击中或者受伤的时候可以在第一时间获得治疗,士兵们会带着足够的勇气和自信去跳伞。因此作为回报,军医在和部队一起跳伞时享有特权,也就是说他不必拘泥于严格的训练条例。

我的第一次跳伞简直一团糟。伞包打开的时候头盔压在了我的脸

第1章 新兵

上。等我解决了这些麻烦时，已经到了地面，但完全不知道自己落到了哪里。当我正在回味人生中刚刚完成的壮举时，一个孩子走到我跟前问：'能给我块口香糖嚼么？'真是狼狈。"

军医布伦斯于1944年8月5日从伞兵学校毕业，被短期调往驻扎在埃文顿（Evington）的第504伞兵团1营。他很快发现要想真的融入营医这个角色并不是那么容易："加入一个都是老兵的单位带来了一种新鲜而陌生的体验。我把他们的冷漠理解为一种保留态度，只有在他们看到我在战火中的表现后才有可能改变。好吧，我对此没意见。他们在之前的西西里、意大利战役期间都很不容易。他们中的很多人熬不过下一次战斗。士兵们阵亡的概率非常高。1944年9月上旬，我们经历了好几次'虚惊'。战斗任务被排上日程表，到了最后一刻又被取消。我记得'艾克'将军（艾森豪威尔）有天来视察战场的情景，他抱着双臂说：'大家靠拢，我知道你们都想尽快回家。我也一样，但我们还有活要干。'任务简报表明即将到来的任务不可能轻松。"

8月10日上午，德怀特·D·艾森豪威尔将军视察了第101空降师。当天下午，他又来到第82空降师进行检阅，参加检阅的伞兵和滑翔机步兵多达6 000人。艾森豪威尔将军对于该师在诺曼底战役期间的表现给予了高度赞扬，并授予了一批士兵优异服役十字勋章。在获勋人员中就包括查尔斯·比利斯里（Charles Billingslea）中校、威拉德·E·哈里森（Willard E.Harrison）少校以及托马斯·L·罗杰斯（Thomas L.Rodgers）一等兵（追授）。

亚当·A·科莫萨（Adam A.Komosa）上尉是营部直属连的指挥官，他相信艾森豪威尔的出现意味着新的任务很快就要来临："当大佬突然出现在你的面前，对你关怀备至，这就意味着你很受'关注'。在莱切斯特阅兵结束后，艾森豪威尔将军给我们讲话鼓气。'我和你们一样想尽早结束这场战争，回到美国后可以去钓鱼，'他的结束语是这样：'我已经欠了你们（伞兵）很多，恐怕在结束这一切之前还会欠下更多。'这果然是为之后的行动埋下伏笔。"

在这次活动之后，新兵补充的速度明显加快。有些人在晚上到达部队，21岁的埃德温·克莱门茨（Edwin Clements）下士的回忆就很好

解围阿纳姆

地代表了新兵对该团的第一印象:"我们于半夜时分在利物浦靠岸。天下着雨,雾气很重,我们花了2小时才上岸,大家每人拖着两个粗呢行李包后爬上卡车,随后将被送往所被分配的部队去。但是我的两个行李包却怎么都找不到,而卡车也不会等我。尽管我之前在包上贴了明显的标签,把自己的名字、军衔和编号都写得清清楚楚。我后来一直没有找回它们,这里面包括漂亮的盥洗包还有不少父母寄给我的好东西。所以最后伴随我上战场的东西只有一个野战背包,里面放着剃须刀,换下来的脏衣服和几双袜子。

我们下车时天还是黑的。我被命令住到一个有12个人的帐篷中。我当时只知道是被分配到了第82空降师位于莱切斯特附近的一个营地里。帐篷里黑洞洞的,我踩醒了两个人,他们大声诅咒了几句。我终于找到了一个空铺位,把靴子脱了后和衣而睡。

伴随着熟悉的起床号我醒了过来,发现我所属的单位是第504伞兵团1营B连1排,这支部队参加过西西里和意大利的战斗,包括在安齐奥海滩的苦斗。

我的班长是位叫杰瑞·墨菲(Jerry Murphy)的年轻人,他把我交给连里的军需中士,这是B连出了名的人物。查尔斯·J·海德(Charles J.Hyde)中士听完我悲惨的故事,很快给我找来了所需要的衣服和装备。海德为了搞到那些在正常途径非常匮乏的补给品,无所不用其极,恳求、借用、乞讨甚至是偷窃,只要需要。

墨菲只是代理班长,以二等兵的身份行使中士的责任。我的臂章表明我是下士,这显然成了问题。好在那天他们让我去向连长报到,解决了这一尴尬。

托马斯·C·赫尔格森(Thomas C.Helgeson)上尉简直是二战伞兵军官的典范。他个子不高,但有着宽阔的肩膀,苗条的腰部,金发碧眼。他制服挺括,皮鞋油光可鉴,总是直截了当。'克莱门茨下士,虽然你没有实战经验,但你的军衔和培训让你有资格担任步枪班副班长。我相信你如果带领一群参加过西西里、萨莱诺和安齐奥海滩战斗的老兵的话,也会感到不自在。'他没等我回应又继续说道:'因此我把你即刻降级为二等兵。解散。'

第1章 新兵

这就是那支我在莱切斯特加入的部队，或者说那支部队所剩下的部分。很多在西西里跳伞的士兵并没有熬过后面的一系列战斗。本该由新兵补上的空缺没有填满过，人数一直低于编制要求。B连的有些战友几乎或者完全没有参加过实战，他们加入时，该部是后备状态。我很幸运的是碰到威廉·J.沃尔什（William J.Walsh）副排长，他是从伞兵团成立时就在的老兵，被亲切地称为科诺比（Knobby）。他随着部队参加了西西里战役开始后的所有重要战役，很快被晋升为上士，而且并没有在这个位置上停留很久。"

另外一位年轻的新兵是18岁的瓦尔特·E.休斯（Walter E. Hughes）一等兵，他来自纽约的布鲁克林。休斯从12岁起就在他继父的拖轮上干活，15岁离开学校："当1940年欧洲已经深陷战火时，我就知道我们的国家不会置身事外太久了。我加入了战争航运署（War Shipping Administration），开始在好几条政府的拖轮上工作，去过克林顿港，文森特港，总之哪里需要熟练的海员我就去哪里。作为海员我并不需要参军。我不喜欢那样，但也不排斥，包括珍珠港事件爆发后也一样。不过到了1943年我决定放弃这一优待条件，报名参军。"

休斯选择陆军的时候以为会像其他那些参军的同伴一样去陆军所属的拖轮或者小船上工作。事实不是这样。他在布莱格堡接受了野战炮兵的基础训练，后来他听说如果加入伞兵每月可以多赚50美元："我自愿加入伞兵，完成了5次合格跳伞和2次夜降后被送到前线。那是1944年8月，我们乘坐新西兰货船离开纽约港。作为蒸汽船，她跑得够快的，在纽芬兰（Newfoundland）沿海加入了由几艘货船和加拿大巡逻艇组成的船队。两周后我们就形单影只了，我忍不住想，'如果我们被鱼雷击沉后该抱着什么求生？'19天后我们遇到了艘驱逐舰大小的军舰。我没能认出军舰上旗帜的国别，但感觉应该是美国或者英国的。我想，要是它们一直在我身边就好了。

在到达利物浦11天后，我们被拉到了一列火车上，那里有着大大的欢迎横幅以及不少为士兵提供茶水点心的妇女。必须要感谢她们：在英国陷入战争5年后，她们依旧展现出高昂的士气。我们也注意到年轻男性的身影几乎看不到。我在火车上很快睡熟了，下车时已无法辨

解围阿纳姆

别当时的时间。

那时我们剩下的人数只有12个（编制32人）。一名中士让大家立正，一名拿着夹纸板的年轻少尉走出车站，开始点名。他随后问有没有人学过无线电通讯，而我在野战炮兵训练科目中曾学过。他让我拿起行囊，去边上的一辆卡车旁待命。

我走到卡车旁，一位下士正靠着挡泥板抽烟。我问他我们要去哪支炮兵部队。他说，'这辆卡车是第504伞兵团的，'我告诉他，'那位少尉肯定搞错了，我不是步兵。'发现我是一个新兵后，他说，'你为什么不过去和他说？'我就像个傻瓜一样真的照做了。少尉狠狠地看了我一眼，'欢迎来到步兵，孩子。现在你给我滚上卡车去！'我因此误打误撞进入了步兵（美军在第二次世界大战中没有空军编制，空军均属于陆军部队）。

我现在成了第504伞兵团的一名'攻必克、守必固'的士兵。当时的我完全没想到后来会经历欧洲战场上最激烈的那些战斗，而且身旁一起浴血奋战的兄弟是美军里最好的战士，每个人都是传奇。我成为了'袋袋裤恶魔'的成员，绝对不会让任何人失望。我要竭尽全力，哪怕拼上性命，让家人为我自豪。"

在埃文顿郊区，一名中士等在那里给新兵分配连队："我被告知所在的地方是莱切斯特，但作为新兵别指望很快可以出去放风。营地里非常忙碌。我感觉不错，终于装备齐全了。一名中士让我去第二排第一个帐篷里向上士汇报。这是一个消瘦的人，我后来才知道他是戴维斯（Davis）上士。他给我指了一个帐篷，第二个铺位是我的。

因为还没吃东西，他让我去餐厅找点食物充饥。我在恶魔部队的第一餐是几杯牛奶和几个苹果派。这是清洁工所能找到的所有东西了。我回到帐篷里，战友们迎上来做了自我介绍。他们是比尔·希克斯（Bill Hicks），比尔·马丁（Bill Martin）和艾德·哈恩（Ed Hahn）。这让我有了回家的感觉。"

休斯了解到他所在的I连归T·莫法特·布瑞斯上尉（T.Moffat Burriss）指挥。"我来英国的时候没有配发武器，戴维斯上士让我去仓库里领取。我问罗伯特·布兰肯西普（Robert Blankenship）少尉

第1章 新兵

'我该选择什么武器呢？'

"'随便你挑。'他答道。所以我选择了一把汤姆逊冲锋枪。"

休斯知道一场新的战斗不会太远了，他急着想知道如何在战场上幸存下来。他带着这个问题去问威廉·艾德·哈恩二等兵，这是个经历过几次战役的老兵了。"跟紧布瑞斯上尉，"哈恩回答，"他是刀枪不入的。"

休斯很快学到的另外一件事是让别人记住他的名字要花很长时间。老兵对此毫无兴趣，经验告诉他们很多新兵会在第一次战斗就中弹身亡。这条不成文的公理对他也不会是例外。根据口音和年轻的外貌，他被戏称为"布鲁克林来的孩子"，这个称号流传了好长时间。

休斯开始在戴维斯上士的无线电班操作，和他一起的有哈恩二等兵。他后来有时也会被派到1排作战。他再也不是个漂泊不定的补充兵了，终于加入了一个自己向往的经验老到的集体。他这样总结在埃文顿的时期："我关于莱切斯特营地的记忆充满了放哨、训练、下雨，和帮我们运走厕所'肥料'的当地农民。那些酒吧，尤其是双颈天鹅酒吧里经常发生和英国人之间因为兑换货币而引起的斗殴事件，另外就是浓烈的热啤酒。差点忘了独木舟甜甜圈，那是由红十字会的路易斯女士制作的。

有传言说我们很快就会被投入战斗。而那个任务将足以结束战争。我开始幻想如果战争那么快就要结束，我就不会参与多少作战任务了。这对那些在西西里岛、意大利和诺曼底作战过的兄弟们来说自然是个好消息，越快越好。"

为了准备即将到来的战斗，比利斯里中校于8月21日被晋升为上校，同时调往第325滑翔机空降步兵团担任团长。他的前任哈利·L.刘易斯（Harry L.Lewis）上校被送回美国做癌症治疗手术。比利斯里的调离使得第504伞兵团里的校级军官又少了一个。拥有中校军衔的只剩下沃伦·R.威廉姆斯（Warren R.Williams），他是接任比利斯里中校职位的合理选择。3营的哈里森（Harrison）少校刚刚返回英国，塔克把他提升为1营营长。2营的亚瑟·W.弗格森（Arthur W. Ferguson）上尉被调入3营担任代理营长。

解围阿纳姆

在比利斯里被调走7天后,第82空降师的指挥官发生了变化。李奇微少将被晋升为第18空降军军长,接替他原来指挥岗位的是38岁的原副师长詹姆斯·M·加文(James M.Gavin)准将。塔克上校如果被晋升为准将,并担任副师长应该是个很正常的选择,但事实中没有发生。在塔克去世后很久的一次对加文的访谈中才明白其中的奥妙,加文本想任命第504伞兵团团长担任他的副师长,但李奇微明确拒绝了他的提议,因为塔克"在行政和书面工作上并不出色。事实上他经常把各种和行政工作挂钩的事务搞砸。有一个流传甚广的故事是在他离开意大利的时候,他将一个装满针对他手下的控诉状的橙色板条箱扔到了海里"。李奇微和我讨论后的结果是不提拔塔克。

3营营长朱利安·A·库克(Julian A.Cook)少校并不认为塔克未被提拔是因其行政事务管理上的不足:"比利斯里和塔克与加文的关系都不错,但后两者的关系并不好。作为伞兵团的成员,我们团所有人都认为加文有嫉妒塔克的嫌疑,这或许才是塔克未得到提拔的根本原因。"

9月初,第18空降军把28岁的年轻参谋约翰·T·贝利(John T.Berry)少校派给塔克上校。贝利曾在第509伞兵团和第508伞兵团服役过,是个参加过北非和诺曼底战斗的老兵。调整后的军官层如下:1营的指挥官是威拉德·E·哈里森少校和阿卜杜拉·K·扎克比(Abdallah K.Zakby)少校;2营的指挥官是爱德华·N·维勒姆斯(Edward N.Wellems)少校和威廉·小科尔维尔(William Colville Jr.)上尉;3营的指挥官是朱利安·库克少校和亚瑟·弗格森上尉。科尔维尔和弗格森在2营的时候一起在安齐奥作战,一个担任营部行政官,一个担任战术官。塔克在1营沿用了这个套路:拥有更强行政能力的贝利担任了前一个职务,扎克比少校则担任战术官。

在贝利少校的任命公布后没多久,该团奉命于9月5日又进行了一次跳伞训练。由于强风的影响,几名士兵落在了树上或是灌木丛中,演习并不成功。A连的乔治·A·齐格曼(George A.Siegmann)上士撞到灌木丛后,摔伤了左腿和臀部,被送回美国养伤。I连3排排长佩顿·F·艾略特(Payton F.Elliott)中尉在空降时被补给箱砸到背部受了

第1章 新兵

重伤。他也因此在英国和美国的医院里辗转治疗了9个多月的时间。接替艾略特职位的是爱德华·W·肯尼迪（Edward W.Kennedy）中尉。

在1944年9月，最后一批加入第504伞兵团的人里还包括莱切斯特附近伞兵学校毕业的两名新军官：弗兰克·J·麦凯（Frank J.Mckay）少尉和哈利·W·罗林斯（Harry W.Rollins）少尉。两人都是在英国志愿加入空降兵的，并于1944年8月26日完成训练。麦凯加入了重组的团部侦察排，罗林斯担任D连1排副排长。尽管这些新来的军官填补了军官编制上的空缺，但他们缺乏实战经验。不仅如此，他们还要尽快适应新环境，让那些桀骜不驯的下属信服。

拿麦凯少尉来说，他面对的情况是侦察排里做主的是唐纳德·M·克鲁克斯（Donald M.Crooks）中尉，另外担任排军士长的是来自纽约州尼亚加拉大瀑布地区的米尔·D·小奥罗格（Myrl D. Olrogge）军士长。塔克上校认为需要给侦察排安排两位军官有助于其增强获取情报的能力。首先可以在不影响步枪连实力的情况下，同时派出两个团级侦察队。其次，如果麦凯受伤了，克鲁克斯可以接替他的工作。麦凯从克鲁克斯和奥罗格那里学到了不少东西。

当指挥层补充完成后，伞兵团的士兵们继续为了"结束战争的任务"而做好生理和心理上的备战。瓦尔特·休斯 等兵留下了当时的记忆："到了9月，训练强度加大了。他们说我的第7次跳伞练习会放在一处荒野上进行。我根本不知道这个所谓的荒野会在哪里。有些老兵忙着填制结婚文件，或者是更改保险受益人。我花了不少时间写信给在家乡的母亲、兄弟们和思念的女孩。"

解围阿纳姆

第504伞兵团在跳伞练习。(供图:曼德勒家族)

第2章

★★★

第17次任务

莱切斯特，英国，1944.9.11—16

9月初补充进来的士兵正好赶上从D日就开始计划的第17次任务。这个任务的代号是"市场花园行动"，塔克于9月10日加文召开的团级指挥官会议上第一次听到。而加文则刚刚参加完在摩尔公园的英军第1空降军军部举行的说明会，给他做介绍的是弗雷德里克·勃朗宁（Frederick Browning）中将。当天晚上给团长们的草案就已经拟好，加文让团长们去根据各自的任务细化空降区域和作战方案。

在这期间，第504伞兵团没有任何一个人知道师部正在进行这样的准备。这和当年夏天发生的事情如出一辙。一些新兵开始担心自己可能没有机会实战跳伞了，一些老兵开始畅想着战争结束后何时可以回家。格伦·米勒交响乐团于9月11日给该师演出，格伦·米勒亲自指挥，这让士兵们兴奋不已。A连的米切尔·雷西（Mitchell Rech）中士扯下一张8英尺×11英尺（20厘米×28厘米）大的海报，当作纪念品寄给了家人。

9月12日，营长们得到了作战任务，连长层级在两天后被通知。塔克上校给部下们说明了此次行动的要旨。9月4日的时候，盟军欧洲战场总司令德怀特·艾森豪威尔将军将新组建的由路易斯·布里尔顿（Lewis Brereton）中将指挥的盟军第1空降集团军划拨给英军陆军元

解围阿纳姆

帅伯纳德·蒙哥马利（Bernard Montgomery）爵士指挥，后者同时也是英军第21集团军群指挥官。布里尔顿的集团军包括了美军所有的空投滑翔机部队、英国皇家空军第38和第46空运大队、李奇微将军指挥的美军第18空降军以及英军第1空降军。第18空降军由第82和第101空降师组成。

蒙哥马利元帅希望在德军重新拼凑出力量之前突破防御薄弱的荷兰地区。他于9月9日推出的市场花园行动计划里准备一举把第82和第101空降师、英军第1空降师和波兰第1独立空降旅空投到荷兰。伞兵们一旦控制了关键的桥梁，英军麦尔斯·邓普西（Miles Dempsey）中将指挥的第2集团军将可以从比利时突入荷兰，一旦拿下艾瑟尔湖（Zuider Zee），他们将截断荷兰西部的德军退路。部队到达艾瑟尔湖之后向右扫荡，将很快进入德国，占领莱茵河以东的鲁尔地区。德国人将失去其最重要的工业基地，只能投降。大量的V-2火箭发射场也将被清除，德军的齐格弗里德防线被绕开后，将沦为摆设。

第82空降师的空降位置处在空投走廊的中间位置，就在奈梅亨附近。加文命令第508伞兵团夺取奈梅亨东部的贝格恩达尔（Berg en Dal）镇和惠勒(Wyler)镇，包括贝格恩达尔镇边的那块高地。该团要用1个营的兵力占领奈梅亨北边瓦尔河上的大桥。第505伞兵团的任务是夺取赫罗斯比克镇、默克（Mook）镇和里特霍斯特（Riethorst）镇。这两个团将会被空投到奈梅亨的东面。

塔克上校的团将会被空投到奈梅亨西南面靠近马斯-瓦尔运河的附近。第504伞兵团的任务是占领5座桥，其中包括奈梅亨西面马斯-瓦尔运河上编号为7-10的4座桥，以及奈梅亨西南面赫拉弗边上的马斯河大桥。团里具体的任务分配如下：赫尔格森（Helgeson）上尉的B连负责赫门（Heumen）附近的7号桥；邓肯（Duncan）上尉的A连负责B连北面的8号和9号桥；阿尔伯特·米洛伊（Albert Milloy）上尉的C连负责10号桥，这座铁路公路两用桥的正名是霍宁胡杰（Honinghutje）大桥。

维勒姆斯少校挑了2营的一个步枪连空投到赫拉弗的南边，目标是占领马斯河上的大桥，该营的其他部分会从桥北发动伴攻。在部队降

第2章 第17次任务

落后，3营负责在西面保护整个团的侧翼，并担任团预备队。

自从诺曼底登陆以来，有16次空降行动都在最后一刻被取消。很多年轻的军官和士兵在9月15日早上接到了战斗警报，所有外出都被取消，但他们仍然相信这次行动真实可执行性不高。塔克的部队被送到两个机场：2营和3营在21时30分被送到斯潘霍（Spanhoe）机场；1营、团部和后勤连待在科特斯摩（Cottesmore）机场。即使到了这一刻，很多人还以为行动会在起飞前被取消，但紧张的气氛开始蔓延。

切斯特·A·加里森（Chester A.Garrison）中尉回忆第504伞兵团在9月15日睡在停机棚的那一晚："简易床整齐地排成一条线，中间只有小道来区分不同的连或者营。因为这里有2营的4个连，人很多，我站在那里预防出现什么骚乱。

果然出事了。我发现2营和3营挨着的地方吵闹起来。有人在F连的最后一排床边大声嚷嚷。地上散落着不少个人物品，有几张床倒在地上。F连（2营）和营部直属连（3营）的士兵们都静静地站在那里没人拉架。我走近了才明白事情的真相。

惹事的是朱利安·库克少校，3营营长，难怪没人敢来拉他。我也愣了一下，但很快发现我是唯一在场的军官。我先向库克少校敬礼，告诉他因为和2营相关，我能帮助他么。他又踢翻了一张床，声称2营的人偷了3营的床，他要取回去。我答复他说肯定会处罚违规的人，但是他拿回去的床是否就是那些被偷的呢？他停了一下，眨巴着眼睛说他的手下一定要夺回自己的床。我表示同意，但也说明我必须搞清楚到底是哪几张床，哪几名士兵卷进了这件事。他也有些犹豫，一边嚷嚷着'该死的贼'，一边回去了。

我让F连的士兵重新把床摆好，告诉他们我会去找他们的连长理查德森上尉说明情况。士兵们开始收拾起来。当然，肯定是某些F连的人偷了床，但要想找到他们确实太难了。"

H连的阿尔伯特·A·塔贝尔（Albert A.Tarbell）是在安齐奥加入第504伞兵团的，这次他们候命的机场是斯潘霍机场："我很期待第一次实战空降。我们都知道或早或晚会有这么一战，所以很高兴终于要开始了。"A连的阿尔伯特·B·克拉克（Albert B.Clark）中士在科特

解围阿纳姆

斯摩机场的"地图和沙盘前花了几天的时间"。"我们发现目的地是荷兰，弄清楚了降落地点和目标。"

　　B连1排的埃德温·M·克莱门茨二等兵对全副武装的跳伞有点担心："我的班长杰瑞·墨菲（Jerry Murphy）发现了我的烦恼，他笑着向我保证只要收拾妥当，安全落地是完全没问题的。这份完整的装备清单包括：主降落伞、备份降落伞、带有三个弹夹的M-1步枪、两颗手榴弹、一把匕首、三天份额的C型和K型听装口粮。我还打包了一顶帐篷、一条羊毛毯子、一个防毒面具，以及一个塞满内衣、袜子、恤衫、厕纸、刮胡用品的包，另外还有装满的两罐水，我把我能想到的东西全带上了。

　　营地里的气氛在一夜之间完全改变了。紧张的气氛越来越浓。长官很快就宣布我们进入戒备状态。在荷兰使用的军票也分发下来。所有的休假和通行证都取消，正在休假的士兵都被立刻召回，且只有持特别通行证的人才能自由进出基地。

　　很快我们进入了一级戒备，这意味着我们将会在24小时内进行登机和跳伞。几小时后，我们以排为单位，开始第一次任务简报。我们将在德军战线后方55英里（88公里）处跳伞，夺取并守住3座桥梁，为后续开进的装甲纵队开启通道，任务完成后将向东进入德国的鲁尔谷地，绕开齐格弗里德防线……这就是我们'宏伟愿景'的简报。之后会有更详细的任务简报。

　　风险非常巨大。首先，伞降被安排在1944年9月17日，一个周日的13时—13时30分，这是战争中首次在白天进行战斗跳伞。白天行动会引来一堆问题，甚至包括运输机抵达指定空降区域航程中的危险。C-47运输机飞得又慢又低，这种运输机还没有自封油箱，面对地面火力的生存性能非常堪忧。天气也很重要，暴风和其他极端天气会给飞机航行和伞兵跳伞带来致命威胁。

　　很明显，空降战术出其不意是至关重要的。如果德国人已提前知道我们的空降计划，甚至就在空降区域附近等待我们，我们就彻底完蛋了，因为在落地后的几个小时内我们都非常脆弱。

　　当1排在了解任务目标时，科诺比·沃尔什上士是这样理解的：

第2章 第17次任务

'在12小时内,我们将乘坐卡车前往诺丁汉附近的一处机场。我们会在那里领到口粮、弹药和伞包。我们去荷兰可不是去摘郁金香的,我们猜测行动很可能会是在周日(9月17日),但是我们肯定要在H时(军事术语,代指计划开始时间)之前12小时准备完毕,我们会的。'

我们一旦落地后,要迅速朝跳伞区的东北方向移动。那里是块甜菜地,比较平坦。东北角有一个风车磨坊,我们定在那里集结。然后在2英里(3.2公里)外有一条小运河,我们将占领那边的一座桥梁,并坚守到友军到达。我们在敌后55英里(88公里)的地方,所以也别指望增援部队能在两天或者三天内到达。

我和前两个班(18人)一起登上飞机,但我不会第一个跳出去。相反,我会等到大家跳完了我再跳,以降低相互碰撞而受伤。(后来沃尔什最后一个跳伞却还是受了重伤。一旦我们穿越海峡,就到了被德国占领的欧洲地区,随时可能会被击落或者击伤。你在飞机里的座位和成功跳伞的概率是息息相关的,沃尔什比其他人都清楚这一点。)

他继续说道,'记住,我们要靠自己坚持两到三天,要带上足够支撑那么久的食品、饮水和弹药。每个排要装备一支巴祖卡火箭筒和五发弹药。'(巴祖卡火箭筒是一种很简单的反坦克火箭发射器,由一人操纵。这是我们对付坦克的唯一依靠,而坦克只要出现在空降区域附近,那么它们可以轻易粉碎我们的空降行动。)

那些经验丰富的老兵立马开始默默准备起来,他们检查自己的装备,把拖延已久的给父母或者女朋友的信写完。有些人则痛饮偷偷带入营地的威士忌作乐。当我躺上床的时候已经很晚了,天下着大雨,我无法入睡。"

汉茨·德吕纳(Hanz Druener)少尉刚刚加入D连2排并担任副排长:"我有点紧张,之前没有参加过战斗。但和那些参加过战斗的士兵和士官们一起在该排的日常训练里得到了很好的锻炼,我们都很期待行动。有些经验丰富的老兵提到之前的战斗都是在夜间进行的。大家都乐观地相信我们的空中优势足以将德军战斗机逐出天空。"

有些老兵,比如C连的查尔斯·皮尔斯(Charles Peers)中士和D

解围阿纳姆

连的恩斯特·帕克斯（Ernest Parks）上士在安齐奥之战中留下的伤，他们没有赶得上这次行动。另外一些人，比如刘易斯·霍普特福莱士（Louis Hauptfleisch）中尉则怀揣着更为复杂的矛盾心情，一方面白昼行动比夜间行动更容易把部队空投到准确的地点，但另一方面，这也使得我们在敌军的地空火力面前变得更加脆弱。不管怎样，大家还是相信高层这样选择一定有他们的道理。一支好的部队依靠流言生存，尤其是那些安慰人的流言，是的，我们相信只要这次努力成功，战争会在这个圣诞节前结束。

尽管不少军官对战争会很快结束的承诺持怀疑态度，但他们还是对这次白昼跳伞行动充满了期待。"在西西里和萨莱诺两次夜间跳伞后，尤其是前者的混乱情况使得很多老伞兵宁愿白天跳伞，"3营的弗格森上尉回忆。"那时候，我们对运输部队能否把我们准确带到空投地点都没有太多信心。我们听到有人谈论荷兰战役如果成功的话，战争会在冬天结束，但是没人太在意这个。我们的想法只是今天，现在！而不是明天或者下一个冬天。老兵早明白了不要考虑太多将来，过好当下，一天一天来。冬天简直遥不可及，我们的想法是仅仅关注眼下的任务。"

像E连的瓦尔特·范·波克（Walter Van Poyck）上尉并不看好这次任务："我有一种强烈的预感这次回不来了。我们营里的一个步枪连要在马斯河南岸降落，占领赫拉弗大桥的南口，阻断赫拉弗到埃因霍温（Eindhoven）之间的公路。团里其他部队将会降落在马斯河以东。

我们的营长艾德·维勒姆斯把三个步枪连连长召集到一起，抽签来决定谁负责这个任务。我输了，我的E连被分到了这个活。这看起来很麻烦。

在经历过西西里和萨莱诺的夜间跳伞后，我更喜欢白天跳伞。我知道这样更难避免地面火力的袭击，但白天可以更好地组织和集结，综合起来好处更多。我主要的担忧是跳伞时间不能太晚，别落在马斯河里或者离大桥太近，那样我们就会失去机动的空间，甚至还可能碰到两面受敌的状况。我的手下希望这是最后一次任务。我个人感觉战争会在冬天结束。"

第2章 第17次任务

范·波克手下的年轻军官里有一位是1排的卡尔·莫罗（Carl Mauro）少尉，他对于E连领到这个任务有不同的回忆："2营的作战经验、卓越声望和战场表现记录是最好的，因此它被要求挑选出一个连，来执行塔克称为'自杀性'的任务：单独降落在马斯河南岸，距离赫拉弗仅有几英里远。最后决定从E连或者F连二选一。

会是哪一个呢？范·波克上尉指挥的E连还是理查德森指挥的F连。两人都是智勇双全的指挥官，最后由掷硬币来决定。我们一群军官、士兵簇拥着两位连长，迫切想知道谁会得到这个'自杀性'任务。范·波克抛硬币，理查德森选面。理查德森选对了，他的连喧闹起来，他的连具有优先选择权。令人惊讶的是他说，'你来吧，范！'理查德森并不想要这一差事。范·波克没有一丝犹豫，直截了当地回答，'我来！'E连爆发出雷鸣般的喝彩。我们输了掷硬币，但得到了这一充满挑战性的任务。这次行动是一次精妙的表演还是简单的赌博呢？

我经常在想1944年9月16日的那个晚上，理查德森上尉赢了掷硬币，为何却拒绝了这一特别任务呢。这可不是空降兵的风格！如果他接受了挑战，我确信F连的兄弟们肯定也会和E连表现得那样欣喜若狂。但最后的结果是F连和第504伞兵团的其他部队（缺E连）落在马斯河以北第82空降师的空降区域，负责攻克赫拉弗大桥的北口；第505伞兵团和第508伞兵团的空降区域在更东北方向几英里处，距离德国边境只有1英里（1.6公里）。

当掷硬币结果在机场传开后，很多朋友过来握手，祝贺我们，并希望一切顺利。'嗨！'我说，'我们明天难道不是去同一个地方么？''完全不是。'所有人都这么回答我们。"

E连另一位军官约翰·汤普森中尉回忆当时的情况，很多2营的官兵第一次听到市场花园行动时，他们猜想这可能又是"一次前往机场的旅行，会在最后一刻被取消。他们习惯了推迟和取消，但是他们内心很想赶紧开始下一场任务"。

当他对任务的细节了解加深的时候，汤普森开始更加期待这个任务："这将是一个绝妙的空降行动，简直是为第82空降师量身定制。

解围阿纳姆

我们在赫拉弗附近降落,这里位于敌军背后57英里(92公里)处。除了占领赫拉弗大桥外,还要控制马斯-瓦尔运河上的7、8、9、10号桥梁,在奈梅亨附近瓦尔河上的大桥是欧洲跨度最长的大桥。任务完成后,英军坦克将直扑艾瑟尔湖,盟军可以从齐格弗里德防线的左侧绕过。多么宏伟的使命,这很快就可以实现了……

我们开始认真准备起来,所有的装备都收拾妥当,检查了一遍又一遍。地图分发下来,大家开始研究细节,配有比例模型的沙盘

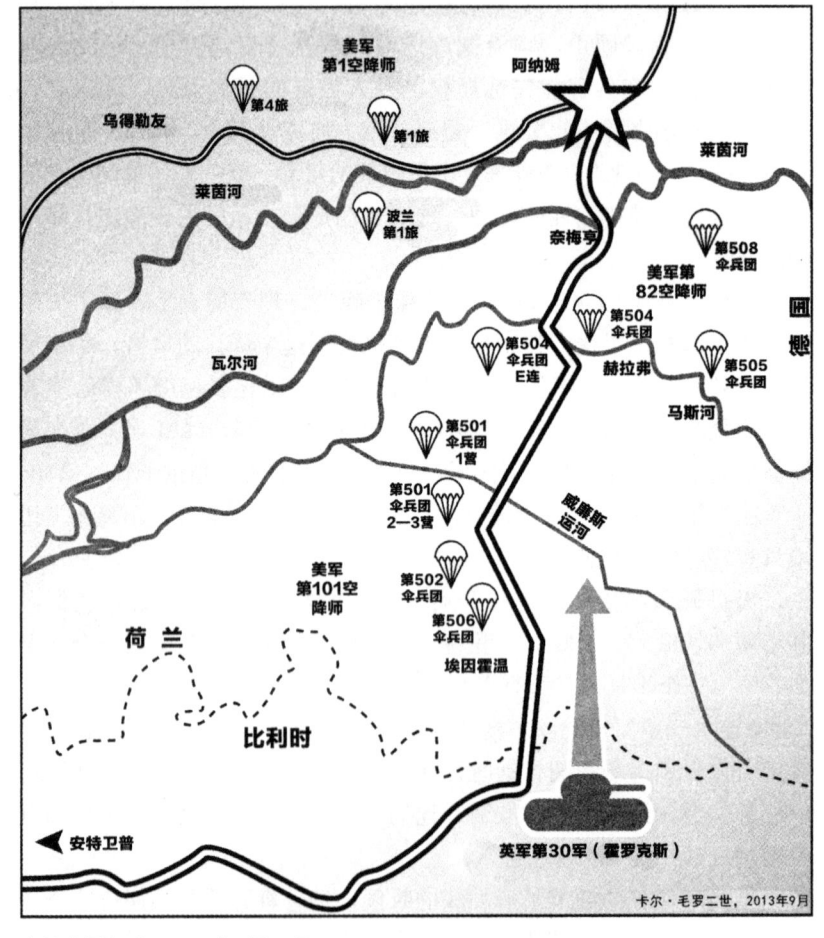

市场花园行动　1944年9月17日

第2章 第17次任务

给大家标明空降区域的地形和地貌特征。当然了,一切的重点就是赫拉弗大桥。

E连是第82空降师里唯一降落在马斯河南岸的部队,他们将在桥南1 500码(1 370米)的位置集结,根据计划将控制赫拉弗大桥南面的所有通道。我作为3排排长将带队负责左翼,沿着河流和运河的堤防行动。我们从桥的西边一路横扫敌军抵抗,攻下来一寸土地就要守住一寸土地。桥的南面入口两侧都有高射炮塔,而且沿着堤防往大桥方向的重要地点都有敌人的防空火力点。

赫拉弗小镇就是我们跳伞的核心位置。这座美丽的小镇很容易识别,特征是其被高耸的冷杉林所环绕。我排里的士兵有点迫不及待,因为已经在准备会上把行动细节来回复习了无数遍。"

威拉德·斯特伦克(Willard Strunk)一等兵是A连2排的士兵,他回忆说:"我们在9月15日获知了行动计划,但直到9月17日才出发。在机场枯坐让人很无聊。任何变化都是好的。日复一日的训练和兵营生活变得难以忍受。听说空降将在白天进行后,第一反应就是德国人可以把我们当作活靶子打了,而且在白天夺取并守住那么多桥梁将会十分困难。我不相信战争将在冬天结束的想法,但是这场苦战肯定会把我们距离柏林的路缩短不少。"

9月16日一整天都在检查武器、配齐弹药和准备第二天的起飞工作。弹药和装备空投舱由后勤连负责装上飞机,所有人都早早休息,明天以后的晚上就只能睡在泥泞的散兵坑里了。

第3章

★★★

"O"空降区

上阿瑟尔特，1944.9.17

两个先导队（各12人）将带着第504伞兵团前往位于上阿瑟尔特（Overasselt）的"O"空降区。2营的维尔弗雷德·若贝尔（Wilfred Jaubert）中尉负责统领两队，并担任1队队长，C连的贺拉斯·卡洛克（Horace Carlock）中尉担任2队队长。他们于9月17日8时30分收到了先导队任务指南，然后被送到各自即将乘坐的飞机上。若贝尔中尉和他的手下没有参加诺曼底战役，那时的他们只是作为预备队待命。他们此刻的任务是利用雷达导航，提前抵达目标空降区域，到达指定位置后标记出大大的字母"T"，同时用发烟筒释放烟柱给后续部队显示风向。13时13分，搭载着3营的第一拨次运输机队到达空降区。1营和2营将分别在两分钟后抵达，即13时15分和13时17分。其他团属单位将分散在这三个拨次中到达。

10时25分，先导队从查尔格罗夫机场（Chalgrove）乘坐两架飞机出发。航向首先向东面的法国，然后左转飞越比利时前线到达目的地。伞兵们在赫拉弗大桥附近遭遇了一座高射炮塔和一辆20毫米高射炮车的火力欢迎，他们于12时45分跳离舱门。给他们护航的P-47战斗机迅速俯冲把防空塔和高射炮车干掉。卡洛克中尉紧盯着看若贝尔中尉那边第一个人什么时候跳，他们两队会同时开始跳伞。他们落在了卢卡森家位于德

解围阿纳姆

胡特（De Hut）和加瑟儿特（Gaaseelt）之间的牧场上。若贝尔中尉的小队把导航设备架设好，卡洛克中尉的小队负责警戒。

第505伞兵团的第一拨部队于13时准点到达他们位于赫罗斯比克附近的"N"空降区。13分钟后，塔克领导的第504伞兵团的第一拨部队开始跳伞。威廉姆斯中校发现这是一趟非常舒适的旅行："看到庞大的运输机队和护航编队让人非常心安。当我们飞过荷兰田野的时候，可以看到一些德国士兵慌忙躲到房屋里，或者是在大街上疯狂地骑自行车逃窜。在没有德国人的地方，荷兰民众会向我们挥手欢迎。我们身后的一架C-47运输机被防空火炮击中起火。我们紧张地数着跳下来的人，当看到在所有伞兵跳完后，最后又有两个降落伞包打开，我们都松了口气。"

他看到的那架坠落的C-47上搭载的是H连1排的士兵。他们的遭遇将会在下一章节里被讲述。团部直属连的詹姆斯·威尔斯（James Wells）二等兵也看到了这次坠机，他在1944年11月给父母的信中这样写道："当我们登上运输机的时候，我感觉胃里有成千上万只蜜蜂在乱飞。身上感觉被几千磅重的东西压得喘不过气。飞越荷兰的海岸线时，一切是那么的平静，让你想不到此刻是在战争期间。德国佬的高射炮开始怒吼。我们的飞机很走运，没有被伤到一根毫毛。终于那熟悉的指令传到了我的耳朵里，'起立，挂钩！'

这会儿，什么感觉都不重要了。我们再次检查了一下自己的装备，然后听到另外一个熟悉的口令，'跳！'我们出发了。落地后，我整理齐自己的东西，准备执行任务。德国佬会迅速对我们实行围剿。我们碰到几个当地的男孩后，很快搞清楚了道路，然后朝目标桥梁攻击前进。

在躲避了几梭子子弹后，我们只进行了短暂的交火就占领了桥梁。我们在那里待了几天。我的好兄弟和我担任外围警戒，在防线前面300—400码（270—360米）的地方。我们的任务就是不要让人溜过去探查连主力的阵地，防止有人去炸运河上往来的船舶。我们看到200码（180米）外有一座房子，决定去搜查一下。当地人十分友善，有一位牧师可以说英语。他们请我们吃了一些新鲜的鸡蛋和

第3章 "O"空降区

牛奶，我们没有拒绝。"

1营迫击炮排的尼古拉斯·曼索里洛（Nicholas Mansolillo）二等兵回忆："我们坐在自己的座位上，和周围的人互相聊天。飞机上有18个人，17名士兵和1名军官。有一个热门话题就是既然这是一个英国人想出来的作战计划，我们也要归他们指挥，那么他们必须要提供后勤服务，只是不包括弹药补给。我们吃他们的，喝他们的，如果需要还可以穿他们的，我们轻松地开着玩笑。

我们聊着天，时间过得很快。驾驶舱的门开了。一名飞行员告诉我们，'我们靠近荷兰海岸了。'我们透过窗子往外望，只看到地面上有一片片水塘。有人说德国人肯定是发现我们过来后，放水淹了所有的运河。

飞行员在起飞前告诉我们将要在马斯河河堤边降落"，曼索里洛有点担心如果慢一步跳伞，或者运输机的飞行队形散乱了，那么肯定有人要落到河里去了。作为18人里排第16个跳的，曼索里洛隐隐感到不安。回想起西西里战役中的跳伞，他开始思考如何能避免在河里被淹死。

"在那个情况下，我有了个办法——不带我的备份伞，把它偷偷留在飞机上，谁也不告诉。如果这事传到坐在跳伞舱门边的迫击炮指挥官耳朵里，他肯定会命令我必须带上。这是明确的规定——我们在本宁堡从第一次跳伞时就被不断告知备份伞一定要一直带着；违反规定会被送到军事法庭。我这次准备在实战中违反规定。我下决心承担这　风险。

当我落向荷兰大地时，我的备份伞正在返回英国。我们整个小队都落在坚实的土地上，和河流保持了合适的距离。我开心极了，终于放心了，挨着大河跳伞确实让人提心吊胆。"

A连2排的弗雷德·巴尔蒂诺（Fred Baldino）下士对当时的场景记忆犹新："我还记得那些漂亮的农场和建筑，大部分房屋都刷得雪白。荷兰地下抵抗组织在我们降落后，立刻提供了巨大的帮助。我惊讶地发现居然有那么多荷兰人会说英语。地下组织跟我们的军官建立联系后，给予了我们很多的情报支持。"

解围阿纳姆

同一个排的菲·斯蒂格（Fay Steger）二等兵乘坐另外一架C-47运输机，他在日记里详细记了在科特斯摩机场的准备工作和飞越海峡的情况："我们前往荷兰的飞机上是混装的，我不太喜欢这种情况。我属于A连2排，如果这飞机上全是我们排的战友就好了。这趟飞行深入敌军后方。我想敌军的高射炮看到我们后会有得忙吧。在这种时刻，你会胡思乱想那些有可能出错的地方。也许我们的飞机会在荷兰上空被击落，也许我们的降落地点会被德国人团团围住，被切断药品补给。

如果真的遇到那种情况，我肯定是想和2排的战友在一起，我了解并且信任他们，比如说巴尔蒂诺、斯内德、伊索姆、斯塔林、吉布森、克拉克、塞巴斯蒂安以及其他人。你不需要为他们担心。不管什么任务，只要硝烟散去，他们就肯定在目的地了。我从没听说他们丢过一寸土地给敌人。

永远往前进——哪怕只是几码，从一个散兵坑到另一个散兵坑——离柏林是越来越近了。今天我们会迈出一大步，不是我们就是他们。进攻、防守或者死亡。不会有撤退且无路可退。每个人都意识到这点，所以大家会像魔鬼那样拼命。

每架飞机会在机腹携带六个设备空投舱。每个设备空投舱都装着300公斤的弹药、手榴弹、巴祖卡、迫击炮炮弹、炸药和其他东西。它们被用不同的颜色来标明其内部装载的物品。我们把这些空投舱收拾好，挂在飞机下面。

如果德国高射炮炮手能够幸运地用炮弹打中这些空投舱，那么爆炸是必然的。一架C-47运输机带着17名伞兵和一组飞行员就会在一朵绚烂的火球中化为碎片。这肯定会死得很惨，且不会有一个德国人陪葬，太亏了。那名立功的德军炮手很可能会从希特勒手里接过一枚铁十字勋章。乘务长会在第7名伞兵跳伞后投放装备舱。

装备舱是十分危险的，特别是对第7人来说，因为投放装备舱的时候，距离他最近。这些装备在下降的过程中很可能会砸烂你的降落伞。如果一个人被装备箱砸中，相当于被300磅（136公斤）的东西撞上。它敲到背上就像折断一根火柴棍那样容易，人在空中就死了。当然我也看到有人骑着装备舱落到地上。这都看自己运气了。

第3章 "O"空降区

我不太记得到底是哪个连和我们搭了一架飞机，但很可能是团部直属连。他们中负责的是一位中尉，他决定在A连之后跳伞。史密斯中士是我们的队长。我们按照跳伞顺序排好队，我是六号，克拉克抽到了七号。我告诉他不要抱怨了，如果装备舱没有把他砸死，那他落地后也会被德国人打死。他在莱切斯特交的英国女友很容易找到另外一个美国大兵——我们离开之后还是会有足够的美国人在那里。他就是梭子鱼的性格，我也懒得再劝他了。

那位中尉后来应该是想到荷兰那边会被高射炮袭击。他决定不和自己的手下一起跳伞，而是准备在史密斯中士后面第二个跳。这让所有人的顺序都往后移了一位，我变成了七号。我气疯了，告诉克拉克，'那个混蛋中尉想靠着舱门，这样我们如果被击中着火，他可以很快逃走。为什么德国人没在安齐奥把他打死？这就是军队现在的问题——我们有了太多混蛋军官。我们完全可以不要他们，也能赢下这场战争。'克拉克觉得这很有趣。他说，'别嚷嚷了。如果装备箱没砸死你，德国人也会打死你。'你这么抱怨毫无意义。

这时候乘务长走了过来。他穿着一件防弹背心，大家问他，'你干吗穿防弹背心？'他说，'我在伞包或者防弹衣中作出了选择。'有个人说，'伙计，你脑子肯定进水了。如果飞机一个翅膀被打掉，你穿着防弹衣可不明智。你还是回去换上伞包吧。'他还是不听。

这时候飞行员和副驾驶走了过来，我发现他们都佩戴着手枪带，腰部别着一支陆军点45口径手枪，还带着一罐水。我们很少看到飞行员带着枪械，我心想，'看来这趟肯定是硬仗了。'有人说，'喂，你们想干吗？死在床上么？'我们赶紧登上了飞机。

引擎开始发动，冒出阵阵青烟。我们起飞了。太阳光很明媚。这是个好天气，英国的草地显得前所未有的漂亮。谁会想离开这么好的地方呢？该死的愚蠢的德国佬！他们干吗要发动这场战争呢？

C-47运输机上没人说话。你需要使足力气大喊才能盖过引擎的轰鸣声。我猜每个人都在想自己的心事和回忆。时间变得很快，我望着窗外的英国，不知道是否还会回来。我在英国度过了不少愉快的时光。在经历了安齐奥的泥泞后，这里的居住条件堪比华尔道夫酒店。

解围阿纳姆

我看着天上明亮的太阳,不知道我是否还能看到今晚的落日。

我的眼光漂移到那位坐在舱门边、穿着防弹衣的乘务长身上。我想,'人到底会变得多蠢?'史密斯中士坐在舱门的对面。这是一位非常专业的士兵。他在战斗中头脑总是那么冷静,永远比德国人技高一筹。他赢得了手下的尊重。跟他在一起真是太好了。他旁边是那个中尉,我心里又诅咒了他一次,真希望德国人在安齐奥能打死他。

英国的海岸线消失在身后,我们到了海峡上空。护航战斗机加入了庞大而又缓慢飞行的C-47运输机编队。我记得不是很清楚,但应该是P-47战斗机在下方,P-51战斗机在上方警戒。这种三明治的形式就好像一片冷肉在两片面包里面。剧烈的噪声让人难以忍受,战斗机按照圆形轨迹飞行以避免速度缓慢的C-47运输机被甩开。一架战斗机在我们下方飞过的时候,会有另外一架战斗机在我们头顶呼啸而过。我们双方发动机的轰鸣声以及敞开的舱门使得那个噪音令我毕生难忘。

荷兰的海岸开始慢慢出现,在我们视线中越来越清晰。我想应该是低空飞行的缘故。我们到达了荷兰上方,我可以看到地上那些铁丝网裹着的障碍物。伴随着荷兰海岸一起到来的还有德国人的防空炮。正前方几百码的地方我可以看到德国高射炮发射炮弹时冒出的白烟。高射炮弹就在我们的方向上爆炸,我想,'天哪,德国人要不了多久就可以打准我们的高度了。他们只要继续开火就成。'

我们往下看就正对着他们的炮管,每次发射的时候就看到一团红色的火焰。我想到C-47运输机下方挂着的1 800磅(816公斤)爆炸物,他们怎么会错过?我们左侧的C-47运输机牵引着一架滑翔机。我看到炮弹在它们之间爆炸,切断了牵引绳。那架C-47运输机继续往前飞行,滑翔机则头朝下直线坠落,最后消失在海峡方向。

我们下方有座两层楼的小屋,顶上还有个天窗。德国人在里面布置了两挺高射机枪,从窗户里不断喷射出子弹。我们的一架战斗机发现了德军的位置。它向下俯冲扫射德军目标。那个德国人隐藏的窗户被我们战斗机的机炮打得粉碎,再没有德国人的动静了。

我们左侧有条德国人的拖船,停在一个小港口里。上面至少安装了八门火炮,朝我们开火。另外一架战斗机盯上了它,战斗机像老鹰

第3章 "O"空降区

扑向田鼠那样飞了过去。一个俯冲投下炸弹，如同一脚射门。炸弹准准地击中了拖船。随着火光，浓烈的黑烟腾了起来。又有几个德国佬为祖国捐躯了。

我们就好像坐在那里看戏一般。就像是在剧院的前排座位上。我们朝下一览无余。'这些空中男子汉今天威风了，'我想。随着我们深入内陆，高射炮弹不断在我们周围爆炸。我看到地面上的荷兰人朝我们挥舞着帽子和手绢，我们看起来很受欢迎。我想起了刚刚发给我们的占领军军票，不知道落单的士兵能否用这些军票让他们帮助躲藏起来，并买些吃的。或者他们会把我们交给德国人，甚至当场射杀？我知道德军高层非常憎恶第82空降师——先是西西里、意大利、安齐奥、诺曼底，现在到了荷兰。我们成了德军黑皮靴鞋底的硌脚石，毫无疑问，他们肯定想干掉我们。

我们的天主教牧师埃德温·科扎克（Edwin Kozak）上尉是个很棒的人，他在我们离开英国的那个早上主持了弥撒。我向主做了祈祷，我不想死，但如果需要我牺牲我也做好了一切准备，和往常一贯的那样。我对主说，'我把生命交到您的手里，愿您的旨意被奉行。'

我们接近了空降区，红灯亮起。史密斯中士站了起来，命令大家起立、挂钩。他的话语如冰冷的钢铁般有力。我们把开伞拉绳挂在悬索上，史密斯中士走到舱门口。他仔细地观察着地面，我知道他在找空降区的标志。

我站着透过窗户朝地面望去，可以看到一辆德军救护车（我们把它称为肉罐车）在我们正下方的公路上。我那时候想，'我们也许不需要走多远去找德国人。也许我们就落在他们的阵地上。'"

C-47运输机上的绿色指示灯在13时5分准时开始闪烁，我们到达了上阿瑟尔特村西北方向的"O"空降区。A连的一场新的战斗打响了。斯蒂格继续他的故事："我仔细地观察史密斯中士，他站在舱门口，左脚部分已经在飞机外面，他的手撑在舱门的两边。他咬紧下巴，脸上没有一丝肌肉颤动。他看起来像个石头雕刻的人物一般。我心想，'他可以干掉10个德国佬。'我此刻的神经如同小提琴上的E弦那般紧绷，只希望赶快降落地面。

解围阿纳姆

我感觉随着驾驶员摆平桨面，飞机速度慢了下来。绿灯常亮了，史密斯中士立刻跳了出去。后面的人如同训练中那样迅速跟着跳伞，不到两秒就轮到了我。我真记不清楚当时是怎么回事了。不知道是我自己滑下去的还是失去平衡掉下去的，也许是C-47运输机的飞行员摇晃了一下机尾。不管什么原因，我从门里摔了出去。我们在训练中被要求以最快的速度跳离舱门，因为当飞机以95或者100英里每小时（152—160公里每小时）的速度飞行时，大家跳伞时间越集中，那么在地面上的降落距离也就会越集中。

我脑子飞快地转着，一切都那么清晰。我想，'干吗浪费时间去翻正？'我就保持头朝下的姿势降落，同时也提防着被装备舱砸到。虽然我此刻头朝下，但清楚地知道当降落伞打开后会发生什么。我和那些装备——步枪、头盔、背包、战壕匕首、点45口径手枪、手雷、刺刀、备份伞包、急救包、步枪子弹、手枪子弹、口粮和水壶——会在1秒内倒正。啪！伞打开了，我的脚朝下了。

空中布满了降落伞花，就好像秋天的落叶一般。我可以看到那些挂着蓝色、橘黄色、绿色和其他鲜艳颜色降落伞的装备舱在我的脚下，我不用担心被砸到了。我们旁边那架飞机上的战友中有一个在降落过程中阵亡了。一个装备舱在空中砸断了他的背。"

被装备舱砸到的倒霉蛋是A连的马克斯·艾德门德森（Max Edmondson）二等兵。费·斯蒂格看到艾德门德森被砸死后，又看到了编号为42-100517的C-47运输机坠毁了，她刚刚送走B连的伞兵："运输机在我们跳伞后准备右转。德国人发现了这个动向，我看到高射炮弹朝那里射去。两架C-47开始躲避，其中一架肯定是被直接命中。整个左翼炸没了，飞机朝地面直直地坠落。我在想这是不是我们刚才乘坐的那架，那个穿着防弹衣的乘务长会怎么办。我一直观望着，等待他们跳伞，但一个也没看到。我们损失了这些优秀的飞行员，自由的代价永远是那么昂贵。

我朝地面望去。大地看起来柔软而又平坦，我没发现德国佬。我们正飘过一座小房子，如果德国佬躲在里面，那么他们肯定会在我脱掉降落伞之前开火。我在这一区域没看到德国坦克，这让人可以松口

第3章 "O"空降区

气。我飘向地面,武装到牙齿,但产生了一种莫名的孤寂感,我们太容易成为德国佬的轻松目标,我当时的感觉就像是一个未满月的婴儿一般无助。

我想尽快落地,脱掉降落伞,尽快扣到那把M-1步枪的扳机上。我开始诅咒飞行员:'那些愚蠢的飞行员或许连1英尺(30厘米)和1英寸(2.5厘米)的区别都搞不清楚。他们肯定是在5 000英尺(1 524米)的高度把我们投下,而不是在500英尺(152.4米)。'我当然知道他们已经飞得尽可能低了,但我还是要咒骂他们。因为我感觉自己似乎在天上飘了一个早晨那么长的时间。

我听到德国佬的机枪狂吠了一阵,我对那种声音真是太熟悉了。从很远的地方就能分辨出来。不一会,地面上已有不少人完成了降落。地面飞快朝我迎过来,那个屋子里没有德国佬,因为到现在还没人朝我开火。

我的降落很完美。我的膝盖轻松一弯,就落到了荷兰的土地上。我面向天空躺着并尝试解开降落伞的绳子。嗖嗖!空降区响起了一阵自动步枪的射击声。联想到之前看到的小房子,我立即警觉起来。但后来发现这是我们战友犯的错,他那把勃朗宁步枪的保险在落地时松开,随后一梭子弹打了出来,所幸没有伤到任何人。"

下面是阿尔伯特·克拉克中士的回忆:"那天天气不错,我们起飞后饱览了英国的美景。英吉利海峡非常平静,一切都很美好。直到一艘高射炮驳船开始朝我们射击。不知道哪里冲出来两架P-47战斗机朝它投下两枚炸弹。第一枚炸弹击中驳船后,它像是跳出了水面。第二枚炸弹紧跟着钻进了驳船。随后我们飞越了被德国人放水淹没的荷兰低地。当我们距离目的地很近的时候,我们可以听到高射炮声不断,但似乎并不在我们附近。

这是我们第一次白昼跳伞,一切都显得美丽而平和。我们很快看到绿色指示灯亮起,大家跳离运输机。我们的降落区处于一片种植甜菜的沙地上,这些沙地为我们降落提供了很好的缓冲作用。

我和排里的其他人开始聚拢。我走了一会后,感觉有什么东西在我的右侧脸颊蠕动。我用手擦了一下,过了一会感觉又有东西回来

解围阿纳姆

了,我抬手一看,上面沾满了血。

当我和其他人碰头后,他们都问我怎么回事。我是不是被弹片击中了?我说没有,附近根本没有高射炮朝我们射击。当我清洗干净脸颊,发现在眼角下有一个很小的伤口。原来是我跳伞时手里拿着的托米枪擦到了脸庞造成了这个伤。"

斯蒂格二等兵记得伞兵被规定不允许在降落后割破降落伞:"前一天在英国分发降落伞的时候,我们被教训了一番。伞兵们特别喜欢在跳伞后,割一块降落伞作为纪念品。中尉不允许我们这样做,那些降落伞花了纳税人很多钱,他们不想就这么浪费了,这些降落伞还可以搜集起来二次利用。任何人被发现割破降落伞的话,需要签署一份协议,即从军饷里扣除300美元。我特别想要一条降落伞布,心想'去他的中尉和警告,让纳税人和300美元见鬼去吧'。我拿出匕首,从降落伞边割了一块下来,把它塞到侧袋的一枚手雷边上。(我现在仍珍藏着这块布、匕首以及占领区军票,一点也不对纳税人的损失感到后悔。)

在空降区的另一侧有人在吼,'跟上来,你们!到这里来!你们不知道在打仗吗?'一队人马成单纵列出发,我跟了上去。我能听到前面有步枪射击的声音。我现在感觉棒极了,我成功降落地面并手握机枪,一切都按照计划在进行。我有种小男孩在邻居出门后,溜进人家果园摘苹果的感觉。"

B连1排的埃德温·克莱门茨二等兵在出发前的晚上睡得不好,第二天一直伴有呕吐症状。他没有胃口吃早餐,只是灌下了一壶大兵咖啡就着一片面包。当部队开始登机的时候,他感觉自己动作笨拙,所有人在爬上飞机的时候都需要乘务长的帮助。搭载士兵的C-47运输机排起了长队,在经过漫长的等待后,飞机的双引擎终于响起了熟悉的声音。我们开始慢慢挪向跑道,我念叨了一句"万福玛利亚",因为一架满载的C-47运输机能够顺利起飞还是挺不容易的。

克莱门茨二等兵同样也对巨大的噪声记忆犹新,当飞机穿越北海时,跳伞门被打开,噪音瞬间又增加了100%。"因为此刻开始我们可能遭到敌军地面火力,尤其是高射炮的袭击,门开着方便万一我们被击中后可以逃生。起码是一部分人可以获救。

第3章 "O"空降区

我不时地透过狭窄的舷窗朝外张望。我看到的第一个东西就是P-51战斗机，非常多，在编队前后飞行，它们的任务是消灭那些高射炮塔。我们开始躲避机动，飞机进行轻微的转向以避开高射炮炮弹的弹片。如果炮弹在我们附近爆炸，整个飞机会疯狂地颤抖。有一架我们附近的飞机被击中了，冒出滚滚浓烟，开始朝下坠落。其航向还是保持得很稳定，这使得大部分伞兵有机会逃离，但我只看到有几个人跳伞。我们那时已经到了荷兰被淹没的地区，他们活下来的概率比落在大海里要高得多。荒诞的是与我在国内一起培训的劳伦斯·德蒙特中士和我一起漂洋过海到了英国，他被分配到了另外一个营。他在坠机后，落到了一片水洼里，很快就被德军捕获，在战俘营里度过了战争剩下的时间。"

随着命令，士兵们都站起来把钩挂好，克莱门茨二等兵的那架飞机并没有像接近空降区那样进行减速和降低高度，相反其"看起来还在加速。飞机在剧烈抖动。人在飞机里很难站稳，飞机一边做躲避机动，一边还在给我们寻找合适的降落地点。终于，命令来了，'站到门边！'

我们往前挪动，急着想跳离飞机。我左手扛着枪以确保自己不撞到门上。'走！'我尽量和前面那位伞兵紧挨着，终于我到了门边，朝下跳去。我吃惊地发现这是跳伞的最低高度，我们不得不以最快的速度跳伞。幸运的是地面是一片松软的甜菜地，落地后我花了几秒钟时间才确认自己的四肢没有受伤。"

这对1营营医布伦斯（Bruns）上尉来说也是第一次实战跳伞："这看起来有点蠢，我跳伞时在胸口挂了一瓶威士忌，落地时边上正好是第504伞兵团的一位雷达引导员。当我笨拙地摆脱降落伞的时候，他说，'慢慢来。'我照做了。出乎我意料的是旁边有一个大农场的屋子，后来我把这里变成了一个急救站。"

虽然很多人感觉起飞的跑道上充满了无尽的等待，但团部直属连的无线电操作员芬尼一等兵却很享受这段旅途。在斯潘霍机场，"跑道上挤满了C-47运输机，排好队准备依次起飞。我们把背包摆在地上，当作我们坐着时的靠背，大家在等着登飞机的指令。我对

解围阿纳姆

这次跳伞充满信心,没什么好担心的。我们被告知空降区是在荷兰的赫拉弗附近,军官说明了行动内容后,一声令下,'走吧!'我们站了起来,背上伞包带上备伞。我们慢慢走向飞机,顺着梯子爬上去。时间过得很快——飞机一侧引擎发动后,只过了几秒另外一个也运作起来。越转越快的螺旋桨带动飞机机身震动起来,这给了我一种充实感。机身外空气中弥漫的蓝白色烟雾里有着一种汽油燃烧的气味。飞行员将节流阀慢慢朝前推动,飞机来到了跑道上,然后停下来等待起飞的信号。

当我们再次动起来的时候,引擎发出暴躁的声音。我们在跑道上不断加速,有过一点小颠簸。我们感觉到轮子离开了地面,颠簸消失了,我们出发了。阳光在英吉利海峡的水面上折射出粼粼波光。时间飞速逝去。机长通过通话器告诉我们接近了荷兰的堤坝。这里很多堤坝被德国人炸毁,德国人通过炸毁堤坝放水淹没村庄以延缓我们的登陆行动。几英里、几英里的地方被淹没。我们边上的一架飞机被击中后,冒着烟掉了下去。我们点了点跳伞的数量,所有人都跳了出来,但是他们可以在水面上成功降落吗?

我们的飞机绕了一下,然后回到原先的航线。我们看到偶尔露出的小片土地上还有几架风车。洪水渐渐远去,坚实的高地出现在我们面前。"当芬尼跳出飞机后,"我朝着一片树林冲去,我竭力操纵降落伞希望可以避开,但运气不好。当树枝擦过我身体时,我把双腿夹紧。我的降落伞有一根索带被树枝挂住,把我生生拉停了。这时候我距离地面还有6英尺(1.8米)高的样子,我敲了一下紧急释放按钮,慢慢滑到了地上。

手里握着步枪,我正准备站起来,这时听到有人在呼喊着需要帮助。我四周打量了一下,发现有个伞兵被挂在另外一棵树上。我让他敲击紧急释放按钮。但这个按钮被他的装备给遮挡了。他运气真好,要是在跳伞过程中这个按钮被碰到了,那他早就完蛋了。我把匕首递给他,让他割断绳索。他终于松动了,我抓住他的脚,帮他慢慢落地。我发现他是少尉军衔,因为他还没有把军衔标志从头盔上擦掉。他问我去哪里,因为他自己搞不清楚该怎么走。我告诉他我要去空降

第3章 "O"空降区

H连的戴维·罗森克朗茨（David Rosenkrantz）上士于1944年在埃文顿的留影。他于9月28日在霍伊维尔霍夫农场遭到德军反攻时阵亡。他的尸体至今没有下落。（供图：菲尔·罗森克朗茨）

解围阿纳姆

区的东北方向和自己的班会合：'如果你愿意，可以和我一起走。'我们很快和团部直属连的其他人聚集到一起。"

威廉姆斯中校回忆，"荷兰民众很高兴看到美国人。他们帮助我们从装备舱以及空投补给里整理物品。第504伞兵团指挥部旁的一个屋子被改装为临时医院，荷兰妇女自愿来帮助我们照看伤者。

空降后四个小时，两个荷兰妇女带着汤和煮熟的鸡蛋来团部慰问我们。她们说没有太多东西可以提供，但我们肯定没时间做饭，所以给我们送点吃的来充饥。"

团副霍普特福莱士中尉感觉旅途"基本上没什么特别，除了偶尔有高射炮的侵扰，我是飞机上最后一个跳伞的，不幸落在了奈梅亨以南上阿瑟尔特村的一间房子的屋顶上。我从屋顶上滑过，脚受了伤，但还是成功完成了自己的任务"。对团部的乔治·格拉夫斯中士来说，"离开海岸后的飞行很'有趣'。我在一片密林上空跳伞，完成了两年跳伞中的首次树上着陆。我很幸运没有一点擦伤。"

1营的白昼空降非常成功，在上阿瑟尔特"O"空降区跳伞的612名官兵中，只有2人阵亡，10人受伤。团部和团部直属连的部分人也被安排在这一拨次的三架飞机里，51人中有3人受伤。

第4章

★★★

博汉南上尉的最后一次飞行

海宁根、上阿瑟尔特、赫拉弗大桥，1944.9.17

库克少校的3营担任第504伞兵团的预备队，预备队负责在上阿瑟尔特的四周进行巡逻。H连的卡尔·卡佩尔（Carl Kappel）上尉回忆说："3营的作战计划是降落在上阿瑟尔特以东的'O'空降区，然后按照作战条例在附近的森林地区集结：营部位于中间、营部直属连在往北300码（274米）的位置、G连在往南300码（274米）的位置、I连往东300码（274米）的位置、H连在往西300码（274米）的位置。G连负责阻断敌军沿着赫拉弗和奈梅亨公路上的运动，他们在鲁能（Lunen）和阿尔弗纳（Alverna）设立了路障。I连负责将他们阵地附近的敌军清除干净，在迪尔福特（Diervoort）附近设立路障，并在那附近和1营建立联系。H连将'O'空降区的敌军全部消灭掉，在玛丽园（Mary's Hoeve）附近设立路障，并在G连和I连前往各自阵地的过程中担任预备队。"

恩斯特·墨菲少尉是H连3排副排长，他回忆战友们当时的情况："在C-47飞向荷兰的路上，有些人笑着互相打趣，有些人在抽烟，还有些人在默默祈祷——所有人都想办法给自己放松。之前参加过战斗的老兵都很淡定轻松。他们清楚地知道并且明白很快要发生的各种情况。"

G连的弗雷德·托马斯描述了9月17日早上那平淡的旅途："6时

解围阿纳姆

30分起床,做好了出发准备。有传言说今天会开始第四次进攻作战,我们这支部队已经驻扎海外有15个月了,这次会由我们唱主角。塔克上校把大家聚拢起来,最后一次将任务进行讲解。我们检查了所有装备,乘坐拖车来到飞机边上,跳伞官和飞行员给我们做了最后指导,于9时30分登上飞机。10时34分飞机起飞,飞机在机场附近盘旋几圈完成机群编组,随后飞往荷兰。

我们从斯潘霍机场到英吉利海峡的路上非常顺利,在伦敦郊区的地方碰到有几拨C-47运输机从我们下方飞过。我们看到他们大部分都拖曳着滑翔机。我们于12时32分到达荷兰海岸。很多地方都被海水倒灌进来,只有在高处的公路才在水面上方。从空中向下看,那些水似乎都不深。"

西摩·弗洛克斯(Seymour Flox)是H连的救护兵,他给母亲信里的开头很是轻松愉快,最后的结论有些忧郁:"在机场完成任务简报后,我们知道目的地肯定是荷兰,这不免让常人会感到紧张、冒汗。但我们这群人不会。有些人玩起了橄榄球,拿占领军军票押注打靶,有些人在看了会儿地图后就蒙头大睡了。

我们在机场的早餐绝对是一流的。这里面有煎饼、鸡肉、玉米、土豆、面包、蛋糕和咖啡。随后我们领到了自己的降落伞,登上飞机聆听最后一次鼓舞士气的军官讲话。在路上,我们拿出放在口袋里的报纸阅读,抽着烟互相开着玩笑。但一旦跳伞信号灯亮,我们必须抓紧时间,在9秒钟内全部跳伞完毕。高射炮开始朝我们射击,有些人呕吐起来,这种情况下大家难以保持兴奋。

整体来说我们在飞越荷兰被淹没地区时还是比较顺利的,只有偶尔的高射炮袭击。我们运气不错,只有一架飞机被击落,但我的一个好朋友就在那架飞机上受了很严重的伤。"

当3营的C-47运输机编队接近荷兰海岸时,悲剧发生了。德军高射炮炮弹爆炸所形成的黑色云雾出现在机群附近。在经过瓦尔赫伦半岛(Walcheren)时,一架C-47运输机机腹挂载的三个装备舱被炮弹碎片击中,这架外号"贝蒂"的飞机是由理查德·博汉南(Richard Bohannan)上尉和道格拉斯·费尔伯(Douglas Felber)

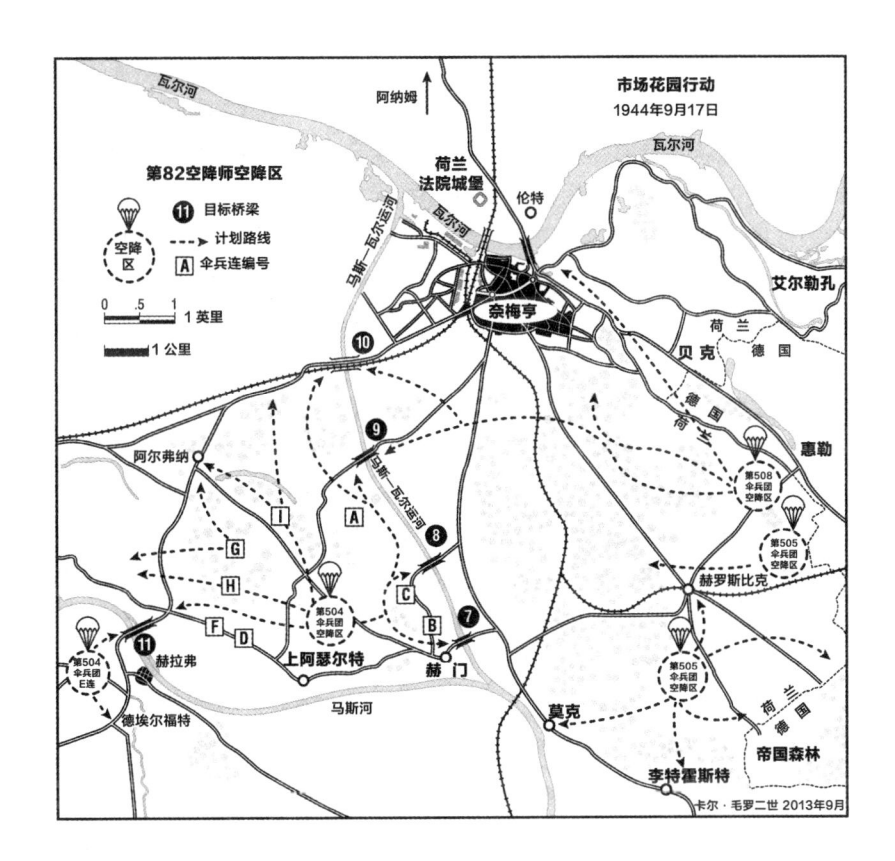

第4章 博汉南上尉的最后一次飞行

少尉驾驶的。3营的作战官弗格森上尉亲眼看到了这一幕:"很快,烟雾从那架C-47机腹挂载的装备舱里冒出,黄色和红色的火焰在黑色的浓烟里不断跳跃。"

除了五人机组,飞机上还有H连1排的副排长伊西多尔·瑞克维茨(Isidore Rynkiewicz)中尉以及他的12名部下;团属爆破排的三个人:厄尔·福斯(Earl Force)中士,约瑟夫·弗雷(Joseph Foley)一等兵和约翰·麦克安德鲁(John McAndrew)一等兵。爆破排的士兵被两两分组派到各个小队里去,确保在碰到疑难杂症时有专家可以立即处理。一个设备舱里装的是C类炸药,只需要一个雷管去击发。看到高射炮炮弹碎片钻进C类炸药所在的舱,右侧一架C-47的副驾驶罗伯特·克罗恩(Robert Cloen)少尉打破无线电静默,呼叫博汉南上尉

解围阿纳姆

赶紧抛离装备舱。

博汉南于1943年7月16日获得了航空队勋章（Air Medal），因为他在西西里岛登陆的哈士奇行动里表现出的"技艺高超、果敢而又奉献的精神"。他是一位经验丰富的驾驶员，1941年从弗吉尼亚威廉斯堡的威廉及玛丽学院毕业。据推测最有可能的情况是博汉南和21岁的副驾驶费尔伯少尉无法抛离设备舱，同时发现左侧发动机和部分机身也已经着火，他们看到地面的洪泛区，准备通过迫降在水面上的办法来灭火。

在这架飞机上的托马斯·卡特（Thomas Carter）中士是第一次执行飞行任务，来自北卡罗来纳的温斯顿——萨勒姆，原先的机组成员有人病了才让他临时顶替。"因此我和其他成员不是太熟悉，"他作证时说，"当飞机着火的时候，我站在后面的舱门边，空降兵已经把降落钩锁扣好。"因为他们飞机已经脱离编队，另外一位飞行员接过博汉南上尉的岗位，担任这个运输分队的长机。

跳伞官瑞克维茨中尉、诺曼·汉德菲尔德（Norman Handfield）一等兵、瓦尔特·雷金斯基（Walter Leginski）一等兵和艾佛雷特·里杜特（Everett Ridout）一等兵都被弹片击伤。另外一位当时在这架飞机上的士兵是18岁的乔治·威洛比（George Willoughby）二等兵，他回忆道："我们在接近海岸的时候，感觉有些不舒服，就躺在了飞机地板上，让我旁边的里杜特在接近空降区的时候告诉我。我跳伞服左腿裤袋里塞了一枚地雷，左腿口袋里有一枚反坦克手雷；跳伞服的口袋里还放着两枚手榴弹，另外还带着K口粮、狙击步枪、弹药带和200多枚子弹、防毒面具和其他私人物品。当运输机飞过海峡的时候被惊醒了，我立刻从地板上爬起来，坐回自己的位置，正对着舱门和中尉。我可以看到窗外的情况。没过多久我就听到有机枪射击的声音，也看到了高射炮炮弹爆炸形成的烟雾出现在周围。

很快，飞机里面也充满了浓烟。我突然发现对面的瑞克维茨中尉被击中了左膝，抱着勃朗宁自动步枪的汉德菲尔德也被击伤了手臂。我右边的战友倒在了地板上，我想那应该是里杜特。我记得大喊了一声，'让我们赶快离开这个鬼地方！'我们纷纷站了起来。"

第4章 博汉南上尉的最后一次飞行

雷金斯基一等兵坐在瑞克维茨中尉的左边，里杜特在他的边上。他们被碎弹片击中腿部和臀部。瑞克维茨受了重伤。飞机里满是滚滚黑烟，雷金斯基和里杜特问瑞克维茨中尉在飞机着火的情况下，大家是不是要立刻跳伞。中尉没有回答，从座位上往前滑倒，看起来丧失了知觉。看到跳伞官不能继续指挥跳伞，他们两个人立刻挂钩，没有一丝犹豫就跳了出去。乘务长卡特中士站在门边上："我在两个人跳伞后就跟着跳了出去。"他现在也没有必要继续纠结乘务长的职责了，他没想到其他伞兵并不准备跳离飞机。

3营的维吉尔·卡迈克尔（Virgil Carmichael）中尉看到博汉南的C-47运输机被击中后，之后三人跳伞："我们当时靠近荷兰的瓦尔韦克（Waalwijk），我看到地面上一片高地没有被水淹没，上面有片树丛。我们当时飞行高度在400—500米的样子。当我们对着这个树丛时，我忽然看到有一串带着曳光弹的20毫米高射炮炮弹朝我们后面飞去。

我看到这一地面火力时，立刻跳到门边去查看。这些炮弹击中了编队后面的一架飞机。我根据顺序估计这是H连乘坐的，果然是这样。在地面高射炮开火后，立刻有一架护航战斗机俯冲过去把它解决了。它只来得及开火一次。我们那架飞机的装备舱被击中后，立刻冒出浓烟和火焰。我站在门边看他们撤离。伞兵的降落伞是迷彩色的，而航空队用的则是白色尼龙材质的。我看到在迷彩降落伞后，出现了一个白色的，我们想那个跳出来的应该是乘务长。在白色降落伞之后，飞机猛地机头朝下，以45度角全速冲入水中，激起巨大的水花。在撞击中，一个白色降落伞从飞机前部浮了出来。"

威洛比二等兵回忆在卡特中士跳出去之后，"几秒钟时间，飞机内就充满了烟雾，什么都看不清。有些在驾驶舱附近的人开始咳嗽，想把门推开。（这里面可能包括领航员伯纳德·马丁森中尉和无线电员阿诺德·艾伯森上士，这才能够解释飞机前部漂浮的白色降落伞。）我和其他人从门里滑了出去。我们当时都已经上钩，当我打开降落伞时，可以闻到肉糊了的气味，还有脸上和手上的皮肤也被粘了下来。当火舌舔到我手时，我就立刻把步枪给扔掉了。

"我朝地上看去，只有一小片公路边的陆地没有被淹没。我操纵

解围阿纳姆

降落伞落在公路边上。当我落地后,我立刻从枪套里拔出手枪,指着附近出现的一个人。他举起了双手,高声喊道:'荷兰人!'我看到他很友善,就把手枪收了起来脱掉降落伞,穿过公路看看能否帮上那些落水的人。

我看到唐纳德·伍德斯托克二等兵落在齐腰深的水里。当他走向我站着的岸边,他滑进了一条宽4—6英尺(1.2—1.8米)的深沟里,所以他爬上来的时候一直嘟囔着。我把他拉到了干的地上。我们把背包脱下,藏在一个空房子的后面,然后开始搜索其他同伴。大部分人都成功落在没被淹没的地面上或者附近的浅水区。"

雷金斯基和里杜特跳伞的高度比那些从飞机里滑出来的13名伞兵更高,他们在降落伞下漂悬着看到飞机冒出滚滚浓烟,忽然从水平飞行变成垂直坠落,在远处坠毁了。坠机中有四名剩下的机组成员丧命:博汉南上尉、费尔伯少尉、马丁森中尉和艾伯森上士。马丁森的遗体在飞机外面被找到,他应该是在准备跳伞时被气浪推了出来。飞机忽然开始垂直坠落应该是由于机腹的控制线缆被烧断了。

雷金斯基和里杜特在丁特河的西岸的丁特洛德镇(Dinteloord)。其他人差不多落在河东岸的海涅根(Heijningen)。这片区域位于北布拉邦省(Noord Brabant)的西部,距离上阿瑟尔特空降区还有65英里(105公里)。里杜特落在淤泥里,雷金斯基则落在50码(45米)外的陆地上。他们脱掉伞具后,看到小队的其他人飘往丁特河的另外一端。

他们互相帮忙,尽量把伤口包扎好,并把自己的迷彩降落伞藏起来。他们蹒跚着走过阡陌交错的农田,必须要远离降落地点,避免被敌军发现。他们看到在连接这里和附近小镇之间的公路上有德军军车和摩托车来来往往,后来他们才知道那个小镇就是海涅根。大概走出去1英里(1.6公里),他们藏身于一处灌木丛中,准备等到夜幕降临后再行动。

卡特中士落在海涅根里一座房屋的屋顶上,摔了下来。他和其他人在小镇上聚集起来,这里面包括团属爆破排的几个人以及威洛比、救护兵罗伊·比格斯(Roy Biggs)。威洛比回忆说:"我们集合在一座小房子里。瑞克维茨中尉和汉德菲尔德在隔壁。航空队的人和其他

第4章 博汉南上尉的最后一次飞行

几个人上到二楼去执行警戒任务以防备德国人的偷袭，当地的荷兰人帮助我们处理伤口。我的手和脸被绷带包扎得严严实实，活像一个木乃伊。我只能透过右眼朝外望。我的两手只能举在胸前，如果放在两边的话，会疼得受不了。

没过多久，一辆装着德军的卡车沿着公路开了过来。他们停在瑞克维茨那座房子和我们房子之间的位置。随后德军下车朝我们房子扑来。一名德军士兵朝窗户扔了枚手雷，结果反弹回去砸中了他们中领头军官的脚，那个人立刻跳起来像是脚瘸了一样。有人从窗户里伸出去一块白布，挥舞表示投降，随后我们被德军带离房子，装上卡车，送到附近的一座小镇（斯丁贝根，Steenbergen）。我们被赶到一座建筑里，由德军军官审讯。我伤势比较严重，走到角落里躺在地上。我不太记得在那里待了多久。直到当天下午晚些时候审讯才结束。

我们被一辆老旧校车带着开了一个晚上，于第二天到达了乌特勒支（Utrecht）。马克·卡普兰和我被送到镇上一处教堂内的野战医院。我们在那里遇到了第101空降师第501伞兵团的两名士兵。来自费城的斯坦利·亨特（Stanley Hunt）二等兵在降落时摔伤了脚踝。另外一位年轻的士兵摔断了右手的三根手指。那里还有一名英军伞兵在阿纳姆作战时受伤，眼睛被德军迫击炮炮弹碎片弄瞎。"

在这期间，雷金斯基和里杜特成功逃过了德国人的抓捕。他们在9月17日黄昏之后，听到有人吹着口哨，轻柔地喊着："Oranje。"他们过了一会才明白过来这个人不是在叫他的狗，而是想要和他们联系上。他们想起来在英国参加作战简报时，被告知荷兰地下抵抗组织会用"橙色"，或者荷兰语里的"Oranje"来做口令。他们走出藏身之地，向那个荷兰人挥手。他示意让这两个人跟着他走，把他们带到了丁特河边，涉水过去后又走了大约半个小时，终于走到一处谷仓，在获得干净的平民服装更换后，能够安睡过夜。

早上6时，两个人被另外一个荷兰人唤醒，那人用英语说德国人已经知道他们藏在谷仓了。他得赶在德国人前面带他们去附近的菲纳特（Fijnaart），另外一个当地抵抗组织的成员给他们提供了自行车方便交通。

解围阿纳姆

他们四个人沿着菲纳特——海涅根公路骑行,当地人带着不可思议的眼神望着这队人:德军军官刚刚在菲纳特禁止民众骑自行车。荷兰人把他们带到亨德里克·尼杰霍夫(Hendrik Nijhoff)家,后者把他们藏到自己木匠铺的地下室。从尼杰霍夫和其他荷兰抵抗组织成员那里,雷金斯基和里杜特听到了其他成员的遭遇。除了瑞克维茨中尉和比格斯二等兵,其他人都落入了德军手里。在飞机的残骸里发现了博汉南上尉、费尔伯中尉和艾伯森上士的遗体。荷兰人将阵亡者的狗牌和其他私人物品转交给他们。最后这些物品给到了荷兰红十字会,去联系相关部门处理。

当知道比格斯和瑞克维茨在6公里外威廉斯塔德(Willemstad)的医院接受治疗,雷金斯基和里杜特给中尉写了封信,说明了目前情况后,询问下一步的指示。一名荷兰人充当信使去找瑞克维茨,并带回了一封信。瑞克维茨说他的左膝伤重难治,比格斯的脸和身体都被严重烧伤。他们都得到了妥善的照看,他要求雷金斯基和里杜特躲藏好,静观形势变化。这是他们从指挥官那里收到的最后一次消息,很快瑞克维茨和比格斯就被德国人逮捕,送到了战俘营。瑞克维茨最后被送到了巴特霍恩(Bathorn)的6C战俘营,而比格斯则是新勃兰登堡(Neubrandenburg)的2A战俘营。乘务长托马斯·卡特中士先是被送到格罗斯泰丘(Gross Tychow)的空军第4战俘营,后来被转入巴特(Barth)的空军第1战俘营。

看到博汉南C-47运输机坠落的卡迈克尔中尉后来听说荷兰人会掩护那些伞兵。"9月18日,周一的晚上,我们在下阿瑟尔特(Nederasselt),有个荷兰人找到我们的指挥部,用浓重的口音表示他在电话里听说我们的四名士兵(瑞克维茨中尉、比格斯二等兵、雷金斯基一等兵和里杜特一等兵)在斯海尔托(Hertogenbosch),他想知道我们希望如何处理。我估计这些人应该是H连的,因此让他帮忙把人送过来。他们后来果然做到了。(作者:有两个人实际上没能够回来。)"

故事回到菲纳特,雷金斯基和里杜特根本想不到他们居然会在尼杰霍夫的木匠铺里再藏身48天。当美国人躲在地下室的时候,驻扎在

第4章 博汉南上尉的最后一次飞行

附近的赫尔曼·戈林装甲师的训练营士兵几乎每天都到店里来定做棺材和十字架。每过几天就有一些武器从坠毁的C-47运输机和附近另外一架坠毁的英军哈米尔卡滑翔机上找回来，那架滑翔机上的成员全部在坠毁中遇难了。这些武器都沾满了泥浆，需要清理和维修，这活就交给了雷金斯基和里杜特。他们想参加荷兰人晚上对德军士兵的偷袭，但抵抗组织因为担心报复行动而拒绝了他们。

逃走是不可能的：晚上8点后，民众就不允许上街，这片区域到处都是德军部队，因为这里紧挨着德军前线，对面就是英军第2集团军。雷金斯基和里杜特每天就靠着一点苹果、奶酪、假面包（由劣质面粉掺和木屑制作）和一小片猪肉过活。11月1日，英军炮火开始倾泻到菲纳特，这次炮击持续了三天，把小镇几乎抹平。在炮击中，雷金斯基和里杜特戴着红十字袖套尽力帮助荷兰平民，这会人们只能蜷缩在拥挤的地下室里希望战争早点结束。

11月4日，英军士兵来到了地下室，结束了雷金斯基和里杜特的折磨。他们在解释完情况后，被带去安特卫普，他们在路上跳下英军卡车，回到荷兰。他们没多久就被英军宪兵逮捕，因为他们没穿制服。当事情总算说清楚后，却没人可以告诉他们第504伞兵团现在在哪里。里杜特和雷金斯基在第二天早上看到一辆第505伞兵团的吉普车，他们搭着顺风车去到了奈梅亨，在那里找到了第504伞兵团指挥部。两个人在19时完成汇报，领到新的制服，终于归队。

第504伞兵团3营的很多其他士兵都在目睹了博汉南上尉的遭遇后，顺利完成跳伞。库克少校对这趟飞行的描述充满了自信："我们知道在白昼跳伞，集结会变得更为容易，而且航空队可以把我们更准确地送到目标上空。感觉我们掌控了一切。你可以看到庞大的机群编队遮天蔽日。因为是白天，我们可以欣赏沿途的景色。我看到一架飞机（C-47）被击落后，战斗机立刻过去压制了敌军防空火力。在我们跳伞后，还是有不少C-47运输机被击落。"

弗格森上尉在9月17日的遭遇比博汉南上尉要幸运得多。在飞过一座只有一条主街的荷兰小村时，他看到居民"在房屋后院里挥舞着白色的旗帜，于此同时，一队德军车队正在房屋前面的公路上朝我们的

解围阿纳姆

目的地飞驰。我清晰地记得这些荷兰人给我带来的温馨、友谊和理解之情。他们努力向我们表明他们欢迎我们的到来，我感觉大家一下子变得士气高涨，我们的使命是很有意义的"。

红色指示灯开始闪烁，表明距离空降区只剩下20分钟航程了，马斯河、赫拉弗大桥和赫拉弗慢慢进入视野，"和那些印入我们脑海中的航空侦察照片一模一样"。跳伞就好像一场真实的梦境："飞机开始减速，当我朝外张望时，迎面而来的风如刀子般割着我的脸，每一根神经都在呼喊着赶快行动。飞过河流、岸堤，紫色的烟柱从空降区升起（这是在我们前面20分钟落地的先导队发出的信号）；飞机里面伞兵们都已经上好挂钩，我们已经到达目标上空，准备跳伞。巨大的黑色球型烟雾伴随着刺耳的爆炸声环绕着飞机附近。绿色指示灯亮起。'跳！'我对士兵们喊道，同时我就转身跳了出去。自己马上就感觉放松了——一切都在按照计划进行。"

托马斯上尉和他的手下跳伞很成功，虽然之前都看到了博汉南上尉那架飞机悲剧般的坠落。"所有人都很激动，事故发生得非常快，没有人清楚到底有多少人从飞机里跳了出来。有好几个打开的降落伞都着火了……一切都要感谢这架C-47运输机的正、副飞行员：正是由于他们无私地坚于职守，飞机才能尽可能地保持水平飞行，这样伞兵才有机会离开这架即将失控的飞机。（正、副飞行员这么做）希望更多人可以获救，但他们逃生的希望则变得越来越渺茫。

我们现在发现没有剩下多少时间来检查自己的装备和伞包了，因此大家暂时忘掉了刚才看到的悲剧。地面袭来的高射炮炮火在我们接近空降区时几乎消失了。我们在13时10分跳伞，门旁的指示灯还是显示红色。但事实证明我们跳伞的时机把握得很好，我们从落地后到完成集结的时间创下了纪录。"

艾伦·麦克克莱恩（Allen McClain）中尉是3营81毫米迫击炮排的指挥官，他的飞机就在坠毁飞机的前面。"就在那架C-47运输机被击中的同时，一架P-47战斗机冲出来消灭了地上的高射炮。即使是亲眼所见，还是觉得不太真实。我们飞机上有一些新兵。查理·库珀（Charlie Cooper）中士在睡觉时也会在嘴里塞一团烟草。他带了足

第4章 博汉南上尉的最后一次飞行

够的分量。他被这景象刺激到了,开始唱起空降兵之歌:'他不再能够跳伞,''虫子爬了进来,''我们都会死去,像木头那样被堆起来。'不用说,有些人开始后悔当伞兵了。我们这些经历过战场的老兵都很安静,在沉思战争之外的事情。

我们的飞机准确飞到了目标上空,飞越堤防,到了赫拉弗大桥的北面。荷兰地下抵抗组织出来帮助我们前往营集结地。我这队人里只有一个扭到了脚踝。我们在落地前后也遭到了一些敌军的射击。我落到了一条膝盖深的排水沟里,绑在右腿上的无线电设备也被摔坏了。"

H连1排的詹姆斯·勒加西(James Legacie)二等兵看到旁边那架飞机被击落时,立马想起了雷金斯基中士在飞机上。"我和雷金斯基经常搭班站岗。常常是我结束后,他来接替我。他后来幸免于难,几周后回到我们身边。"

勒加西的排长爱德华·西姆斯(Edward Sims)少尉提供了更多行动细节:"H连的其他部队于13时05分落到赫拉弗附近的预设地点。"这是西姆斯的第二次战斗跳伞。尽管他的一条腿仍然受到安齐奥海滩时所受伤痛的折磨,他"并没有独自一人留在英格兰的想法"。

"最开始的任务是协助其他单位守住马斯河上的赫拉弗大桥和马斯—瓦尔运河上其他桥梁。情报显示在赫拉弗和奈梅亨地区驻扎着4 000名党卫军以及一个坦克库,但我们在赫拉弗几乎没碰到像样的抵抗,我们的第一批目标在当天18时就实现了全部控制。

在降落时我的背又受伤了,我知道这不是能轻易治好的伤病,放弃了去野战医院治疗的想法。在接下来的几周里,我的身体状态都不是很好。我们把连指挥部设置在一排民房附近,那里我们第一次碰到一家荷兰人和他们15岁的孩子们。那位母亲给我腾出了一间屋子,让我们和他们一起住。当然她用之前珍藏下来的牛肉给我做了一碗香喷喷的肉汤。他们满心喜悦地庆祝我们的到来,因为是我们把他们从德国纳粹手里解放出来。"

H连的西摩·弗洛克斯(Seymour Flox)回忆:"戴着我的全套装备降落并不那么顺利。我滑过了一座屋子,掉在稻草垛边上。那里本来有三个荷兰人在欣赏这场大戏,结果看到我落在身边后,立刻慌忙

解围阿纳姆

逃走,好像有鬼在追他们似的。你必须得承认航空队在这次任务中立了大功。他们把我们准确地空投到了目标区域,我们没有浪费任何时间就集结完毕,做好了战斗准备。"

这是休·瓦里斯(Hugh Wallis)二等兵的第一次实战跳伞,他是在安齐奥海滩加入3排的。在看到坠机后,他立刻在自己的飞机上"站起来,把自己的挂钩挂好,一直到空降区域跳伞为止"。落地后,他们"在马斯大桥的北端设置了防卫圈,保护夺桥部队的后方。我使用巴祖卡火箭筒,所以我待在路障附近。这是赫拉弗大桥,我们在跳伞后的第一天里没有碰到德军"。

勒罗伊·里奇蒙(Leroy Richmond)中士让瓦里斯班的副班长约翰·弗雷(John Foley)下士站在他们那架C-47运输机的最后,确保所有人都跳伞:"我那架飞机上有里奇蒙中士、我和我们班。里奇蒙中士告诉我说如果前面有人不敢跳伞,我就要把他们踢下去。我们伞降到荷兰后,有个士兵跑到我跟前问:'那个掉下来的人是谁?'我不知道,但我们确实看到有个士兵伞包没打开就掉下来了。"

卡佩尔上尉的连要"早些落地,尽可能接近我们团的目标,消灭地面上的敌军,给整个营的集结做好警戒工作。当我们接近空降区域时,我们完全是精准地按照时间和航线来的。我的手下笑容满面,非常高兴。我站在舱门边上把看到的地标大声报给其他人。当我们接近马斯河之后,我那架飞机是编队领头的,它开始打开襟翼,进行减速。尽管在赫拉弗大桥附近的德军阵地开始朝我们射击,大家还是对马上要行动充满了期待。飞机减速有点猛,比我们之前经历过的还要慢,结果在受到攻击后,飞行员又提速到了安全跳伞的速度上"。

在C-47运输机上坐在卡佩尔边上的是他21岁的无线电员阿尔伯特·塔贝尔(Albert Tarbell),是莫霍克人。塔贝尔认为他的上尉"是最勇敢的战士,而且不是我一个人的想法。我们会跟随他去任何地方,我就像是他的保镖一样。他去哪里,我就去哪里。我们想德国人大概没想到我们会在这么一个和煦的日子里出现。那里不容易迷路,因此大家集结的速度很快。另外一方面,地面上的德军可以在我们鱼贯跳出舱门的时候,轻易瞄准我们射击,而我们只能在落地后反击。

第4章 博汉南上尉的最后一次飞行

我猜所有人都固执地相信作为攻击方更有优势的理论。

我们的飞机在穿越英吉利海峡时平安无事，一到荷兰海岸就遭到了高射炮的袭击。一架战斗机如同老鹰抓小鸡似的冲过去把他们消灭了。很快有人吼起来说我们是否已经到了空降区。他们看到有降落伞从其他连的飞机上跳出来。我坐在卡佩尔上尉边上，靠着舱门口。我们从身后的舷窗看出去，旁边一架飞机的下部燃烧得冒出浓烟。我们开始数打开的降落伞数量，没几秒钟那架飞机就从我们的视野里消失坠落了。

在后面的飞行中，我们和坐在对面的迈克尔·科格特（Michael Kogut）上士正在聊天。忽然他就躺倒在了座位间的过道上，一脸迷惘的表情，不知道为什么变成这样。原来是一颗子弹穿透座位，钻进了他的伞包。虽然子弹没有击伤他，但冲击力把他撞到了地上。几秒后，我们到达了空降区上空，他就背着这个伞包跳了下去。"

威廉·艾迪生（William Addison）上尉"开心地看着护航的英军喷火战斗机俯冲攻击那些朝我们射击的德军高射炮阵地。马克·谢利（Mack Shelley）上尉拿出一瓶苏格兰威士忌让大家传递着喝。我们飞机上大约有20个人。喝完后，他把空瓶子朝地面上的高射炮阵地扔去"。

德尔波特·屈尔（Delbert Kuchl）上尉是我们的新教牧师，他与莫法特·布里斯（Moffatt Burriss）上尉的小队乘坐同一架飞机。一名伞兵在他们小队起飞前拍了张合影。对于照片里的某些人来说，这就是他们的最后一张照片了，比如瓦尔特·慕斯泽斯基（Walter Muszynski）一等兵。"当我们的飞机飞过海峡，到达荷兰后，"屈尔回忆，"我们看到德国人放水淹了大片地区，使得登陆作战无法进行。我们看到很多地区筑有高射炮阵地。很快他们就朝我们疯狂开火了……我看到有一串曳光弹朝我们射来，似乎要把我们吞下一般。莫法特和我站在舱门边。求生的本能让我们从门边跳开，躲在纸片般厚的飞机铝壳后面，这玩意儿给我们的保护比打开的舱门强不了多少。这一梭子弹从机身到机尾扫了个透。莫法特和我面面相觑，然后笑了起来。"

亨利·基普上尉是3营的作战军官，在他几个月后给母亲的信里

解围阿纳姆

这样写道:"场面真是太壮观了——庞大的机群带着士兵横穿海峡,进入洪水泛滥的低地国家,直捣敌军心脏地带。我们部队的任务是空降到奈梅亨地区,并占领那里。在这些笨重、脆弱的运输机旁边穿梭着敏捷的战斗机,不知道从空中哪里钻了出来,很快又消失得无影无踪,在周围如同黄蜂群般环飞。他们提供了无与伦比的防护。一座高射炮塔隐藏在看似平静的荷兰乡村里,要不是开火,很难被发现。第一轮射击的炮弹刚刚爆炸,战斗机就冲了下去,朝德国佬的大炮倾泻弹雨。

这次行动对于有幸在地面观察到的人来说必定是一种夺人心魄的经历——一个小时接一个小时,数千架飞机组成的机群不停地从头顶飞过。我在想德国人看到这个情景时会做何感想。直到我们飞过海峡之前,这一行动都像是例行训练一般。当我们看到荷兰地面时,就想起了这是在敌军占领地区的上空,会有凶猛的防空火力来迎接我们,这就让人有些不安了。你感到被困在一个脆弱而又无助的笼子里。

忽然有人站起来,'看!'我们都贴到窗子和门边。机群里的一架运输机着火了,伞兵们开始从里面跳了出来,降落伞在空中打开。飞行员保持飞机水平飞行,直到所有伞兵跳了出去,然后飞机一头栽向被洪水淹没的地面。尽管越接近空降区,防空炮火越猛烈,我们幸运地没有被击中。情况比预想的要好得多。

当我们到达空降区后,我很高兴终于可以跳伞了。飞机里太热,一点都不舒服。航空队准确地把我们空投到目标上空,一个都没落下。当然了,白天行动也是重要的原因。我们落地和集结的时间都异常迅速。士兵们都对作战内容很清楚,航空队的空投堪称完美,白天,空降区没有敌军。德国佬被打了个措手不及,完全没想到会有空降作战发生在这一区域。这和以往的所有作战都完全不同。"

与当地荷兰民众的交往很顺利。I连的瓦尔特·休斯一等兵是个在英国才加入部队的新兵,这也是他的第一次作战。"我降落在一个农场附近,可以看到不少人从窗户里朝外张望,说实话,我快被吓死了。我不知道我是否应该要朝那些窗户开枪,但是一个小孩子从门里跑了出来,手里摇着一面橙色旗子(荷兰象征),并递给了我。"

第4章 博汉南上尉的最后一次飞行

卡迈克尔中尉回忆:"荷兰农民带来了鲜奶,立刻帮助我们卷起降落伞,并搬运走。在荷兰的前两个晚上,我们借用了一个荷兰人的房子作为指挥部。那人非常友善,他的小屋有6—7个房间,一层半的样子,装修得非常有品位。他非常欢迎我们把这里当作指挥部,他和他的妻子在我们借用期间换了个地方居住。我本以为荷兰人会因为我们打乱了他们的日常生活而会有些不快。那个对我们很友善的荷兰人是范·霍威尔(Van Hoevell)男爵。他被称为'德·科诺特维尔格'的宅院位于下阿瑟尔特。"

卡佩尔上尉称:"荷兰民众和地下抵抗组织的成员提供了巨大的帮助,他们热忱地提供了各种我们所能想得到的帮助,尽管形势对敌军有利,但他们从我们空降那刻开始就积极协助。我还记得那些农民驱赶自己的马车,把弹药从空降区搬运到我们的作战阵地上。"

在"O"区降落的3营遭受到的损失是最大的:在574名官兵中,有23人受伤,这其中包括在博汉南上尉那架被击毁飞机中的H连13名官兵和2名团属爆破排的士兵。因此库克手里还剩下540名可用的官兵,当然其中有些士兵例如I连的阿尔伯特·艾希格(Albert Essig)二等兵和H连的多米尼克·默西亚(Dominic Moecia)二等兵被抽调到了先导队。团部和团部直属连在他们这拨里共搭载了三架飞机,50人中有2人受伤。

艾迪生上尉在降落后进行了盘点,确认了一下补给状况,并且确保了补给班所用的四辆吉普也顺利着陆。他随后骑了一辆摩托车前去观看2营夺取马斯河大桥的战斗。当他骑过一座铁路高架桥时,一颗子弹从他耳边呼啸穿过,他才注意到本方部队正躲在岸堤下。

G连的战斗日志记录道:"落地后,托马斯上尉把本连集合后,带往攻击目标赫拉弗大桥。我们穿过一片苹果树院子,走进一座房屋,惊恐的荷兰人躲在角落里。其中一个人终于明白了我们想要知道大桥的方向。他带着我们走了50码(45米),把大桥指给我们看。我们移驻到一片小树林里,把这里作为集结区域。营指挥官和他的参谋已经到了那里,指挥各连进入阵地。我们到达指定的阵地后,核实一下跳伞中的损失,打开无线电频道,向营部做了报告。

解围阿纳姆

15分钟后，我们把野战背包和铺盖沿着一排堆好，开始朝目标前进。在路上，我们看到团部已经在一排屋子中设置完备。继续往前走，在十字路口遭遇了一两个狙击手。他们很快转移了，因为我们的部队很快就控制了这一带地区。

上尉注意到那座被指派给我们作为连部的屋子。有敌军狙击手朝那座屋子的外围房间射击，很快就被我们排发现并干掉了。黄昏来临时，各排的阵地都挖好了，准备防守。晚上出现了几声巨大的爆炸声和一些枪声。后来我们才知道是怎么回事。"

H连的卡佩尔上尉对当时的情况有着不同的印象："H连遭受的损失是营里最大的。他们那架掉下去的飞机是该师在整个空降行动中唯一的损失。H连很快就完成了部队集结，装备配发齐全，而负责在阿尔弗纳封锁道路的G连没有集结完毕。因此营长命令H连和G连互换任务。

当两个连长授命回去时，我们发现G连在副连长的指挥下已经完成集结，正朝阿尔弗纳前进，而H连的副连长正准备带部前往相反的方向。因此为了避免更多混乱，G连连长仍然率部前往阿尔弗纳，而我则朝赫拉弗前进，两个连都是跑步前进。

H连在公路两边布置阵地，2排和3排朝北，1排朝南。两门迫击炮朝北，一门朝南，这样布置是因为来自赫拉弗方向的威胁非常轻微，甚至没有。当地民众告诉我们大约有500名德军驻扎在赫拉弗镇。差不多也是在那个时候，我们营听说2营已经完全控制了赫拉弗大桥，也就是第11号桥。"

同时，布里斯上尉的I连也完成了集结，其中罗伯特·布兰肯西普中尉的1排已经朝北面的迪尔福特前进，控制那个方向的公路。16时30分，布兰肯西普报告在韦亨舍湖（Wychensche Ven，一片小湖）以北发现敌军的防空炮车，另外荷兰民众告知他们有大约75名德军在防守哈特尔特附近的8号桥。威廉·怀特后来因为这次行动获得了银星勋章："1944年9月17日，荷兰，距离奈梅亨大约2英里（3.2公里）的地方，I连的怀特上士率领他的排前往所在营右翼。当他们朝马斯—瓦尔运河上的桥梁前进时，在公路的拐弯处碰上了一支德军自行车巡逻队。他们立刻朝敌军开火。敌军巡逻队的四名士兵立刻依靠公路左侧

第4章 博汉南上尉的最后一次飞行

的一片菜地准备逃跑。

怀特上士没有任何畏惧地冲过空旷地带，朝台地上跑去。德军巡逻队发现怀特上士准备切断他们的退路，因此集中冲锋枪火力朝他射击。怀特上士一边在枪林弹雨中拿他的汤普森冲锋枪进行反击，一边跳入了敌军后侧的壕沟里。他猛烈追击四名德国兵，击伤两人后，子弹用完了。他抓住枪管当作棍子继续驱赶剩下的两名德军。他们立刻扔掉了自己的武器，投降了。

怀特上士的当机立断和果敢的行动化解了德军的一次巡逻，否则这有可能把我军的位置信息暴露给敌军。他勇气的展现也为陆军增光。"

18时45分，G连报告在阿尔弗纳北面发现有两辆小卡车搭载了大约40名德军出现了，距离空降区西北方向3英里（4.8公里）处。两个小时后，这群德军在两辆坦克的支援下朝G连位于村子南面的一个排进攻，迫使该部后撤。I连在北部地区的巡逻队报告没有和敌军发生接触，他们于21时40分撤回。

弗格森上尉回忆在那个周日晚上，"一列德国火车于21时经过奈梅亨附近第82空降师的阵地附近，然后穿越国境回到德国。没有人要攻击这列火车。我想詹姆士·加文将军应该也看到了这列火车。在经历了英国的休整后，重回战斗状态还需要些时间。"

第5章

★ ★ ★

攻克马斯河大桥

赫拉弗，1944.9.17

E连1排副排长卡尔·莫罗少尉搭乘的是"E连最后一批运输机，可以很好地观察到被称为'空中列车'的C-47运输机机群以120—130英里（190—209公里）时速隆隆前行的壮观场景。在准备跳伞的时候，飞行员会尽力将时速控制到90英里（145公里）左右，保持尾部翘起，伞兵跳离机舱。这对那些勇敢的飞行员来说是最为紧张的时刻。"

看到飞行员开启了红色指示灯，莫罗少尉立刻发布了熟悉的指令。他的手下站起身来，按顺序挂钩完毕，检查装备，从队尾开始报数："十六号，完毕！""十五号，完毕！"一个接一个直到"一号，完毕！"最后是跳伞官。几分钟内，红色指示灯就会熄灭，绿色指示灯开始闪烁。

距离空降区只有几秒钟的时间了，莫罗"开始查看外面的一些细节，帮助自己判断风速和风向，包括空中的地面的，尤其是前面那些飞机上跳下的伞兵打开的降落伞轨迹和我们航向的角度很有参考价值。E连大部分战友都跳下去了么？我希望和他们跳得尽可能靠近。我们的目标在哪个方向？我希望尽可能接近那里，但也不要离我们的友邻部队和装备舱太远。就在这几秒钟跳离舱门的时间里，我要决定什么时候投放挂在机腹下的设备舱。

解围阿纳姆

我给出了靠近舱门的命令，所有人迅速往前用力顶上，尽可能地人贴人，跳伞动作必须迅捷，一秒钟的浪费意味着落地后几百码的距离，离装备舱也会更远。在伞兵学校，跳伞官在跳伞前会吼一声'大家开心吗？'，我没有引用这个问句。

时间到了。绿色指示灯亮起；我在空降区选择好了跳伞点。我不像有些跳伞官那样习惯在跳伞前踢个东西下去。看了一下前面那些铺满天空的降落伞的轨迹，我按下了绿色指示灯边上的按钮，投放了补给舱，大吼了一声，'上吧！'16名年轻人跟着我跳了出去。

在我看来，这次在荷兰的跳伞和我之前24次跳伞并无太大区别。这也许是我的最后一次跳伞。我从没有在这么低的高度跳伞。我估计不超过500英尺（152米），我降落花的时间要比往常短得多。一般跳伞高度应该是1 000英尺（304米）。

我一跨出舱门，就碰到了麻烦：我的头盔遮住了眼睛，当我把它往脑袋后面推的时候，头盔竟然掉了下去！我很尴尬，感觉像傻瓜一样。我落地后就没了头盔，而且在接下来的24小时内也没能领到新的。"

E连3排排长约翰·汤普森中尉回忆起站在C-47运输机舱门边的情景也是历历在目，他仔细地观察下方的地形，"寻找着地图上那些熟悉的地标。空中有些轻霾，但阳光灿烂。很快，绿色指示灯开始闪烁，终于来了。我仍然在寻找我们连的跳伞位置，但没能成功。我猜我们这架飞机有点在编队中过于偏左的位置了。可以看到在赫拉弗小镇往北大约1 000码（914米）的位置就是那座我们要夺取的大桥。从镇子到大桥入口处由一条相当宽阔的公路来连接。

我识别不出预定的空降地点。所看到的是纵横交错且有些宽阔的运河。夹杂其间的地块都不大，我们很快接近大桥地区，我脑子里只有一个念头，这座大桥是我们的唯一目标。最快到达的办法就是尽可能接近它跳伞，用奇袭来击败可能人数占优势的敌军。

大桥清晰地出现在眼前，我可以看到那些高射炮塔把守着大桥南端的入口处，还有不少火炮掩体和散兵坑。地面上有人在活动，公路上也有几辆车在跑。我挑选了大桥前面的一片空地，发出了跳伞的讯号。我们距离地面大约900—1 000码（822—914米）的高

第5章 攻克马斯河大桥

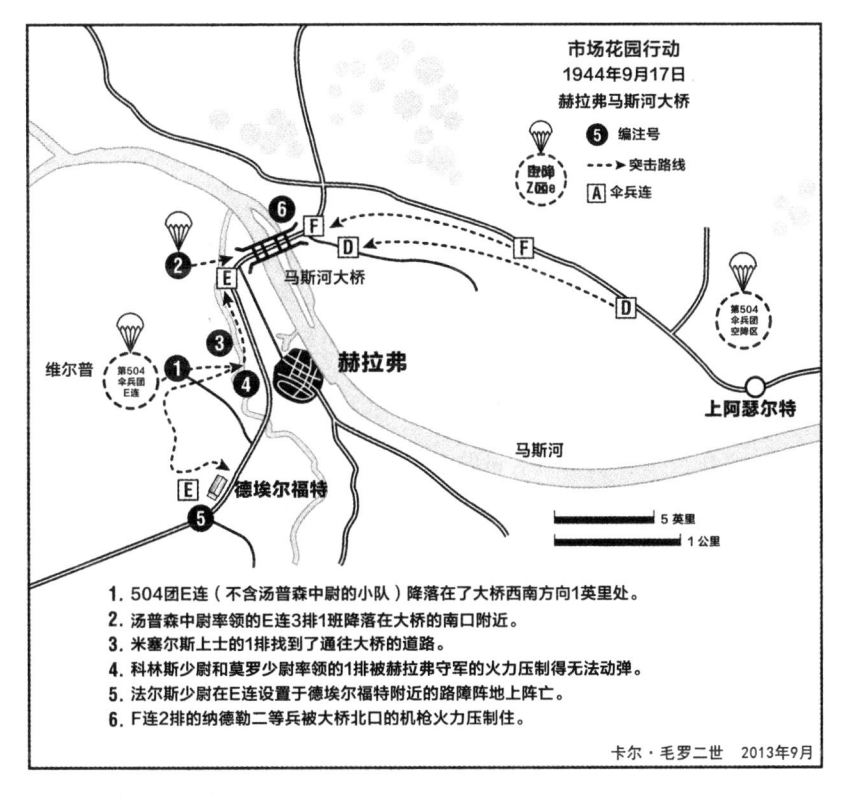

市场花园行动
1944年9月17日
赫拉弗马斯河大桥

- ⑤ 编注号
- ---→ 突击路线
- Ⓐ 伞兵连

地图标注：
- 维尔普 第504伞兵团E连
- 马斯河大桥
- 赫拉弗
- 德埃尔福特
- 上阿瑟尔特
- 马斯河
- 第504伞兵团空降区
- 5英里 / 1公里

1. 504团E连（不含汤普森中尉的小队）降落在了大桥西南方向1英里处。
2. 汤普森中尉率领的E连3排1班降落在大桥的南口附近。
3. 米塞尔斯上士的1排找到了通往大桥的道路。
4. 科林斯少尉和莫罗少尉率领的1排被赫拉弗守军的火力压制得无法动弹。
5. 法尔斯少尉在E连设置于德埃尔福特附近的路障阵地上阵亡。
6. F连2排的纳德勒二等兵被大桥北口的机枪火力压制住。

卡尔·毛罗二世　2013年9月

度，跳伞很顺利。

我们落地时保持的距离不错。敌军的火力从大桥附近和公路上凶猛地朝我们射来。我的四名手下掉进了运河里，这河还是有点深。有个人被装备的重量拖在水里，被淹了有阵子。当他被拖出来时，已经被呛得失去知觉，没办法战斗了。我们剩下17个人，两台浸湿的步话机，火力倒是充足，有两个巴祖卡小组，这后来被证明是我们夺取桥梁的关键因素。

E连的其他部队没有看到，因为无线电设备浸水，我们也没法和他们取得联系。我们距离大桥很近，任何等待都会使得奇袭的效果弱化。进攻计划很快传达到每个人那里。两个班沿着运河朝公路和大桥接近。他们同时注意敌军在桥梁上的动作，提防他们准备炸桥。

我们能看到大桥周围一片混乱，这对我们有利。我们在朝大桥

解围阿纳姆

靠近时，遭到了敌军从左岸大堤和高射炮塔上射出的火力袭击，就在我们脑袋顶上不停地飞过。大桥两端的岸堤都比较高，我们从低往高走，不能准确判断出面对的敌军数量。

左侧的那个班行动很快，我们有点难以跟上。他们会靠近桥底，与从另外一侧接近的两个班会合。敌军居高临下，我们在那里感觉很不安全，还好运河陡峭的岸堤和深沟给我们提供了不错的掩护。

我们现在离大桥还有50码（46米），随着预定的信号，前面的两个班迅速占据阵地，朝敌军的火炮阵地和散兵坑倾泻火力，给巴祖卡火箭筒小组提供掩护，他们趁机可以进入到对左翼高射炮塔进攻的有效射程内。第一发火箭弹没能奏效，第二发击中了高射炮塔的支撑柱，把它炸了个底朝天。这里的敌军被报销了，两名敌军在试图爬上右岸炮塔时被打死。我们用了六枚手雷和一些C型炸药消灭了两个机枪掩体。敌军四处乱窜。

我们在陡峭的岸堤上尽可能快地前进。我们左侧的那个班已经到了大桥旁，三名士兵追上了正试图乘摩托通过大桥往北逃的三名德军。这辆缴获的摩托成为了我们的车辆装备（也是唯一的）。一切都在电光石火间发生了。敌军陷入了混乱，我们明显占据了优势。有些敌军逃向了赫拉弗，其他人逃到了公路对面，那里之前就挖好了不少散兵坑。

两个人被派上桥检查是否有炸桥装置，有可能的话，试探一下桥北侧入口的情况。两座高射炮塔并没有朝我们射击，因此可以暂时不管他们。我们在右侧架起了机枪阵地。机枪状态不错，弹药也充足。我们还缴获了不少德军长柄手榴弹，用起来很顺手。

忽然间，我们就发现从赫拉弗方向的公路上开过来一辆指挥车，带着两辆卡车德军。这个时刻不管他们派多少人来，我都不担心。我们占领了大桥，布置了阵地，有充足的火力。到目前为止，我们的伤亡只有一人呛水，两人轻伤。

我派了一个巴祖卡小组占据公路左侧，另外一个控制右侧。那些车辆这时距离我们阵地只剩下150码（137米）。他们继续往大桥行驶，他们不是没料到我们已经准备好了，就是无所谓。我想应该

第5章 攻克马斯河大桥

是前者可能性大些。

我们在左边的巴祖卡小组瞄准了指挥车,右边的小组瞄准了第一辆卡车。他们由两挺机枪掩护,左边那组挑选了路旁一个大型散兵坑作为阵地,对接近的车辆有着非常好的射击角度。他们的身体慢慢探出洞口,准备射击。忽然间他们发现地上倒着的德军还活着,刚才被他们踩住时被迫动了一下!计划马上改变,右边的那组巴祖卡射手朝指挥车开火。车门被炸飞,掉出两个人来。车子没有驾驶员,继续往前开。

这时候左边那组控制住了局势,然后朝第一辆卡车开火,把前左车轮给炸飞了。德军纷纷从后面逃出来。第二辆卡车一个刹车,准备朝后开。有些德军从里面跳出来,沿着路边占领阵地。

那辆指挥车仍然朝我们开来。我们用步枪和机枪朝它射击。尽管里面没有驾驶员,但后座上还有两个德军士兵。车辆忽然朝右一拐,翻倒了,两具尸体甩了出来,其中一具滚到了我面前,正好成为抵挡德军子弹的掩体。

这一切都发生在一瞬间,第二辆卡车搭载的大部分德军都躲在了公路的左侧。他们沿着低矮的路基朝赫拉弗逃回去,等到我们发现,他们已经逃出了射程之外。附近暂时被清理干净,我们不知道是不是还会有德军从赫拉弗出来,那辆翻倒的指挥车就留在原地,没有管它。赫拉弗附近传来阵阵枪声,我们提高警惕地搜寻周边是否还有德军坦克的迹象。它们一直没有出现。

我们确保阵地安全后,前去清除旁边那些高射炮塔里藏着的德军。我们发现那些德军的大口径防空炮由于厚重的炮盾和围绕的沙袋而不能以低角度朝我们射击,幸亏我们降落得离大桥很近,否则后果难以想象。我们还发现了公路右边的高射炮塔为什么没有动静,原来是护航战斗机在我们降落前就把它干掉了。"

D连的维克多·坎帕纳(Victor Campana)上尉在另一架飞机上,他回忆道:"我向开着的舱门外望去,庞大的机群组成的画面非常美丽。满眼都是英国的牵引滑翔机,和我们的C-47运输机编队。当时我们的空中优势太明显,我从未想过会被敌军战斗机击落的问题。防空

解围阿纳姆

炮还是有可能性的，毕竟我们要飞过'高射炮小道'，航空队军官在向我们介绍时提了一下。"

坎帕纳手下的军官里有一位是1排的哈利·罗林斯（Harry Rollins）少尉，他刚从在英国的伞兵学校毕业，这是他的第一次实战跳伞。"命令规定第一个到达的军官要召集15名伞兵攻到桥的另一端去，保障桥梁的安全，阻止德军炸桥。我是第一个到达（D连）集结点的军官，因此带着能用的部队就上了。随着边上的士兵不断倒下，我感到一阵惊慌，难道我是唯一剩下的。我回头看了一下，塔克上校说道，'继续冲，罗林斯。你没问题。'"

23岁的汉茨·德鲁纳（Hanz Druener）少尉是2排的副排长，"落在田野里一头奶牛的边上，当我在脱除伞具时，它不断在我身上嗅来嗅去。我往天上望去，看到一架C-47运输机被敌军防空火力击中，伞兵还没来得及跳出，飞机就炸成一个火团。我赶快离开了那个暴露的区域，后来想想战斗的第一天有一头奶牛来欢迎我也是够有趣的。荷兰民众很友好。因为我会说德语，所以可以顺利地和他们闲聊，并可以在夺取的德军用作指挥部的房子里，检查他们遗弃的军用文件。"

这次在荷兰的行动是3排副排长约翰·舍弗（John Scheaffer）中尉的第三次战斗跳伞，他参加了该团之前的所有战役。"关于空降区有德国党卫军部队和坦克的传言让我很紧张。白天跳伞要比夜间跳伞好得多。大部分的讨论都是围绕我们进入敌占区之后的猜想，英军第2集团军如能及时赶到，我们就不会被德军分割包围。"总的来说，他觉得这次行动是"一次愉快的旅途：明媚的阳光，护航战斗机在旁边不时地穿梭。刚刚从教堂里走出来准备回家的荷兰人纷纷朝飞机挥手。这将是一场结束战斗的任务"。

理查德森上尉的F连降落在D连附近。2排的菲利普·纳德勒（Philip Nadler）二等兵回忆："脱掉伞具和检查步枪花了好久的时间。脚踝在跳伞时扭伤了，当我一瘸一拐准备行动时，抬头发现和我一架飞机的战友们还在空中几百英尺的地方。"这是纳德勒在1943年12月加入第504伞兵团后的第一次战斗跳伞。在同一个排的里奥·哈特（Leo Hart）二等兵之前属于B连，在意大利的时候被调入F连，他之

第5章 攻克马斯河大桥

前没有"经历过高射炮袭击。这给我带来的烦躁比想象的更大,所以我产生了强烈的要跳出舱门的愿望。我着迷地看着那些在我们下方飞行的战斗机,它们大大提升了我们的安全感"。

以跳伞中的伤亡来看,2营的情况要比1营糟糕,但是比3营的要好。在624名官兵中,E连的柯蒂斯·莫里斯二等兵阵亡,另有15人在跳伞过程中受伤。这样维勒姆斯少校手里还剩下607名官兵,不包括2营那些被抽调到先导队的人员,比如维尔弗雷德·若贝尔中尉。团部和团部直属连在他们这一拨里搭乘了三架飞机,49人中有1人受伤。

"2营在集结点把大部分人收拢后,于14时30分朝目标进发,"坎帕纳上尉这样回忆,"这里面至少包括F连的两个排、D连的一半和营部直属连的大部分81毫米迫击炮和轻机枪排。行进的序列是:F连、D连和营部直属连。F连和D连剩下的成员均自行直接前往大桥,在跳伞前就针对人员可能会散落的情况,命令他们想办法前往作为最主要目标的大桥。

我们营往西走向河堤路,然后距离它几百码的样子隐蔽前进。我们在主路上朝北转,碰到了正往西面目标前进的3营。当2营接近大桥时,发现D连和F连的一些部队已经到达那里,清除了附近的狙击手和桥北的一座高射炮塔。D连还抓获了一些战俘。"

F连的纳德勒二等兵回忆了他的2排奉命去切断沿着赫拉弗—奈梅亨公路铺设的电话线。穿越一片空地后,他们到达距离大桥不远的河堤区域。德军的两挺机枪忽然发威,把他们打得无法动弹,不少人受伤,这里面包括克拉伦斯·科宾(Clarence Corbin)二等兵(救护兵)和保罗·福柯马尼克(Paul Vukmanic)二等兵,他们的伤很重:"我们必须先清除那里的一座高射炮塔和附近区域的几挺机枪。战斗持续了两到三个小时。"

在F连朝马斯河大桥前进的同时,副机枪手雷蒙德·托马斯(Raymond Thomas)二等兵注意到福柯马尼克二等兵痛苦地倒在那里。托马斯后来获得了铜星勋章,"出于其1944年9月17日在荷兰赫拉弗附近面对敌人的英勇行为。在其所属连队进攻赫拉弗附近一座具有战略意义的桥梁时,托马斯看到一位副机枪手(福柯马尼克)倒地,受了重

解围阿纳姆

伤，他从隐蔽的地方跳出来，在敌军的猛烈高射炮火力前穿过一片开放区域，爬行了差不多50码（46米）的距离来帮助那位伤员。

托马斯二等兵在看到附近没有救护兵可以去帮助伤员时，果断采取了无私的行动。在到达战友身边后，托马斯拖上他，用自己的身体在敌军炮火下做掩护，把战友带回本方阵地，终于完成了对伤员的救治和后撤。

完成了救助后，托马斯回到自己的机枪阵地，机枪手在他离开期间继续战斗。他堵上自己生命营救战友的英勇行为让见证者都激动澎湃。"

维勒姆斯少校记得"F连到达大桥北端时，遭遇到步枪和20毫米炮散乱的射击。那里只剩下一门20毫米炮。多亏那些战斗机对防空塔成功地压制，这让我们少损失20—30个兄弟。德国人其实已被漫天落下的大量伞兵给吓破了胆，分散的他们没能及时回到阵地。在我们的战斗机把这座高射炮塔的守军赶出来之后，他们也没办法再回去了。因为E连把守住了前往高射炮塔的道路。最后是F连2排的斯图亚特·麦克凯施（Stuart McCash）少尉和理查德·斯文森（Richard Swenson）少尉占领了那座高射炮塔。

15时30分，塔克上校从空降区过来了。我们和德军进行了交火，朝那四个高射炮阵地发射了迫击炮弹，用巴祖卡火箭筒干掉了其中的一个。麦克凯施少尉带着一名士兵穿过大桥，朝南尝试与E连建立联系。当时大桥南端的形势对于他们来说一无所知，只是不断传出轻武器开火的声音。"

看到副排长和另外一名士兵准备过桥，亨利·科万罗（Henry Covello）一等兵鼓励战友一起冲上去。纳德勒二等兵回忆道："在交火结束后，我们心想应该穿过大桥去到赫拉弗，而我们得到的命令却是守住阵地。经历过苦战的我们希望可以继续前进。科万罗手里的步枪还在冒着烟，他踏上大桥，吼了一嗓子，'兄弟们，冲啊！冲啊！'他就这么杵在那里，连长让我把他拉到安全的地方。我走过去说，'好啦，贺拉斯（Horatio）。我们会把这座大桥以你命名的。'他和连长问我这个名字是怎么回事，我就把这个罗马英雄的故事告诉

第5章 攻克马斯河大桥

了他们。亨利很喜欢这个外号,这个外号让他觉得更有劲头了。"

D连的舍弗中尉因为消灭了桥北的20毫米火炮阵地而获得了银星勋章。他的表彰信这样写道:"当所在营被敌军机枪、步枪和20毫米火炮压制时,舍弗中尉带着一个小队从侧面包抄了敌军在赫拉弗大桥北端防护严密的战壕,在弹雨中穿越一片开阔地带,冲入敌军的机枪阵地,消灭了两个保护那里的德军步枪兵,打伤数名敌军后还俘虏了六人。

当德军准备朝本营进行迫击炮射击时,舍弗中尉奋不顾身地去进攻20毫米火炮阵地,杀死一人并俘虏两人。他立刻扭转20毫米火炮炮口,朝德军迫击炮组射击。舍弗中尉展现出的勇气、领导力和果敢行动打破了敌军的防御,使得大桥完整地落入我军手里,为部队占领赫拉弗扫清了道路。其参军地点为宾夕法尼亚州的新坎伯兰(New Cumberland)。"

欧内斯特·布朗(Earnest Brown)中尉是D连1排排长,他回忆道:"那座大桥的防守很薄弱,但那个高射炮塔和几挺机枪还是给我们带来了不少麻烦。在30分钟交火后,大桥完好地落入我们手里。因此在跳伞后的两小时内,我们的任务就完成了。"

16时00分,麦克凯施少尉带着那名士兵从桥南回来了,他向维勒姆斯少校报告汤普森少尉的那架飞机上的伞兵都落到了河的南岸。范·波克上尉已经挺进到了赫拉弗西南方向的维尔普,与汤普森的人碰上了,他现在已经设立好了无线电电台。塔克上校当时与维勒姆斯少校在一起,正在找人去操纵从高射炮塔里拉出来的一门20毫米火炮。团部的情报官福戴斯·格勒姆(Fordyce Gorham)上尉当时也在场,他成功地迫使另外一座高射炮塔里的德军主动放弃阵地。塔克上校听到南岸的情况后,命令2营全部人马穿过马斯河大桥,攻打赫拉弗。

坎帕纳上尉这样描述战斗情况:"我们听说有德军小分队正在北岸朝我们扑来,因此部队以连为单位,沿着河堤布置阵地。忽然收到命令要求D连穿过大桥,紧接着F连和营部直属连都收到了同样的命令。D连的一个排(布朗中尉指挥的1排)被配属给E连,其他各排在大桥的西面和南面建立防线,其左翼与F连相接。整个营在17时30分通

解围阿纳姆

过大桥，期间受到德军各种轻重火力的骚扰。只出现了一个伤亡，那就是F连的米德尔顿中尉，他的手掌中弹。"

2营的加里森中尉赶到马斯河大桥南端的时候已经是气喘吁吁："我们从北面躲在大桥的廊柱后面慢慢前进，南岸的一些德军散兵不断朝我们射击，子弹嗖嗖地从身边穿过，或者是打在钢梁上发出乒乓声响。我们不仅面对子弹的威胁，还担心大桥已经绑好了炸药，随时都可能在我们脚下爆炸。事实上，德军确实已在大桥上安装好炸药，但他们要不然就是忘了引爆，要不然就是没发现导线被切断了。当我到达大桥南端时，已被汗水浸湿，一半是累，一半是紧张。这条路就好像当时穿越意大利群山中那些黑暗的隧道一般。我的身体立刻又回到了熟悉的战斗节奏。对手仍然是德国人，只是地形和国家发生了改变。"

F连3排的威廉·沃森（William Watson）中尉指挥他的排仍旧镇守桥北，防止德军夺回大桥。之前战斗中俘虏的15名德军士兵被押送到上阿瑟尔特的团部，在那里接受审讯。在这期间，约翰·巴罗斯（John Barrows）少尉带着六名士兵和2营的爆破班开始拆除大桥上的炸药，第307空降工兵营C连的约翰·霍拉伯德（John Holabird）少尉带着一群工兵前来协助。放置在高射炮塔里的引爆器及线路在战斗中已被轻武器击毁，但是那些炸药在拆除时仍旧需要异常小心。维勒姆斯少校回忆："炸药箱被安放在那些钢柱中，甚至被漆上了同样的颜色。当我们进入高射炮塔时，发现德军在河的两岸都建立了电话线联系。高射炮塔和周围的好几个高射炮阵地间可以顺畅地联络。"

E连在维尔普附近的空降区完成了集结，当他们准备出发时正好碰到了汤普森中尉那队里的休·佩里（Hugh Perry）下士。他通报说汤普森带着其他士兵正朝马斯河大桥前进，他们带着的那台SCR—536无线电电台由于浸水已经报废。尽管帕特里克·科林斯少尉的1排作为该连的先锋已经朝大桥挺进，但他们被赫拉弗方向的德军火力所压制，范·波克决定终止这个行动。他用无线电命令科林斯少尉将部队带回来，跟随2排和连部前往赫拉弗以南的德埃尔福特十字路口。从地图上看就很明显，范·波克判断谁控制了这个路口，谁就掌握住了三条重要线路——通往北面赫拉弗的埃尔福特路，通往西南方向斯海尔托

第5章 攻克马斯河大桥

的博舍路,以及通往南面乌登(Uden)的胡戈路(那里有第101空降师)。而且这里可以切断在赫拉弗和乌登两地德军的联系。

1排的部分士兵没有收到这条突然改变的命令。米塞尔斯上士回忆当时的情况:"在我们往大桥前进的时候,右边不断有人放冷枪,也许是在赫拉弗的外围地带。科林斯少尉发现有一条壕沟通往小运河。壕沟里有一些积水,1班蹚水前往运河,2班想借助茂盛的野草掩护前进,但被敌军的机枪压制住无法动弹。科林斯少尉跑到壕沟里想让1班停下来等待连主力的到来,但1班已经走得太远没有拦住。2班也躲进了壕沟,1班由阿利·斯特里(Arley Staley)中士指挥,他派塔特希尔作为传令兵回来联络,在壕沟里碰到了科林斯少尉。"

米塞尔斯上士和1班一起行动,他们和汤普森少尉的部队在马斯河大桥会合了。科林斯少尉和他的传令兵威廉·梅尼(William Maney)二等兵让塔特希尔带路,要把1班叫回来。结果他们碰到了麻烦,当他们准备爬上岸堤时,遭到了三名德军的冲锋枪和机枪扫射,科林斯少尉让在另外一边的2班暂时别动,他先做一番侦察。结果他发现除了这些德军之外,还有好些个德军机枪火力点,因此想要沿着这条路线前进无异于自杀。情况糟糕极了,刚刚爬出运河的梅尼也被敌军火力压制得无法动弹。

副排长莫罗少尉前来救援科林斯少尉,这个英勇行为让他获得了铜星勋章:"在E连发起的对11号桥梁进攻中,排长被困在一条运河里。当他在渡河过半时,遭到了德军猛烈的机枪和步枪袭击。由于运河岸堤过于悬陡,他无法爬上岸。他只能不断地在水里划水,同时还需要躲避子弹,由于河水寒冷,他很快精疲力竭,就要失去知觉。听到他求救的喊声,莫罗少尉在一位上士(阿尔顿·马克霍斯特)的帮助下,毫不犹豫地从安全的掩体里跳出来,在敌军火力下穿越了75码(69米)开阔地带。

"到达运河后,他们把困住的指挥官从水里捞上来,在周围四座高射炮塔上的德军狙击手立刻朝他们射击。莫罗凭借娴熟的动作和冷静的判断,成功地回到了战壕。在这个充满勇气和大无畏精神的行动中,莫罗主动去营救一位陷入危险境地的战友,完全不顾自身安危,

解围阿纳姆

这体现了最高标准的战斗精神，鼓舞了周围的战友。他榜样般的英雄主义行为给部队增辉。"

经过这个考验后，莫罗少尉率领1排前往E连设在德埃尔福特的指挥部："这个地方让我想起了美国农村常见的十字路口，一个老字号的杂货店，门口立着两个加油箱。一座木头房子在之后的六个到八个小时内充当E连的指挥部。这是范·波克所要找的地点，甚至是部队前一天还在英国时就计划好的。

范·波克上尉命令立刻设置路障，在公路两旁各安排一个巴祖卡火箭筒小组。爆破班将跳伞时所携带的地雷准备到位，由于担心跳伞过程中丢失这些宝贝，他们没有把地雷放在设备舱里空投。这些小小的地雷就是为了这个地点这个任务特别准备的。十六枚地雷直接摆在公路主路上的硬质路面上，并没有做任何遮蔽或者是掩埋。约翰·墨菲少尉负责在公路两边建立一些前哨点。两个巴祖卡战斗小组挖好了掩体，准备对付任何来犯的车辆或者坦克。夏普的2排给迫击炮班也挖好了阵地，目标瞄准赫拉弗附近的敌军据点，那边有一个磨坊。其他人操纵机枪或者是托米枪、步枪，防守公路两个方向，层层保护巴祖卡火箭筒小组。

我的1排主要任务并不是建立路障，防守住公路。我们负责防守部队的后方。科林斯少尉没有和我们在一起，自从把他拉回来后就没有再见过他。我知道他应该在指挥部缓缓神。

当我们安置好地雷，排开外围哨点没多久，两辆坦克就出现在南面，沿着公路朝赫拉弗行驶。我们离那些放在公路上的地雷只隔着40码（36.5米）远，我们的巴祖卡火箭筒小组已瞄准好了那些正在接近的坦克。忽然有人大声地喊起来：'不要开火！这是英国人！'但英国人理论上最早也要到明早才会赶到这里。就在几秒钟时间内，有人欢呼，有人朝坦克跑去，这时'砰'的一声！一枚炮弹在我们中间爆炸，将周围大树的枝干纷纷削断，碎片四处横飞。这是那些德国坦克给我们的热烈问候，他们的机枪也响了起来……

当第一枚炮弹在树林里爆炸时，就有好几个人受了伤：他们倒在地上痛苦地呻吟。附近一个救护兵朝我吼了起来，'快来帮我，少

第5章 攻克马斯河大桥

尉！'我看到我的朋友约翰·墨菲少尉正躺在地上，痛苦地翻滚、蜷曲着，当救护兵试图固定住他时，他一边朝天踢着脚，一边呜呜叫着。我按照救护兵的指示，用力按住他的脚，让他不要乱动。当救护兵给了他一针吗啡后，他虽然还是呻吟，但明显已经镇定下来了，另外一些战友把他给抬走了。"

2排的巴祖卡火箭筒小组是由莱曼·布雷纳德（Lyman Brainard）一等兵和保罗·昆德（Paul Kunde）二等兵组成的，他们朝坦克发射了两枚火箭弹。昆德后来回忆说："这肯定是类似三号坦克那类中型坦克，其火力并不猛烈。布雷纳德的第一枚火箭弹从坦克的头顶飞过。第二枚落在了距离坦克几英尺的地方。这辆坦克退到附近的一个粮仓后面，掉头沿着来路逃走了。巴祖卡火箭筒重新填装需要一分钟的时间。我们希望再来一发，但是我们装填好，那辆坦克已经跑到了射程之外。由于我所在的距离较远，并没有看清楚那辆坦克所造成的破坏，也没有看到法尔斯少尉被击中时的情况。"

路易斯·纳皮尔下士是一位21岁的机枪手，在夏普少尉的2排，他也对德埃尔福特附近出现的德军坦克记忆犹新："汉福德·法尔斯少尉在公路的对面，我则在一座房屋的二楼操纵一挺轻机枪。在屋子和旁边一棵树之间还有一挺重机枪。当德军坦克出现时，有几名美军伞兵跑到了公路上。法尔斯少尉的喉咙被击穿。弹片杀伤了两三个人。"

法尔斯少尉受了致命伤，墨菲少尉手臂和胸口的伤让他休养了很长时间。19时30分又发生了一些情况，两名德军骑着一辆摩托车从赫拉弗方向过来，在公路上绕着我们安放的地雷驶过。尽管很多伞兵朝他们开火，但他们仍然毫发无损地逃走了。大概三个小时后，一小股德军试图摸上2排的阵地，但在距离仅剩20码（18米）的时候被昆德二等兵发现。他立刻朝他们扔去一枚手雷，把他们赶走了。第二天早上去查看的时候，发现地上有斑斑血迹，表明起码有几个人被炸伤了。

根据E连的战斗报告来看，在9月17日23时，"汤普森中尉和米塞尔斯上士、1排1班以及3排1班当时在大桥上。3排的其他部队都在公路西边的河堤旁，位置处于524613。1排沿着东南方向布置，从524613一直到德埃尔福特的连指挥部。2排在公路的东侧，从524616一直沿着河

解围阿纳姆

堤到达东南方向的519618。

23时30分,赫拉弗镇上传来巨大的响声。听起来像是荷兰民众在唱《蒂珀雷里》(*Tipperary*,一战时流行的厌战歌曲)。因此夏普少尉率领科波拉中士和四名士兵前往赫拉弗侦察情况。他们看到529620处冒出闪光,看起来有人在使用类似巴祖卡火箭筒之类的装备,夏普少尉和科波拉中士两人继续靠近察看。他们看到一些德军车辆,德军正在焚烧文件。既然这些德国人在销毁自己的东西,他们决定不去掺和,回来报告德军已经准备撤离了。荷兰民众依然唱着《蒂珀雷里》和他们的国歌。"

第6章

★ ★ ★

马斯——瓦尔运河诸桥

赫门、马尔登及哈特尔特，1944.9.17

　　哈里森少校的1营所承担的任务在第504伞兵团里是最为艰巨的：占领奈梅亨以西马斯——瓦尔运河上散布的四座桥梁。托马斯·赫尔格森（Thomas Helgeson）上尉的B连负责赫门附近的一座横跨在马斯——瓦尔运河上的船闸式公路桥，编号为7号桥。这是最南面的一座桥，距离第505伞兵团最近，该部降落在赫鲁斯贝克附近。威廉·梅尔曼（William Meerman）中尉的3排打头阵，2排和1排和连部跟在后面。哈里斯·杜克（Harris Duke）一等兵和赫尔曼·瓦格纳（Herman Wagner）一等兵作为侦察兵走在最前面，距离1排100码（91.4米）。我们在队列的两边都布置了侧卫，防止被德军从侧翼包抄。路边的苹果园提供了掩护，可以使得部队接近到离大桥150码（137米）的地方。那座桥比地面高出6米，高高地矗立在那里。

　　当部队接近船闸式公路桥时，3排遭到了突如其来的火力射击，他们立刻躲到公路两旁的壕沟里。赫尔格森上尉在他的战后报告里这样描述："劳伦斯·布拉钦纳（Lawrence Blazina）中士在公路上中弹身亡。机枪火力是从河里小岛上的一座屋子里射出来的，公路两旁的树枝被子弹纷纷削断。勒拉比（Larabee）和拉尔夫·杰顿（Ralph Jetton）朝那座屋子发射了四枚巴祖卡火箭弹，但是没有一枚爆炸。他

解围阿纳姆

们又发射了四枚枪榴弹（两枚烟雾弹，两枚榴弹）。榴弹爆炸了，但烟雾弹又是哑弹。

威廉·梅尔曼中尉的3排原来是距离大桥最近的部队，在公路左边100码（91.4米）的地方。那里可以使得他们避开桥上和岛上射出的火力，但他们在火力封锁下也难以动弹。从公路到运河岸堤的地方有大约500码（457米）长的铁丝网。

公路右侧的地势更为低矮。2排在马库斯（Marcus）少尉和康明斯（Cummings）少尉的率领下沿着这片洼地继续前进。两位少尉带着一个八人战斗组没有遇到抵抗就爬上了岸堤。他们在铁丝网开口的地方架起了一挺轻机枪，由普里查德（Pritchard）二等兵、皮亚查（Piazza）二等兵以及谢尔顿·达斯汀（Shelton Dustin）中士操控，对公路桥进行火力压制。他们又在铁丝网中段的位置架起了第二挺轻机枪，同样可以很好地覆盖公路桥上下。

马库斯少尉决定穿过公路桥。马库斯、康明斯带着八个人在15时开始行动。马库斯少尉发出了冲锋命令，河堤上和铁丝网后的机枪一起开火。士兵们冲上5米高的河堤，一边朝大桥和那座屋子冲锋，一边猛烈开火。

当马库斯少尉和其他人冲锋时，我命令1排的26名士兵也冲上河堤，占领那里德军的掩体。在那里可以从容地给大桥上的战友提供火力支援。所有的人都在朝河对岸的德军开火，除了刚才的轻机枪，他们又架起了三挺勃朗宁机枪。指挥1排的是理查德·史密斯（Richard Smith）少尉，弗朗西斯·克利里（Francis Cleary）下士担任传令兵。

与此同时，我命令梅尔曼指挥的3排抽调出一个班，从公路的另外一边也冲上去，建立发射阵地。在高地上距离公路大约10码（9.1米）的地方架起一挺机枪，朝岛上的屋子射击。梅尔曼中尉在距离公路25码（22.9米）的地方又布置了一挺勃朗宁机枪，朝着同样的目标射击。"

罗伯特·斯特恩（Robert Stern）下士是2排一位副班长，他回忆当时夺桥的战斗是这样的："我们不断遭到射击，却找不到敌军的藏身之处。在我们的左边有个类似小仓库的建筑，所以我们想哪儿最可能

第6章 马斯——瓦尔运河诸桥

是德军的藏身之处，因此将大部分火力都集中在它上面。"

李·考克斯（Lee Cox）中士是迫击炮班班长，他爬上岸堤给迫击炮班指引射击目标。1连朝德军发射了12枚60毫米迫击炮炮弹，将他们成功压制住。跟着马库斯少尉一起冲上大桥的士兵里包括查尔斯·瑙（Charles Nau）下士，这位来自宾夕法尼亚州泰隆的勇敢士兵因为在这场战斗中的优秀表现在1945年获得了优异服役十字勋章。"出于1944年9月17日他在荷兰赫门附近面对敌军的英勇表现。当时他所属的排在荷兰奈梅亨西南5英里（9公里）对一座重要的公路桥发动进攻，作为一个步枪班班长，瑙下士带着他的班发起正面冲锋。当看到排长受重伤倒下后，他不顾自身安危，冒着敌军轻武器的密集射击，接过指挥权，率领部队迅猛地冲过了大桥。

在进攻中，他的班杀伤了六名敌军。瑙下士的英雄气势将敌军吓退，使得他们没有来得及引爆已经绑在大桥上的炸药。后续部队迅速跟上，牢牢地把大桥掌握在本方手中。瑙下士的无畏行动、英雄领导和主动精神给他的部下树立了鼓舞人心的榜样，体现了陆军的优良传统。"

赫尔格森上尉在远处观察这场对船闸式公路桥的进攻，他看到马库斯少尉被击中的过程："瑙下士跑在最前面，当他在桥上跑到一半路程的时候，马库斯少尉开始出发。当瑙下士到达桥对面，康明斯少尉开始过桥。德军一直在朝他们射击，但是他们并没发现德军的藏身之地。

欧尼·伯内特是无线电操作员，他和康明斯少尉一起过桥，追上了马库斯。就在那一刹那，他的脖子被击中了。他将无线电设备交给马库斯，自己开始往回跑。结果在快下桥的时候又被击中，这次受了致命伤。马库斯少尉找了个沙袋隐蔽在后面，他受了重伤，在敌军火力的包围下，他无法动弹。

杰瑞·墨菲（Jerry Murphy）中士带着两个人试图过桥，但墨菲在快成功的时候被击毙。另外两个人是法默（Farmer）二等兵和艾格里（Eggrie）一等兵，他们毫发无损。德国人看来是专门瞄准我们的军官和士官进行射杀。3排的赫韦特（Hewette）少尉也开始冲上大桥。

解围阿纳姆

跟在他们后面的詹姆斯·劳（James Lowe）上士以及2排也想冲过去，但被机枪封锁住，他们瞅准时机还是成功冲到对岸。

梅尔曼中尉和达斯汀中士带着3排的六个人冲向岸堤，沿着通往大桥的公路方向建立射击阵地，对岛上的德军阵地进行压制。"

墨菲中士是1排的一个班长，他在到达马库斯少尉那队人的时候被击中身亡。"墨菲过来了，"斯特恩下士回忆，"喊道，'我成功了！'嘭！他倒了下来，从桥上摔落。"

埃德温·克莱门茨二等兵在远处看到了他的班长墨菲被击中："我看到200码（183米）外有一座小桥。原来这就是7号桥。我注意到有一条和公路平行的壕沟通往那座桥。我们立刻利用壕沟来掩护自己的行动，朝公路桥前进。大概花了15分钟的样子，我们就靠近运河了。我立刻看到了墨菲。当德军发现我们接近公路桥加强了火力，有人之前尝试过桥，但没有成功，尸体横在桥上。就在那时，我看到一个士兵跳了起来，带了一批人开始冲锋。我不认为他知道自己的行踪已经暴露，但他确实太显眼了。这就是杰瑞·墨菲，我的班长。他回头看了一下自己班的人有没有跟上，就在那停顿的一刹那，他就倒地了。"

克莱门茨回忆后来是威廉·沃尔什上士把另外一个班的人带来，让克莱门茨这个班的士兵一起沿着河堤站成一排。沃尔什指着左边的一些屋子，命令"朝那些窗子和门开火。在一轮射击后，观察敌军的回击。那就是你们的真正目标了"。依靠这次火力掩护，赫韦特少尉和劳上士成功冲到对岸。

马库斯少尉刚被击倒，斯特恩下士就匍匐爬到他身边，进行急救："我紧贴着地面爬到马库斯身边，问他，'哪里受伤了？'我听不清楚他到底说了什么。总之他受伤了，我取下他头盔上的急救包，给他来了一针吗啡。我们的救护兵弗雷德·格兰杰（Fred Grainger）二等兵这时赶到了。我告诉他不要过来，但他还是从隐蔽的地方冲了出来。他单膝跪地，取下自己的头盔问'您哪里受伤了，长官？'一声枪响，格兰杰的脑袋被子弹击中，当场阵亡。他瘫在了马库斯身上。我立刻趴下，肚子紧贴地面。"

3排一个步枪班的班长罗伯特·瓦尔顿（Robert Waldon）中士看到

第6章 马斯——瓦尔运河诸桥

格兰杰二等兵去抢救马库斯少尉的情景："这个救护兵真是个好人，他去帮助那个伤者，结果德军就瞄准了他头盔上的红十字射击——伟大的红十字徽章。他救护兵的身份非常明确，但德军还是没有放过他，当场将他击毙。"

埃尔默·潘科（Elmer Pankow）一等兵和路易斯·科斯塔（Louis Costa）二等兵是团爆破排的两名士兵，他们搭载B连的一架飞机空降，预防德军炸桥的企图。由于敌军猛烈的火力，想要穿过公路桥变得非常危险。他们已经看到伯内特、格兰杰和墨菲被打死。在搜寻了一番后，他们在运河西岸发现一条半沉的划艇，在敌人的射击下，通过划艇划水到了对岸。到达东岸后，他们先找到了爆破装置的导线，将雷管取下，把导线切断。两人都因为这个英勇表现于1945年2月获得了铜星勋章。

在科斯塔和潘科到达东岸的时候，也就是17时，梅尔曼中尉、达斯汀中士和九名士兵穿过公路，躲在发电站后面，准备朝敌军阵地射击。赫尔格森上尉后来记录，当他们转过发电站时，他们"遭到了敌军猛烈的射击，因此他们又躲回发电站后面。过桥的只有三个人。在16时30分至17时之间，史密斯少尉带着六名士兵和一名医护兵（约瑟夫·斯米勒二等兵）划船到了对岸，尽管遭到德军射击，但没人受伤。现在河对岸有了十一个人，但他们依旧被德军的火力压制得无法动弹"。

大约18时，赫尔格森上尉派2排的约翰·凯洛格中士带七名士兵去占领运河西岸桥北的那排屋子。赫尔格森回忆："巡逻队占领了屋子后，从那里朝小岛射击。梅尔曼中尉、达斯汀中士和九名士兵等到19时30分天黑后再发动进攻。我们用步枪不断朝德军阵地射击。由于我们处在洼地，又有夜幕和野草掩护，德军很少回击。他们从发电站的右边摸出来，成一条散兵线前进。他们沿着河岸朝德军阵地投掷手雷。爱德华·舒特二等兵用枪榴弹向德军阵地射击，其他人攻克了德军一个机枪阵地。

达斯汀中士把一枚德军手榴弹透过窗户扔进了屋子，又朝刚刚跑出德军的掩体投掷了一枚。他朝掩体里的德军叫喊投降，里面有两

解围阿纳姆

名军官和十二名士兵，还有五名平民。一个穿着平民服装的小男孩先走了出来，说军官和士兵们担心出来会被打死。达斯汀中士跟着他走了进去，找到一名会说英语的军官，让他命令这座掩体和北边几座掩体的士兵投降。他照办了，然后都举着手走出来投降。他们抓到了大约四十名俘虏。这已经是23时了，舒特二等兵在战斗中阵亡。没人受伤，整个行动六人阵亡，一人受伤。"

27岁的谢尔顿·达斯汀中士来自缅因州的法明顿，是B连3排的一位代理班长。和劳下士一样，他后来也因为"1944年9月17日在荷兰赫门附近的英勇作战行动"获得了优异服役十字勋章。

"作为代理班长，达斯汀中士勇敢地率领他班里的八名士兵进攻一座防卫森严的小岛，该岛严重威胁到了他所在连占领的一座公路桥的安全。

他没有顾及个人的安危，想到的只有清除岛上敌军的紧迫性。达斯汀中士率领士兵冒着敌军猛烈的轻武器火力，突破到敌军阵地25码（23米）的地方，大约四十五名敌军惊慌地躲入岛中央的一座房屋和一个防空掩体里。达斯汀中士继续冲锋在前，在距离房屋10码（9米）的地方投掷过去一枚'加蒙'手雷（Gammon grenade，一种可用作反坦克，反碉堡的手雷），将躲在里面的三名德军消灭。就在这时，从防空掩体里朝他射来一枚手雷。达斯汀中士扭身就朝那里也投掷了一枚'加蒙'手雷，又消灭了三名德军。他紧跟着爆炸声冲到掩体的门口，迫使里面的三十九名敌军投降。

凭借达斯汀中士的卓越表现和领导，他们一共打败了德军，确保了重要桥梁的安全。达斯汀不屈不挠的勇气和积极的领导力给下属树立了鼓舞人心的榜样，体现了军队的优良传统。"

快天黑的时候，马库斯少尉被抬上皮划艇，送回马斯—瓦尔运河的西岸。他立刻被转到急救站。马库斯因为率领他的排冲过船闸公路桥而获得了银星勋章。康明斯少尉作为副排长，接过了2排的指挥权。B连为了占领赫门船闸桥付出了一名排长负伤和六人阵亡的代价，后者里还包括一名救护兵。死者里还有唐纳德·弗林（Donald Forein）中士，他是3排的一名班长，很可能是和舒特二等兵同时阵亡的。

第6章 马斯——瓦尔运河诸桥

当晚19时,哈里森少校给团部打电话报告赫门的7号桥已被攻克。由于还没有得知科斯塔二等兵和潘科二等兵的行动,所以他错误地报告由于敌军的火力,1营没能清除掉桥上炸药的引线。

米洛伊上尉的C连负责占领8号桥和9号桥。米洛伊得到了营部直属连的十六名士兵的加强,在他们前进的路上还收容了B连降落错地点的一个迫击炮班。"本连以排为单位朝东北方向前进,沿着一条支线公路走到了距离8号桥大约1 000码(914米)的地方,"米洛伊回忆,"这时A连落在空降区东面的一个排穿过本连的行军路线,引来桥上敌军的一阵射击。

德军在大桥西南方向的公路上防守。本连往北移动了200码(183米),设置迫击炮阵地。威廉·里德(William Reed)中士率领的2排负责掩护,1排沿着公路朝大桥发起正面进攻。

1排在敌军火力下前进的速度比预想的要快。正如阿尔伯特·米洛伊描述的那样:当1排靠近树林时,我们停止火力掩护,我随着2排和3排跟了上去,当他们朝右移动时,3排被敌军狙击手和机枪火力困住。3排的弗兰克·迪特里希(Frank Dietrich)上士传话让2排继续向前。16时15分,当2排的弗雷德·冈萨雷斯上士和3排排长米尔顿·巴拉夫少尉以及2排的机枪小组朝桥冲去时,大桥腾起了浓烟。"

托马斯·莱切赛(Thomas Leccese)中士是3排一位经验丰富的步枪班班长,他在夺取8号桥的战斗中表现英勇而获得了银星勋章:莱切赛中士在率领本班担任进攻任务时,发现大约二十名敌军正在赶往他们要攻打的阵地。如果敌军率先占据关键地点,那么他的排将会遭受惨重损失,从而难以完成目标。莱切赛中士没有等待命令,立刻带着三名士兵进行狙击。莱切赛中士的小队在4个小时里顶住了敌军持续的机枪和迫击炮火力,使得所在排成功地占领了预设目标。他果敢、英勇而坚定的行动消灭了十名敌军,并迫使剩下的德军逃走。莱切赛中士的果断行动展现了自己和军队的荣誉。

雷内奥·布列德(Reneau Breard)少尉指挥的就是那个穿过C连队列的A连部队:"我的1排负责占领马斯——瓦尔运河上从马斯河方向过来的第二座桥,在B连北面的马尔登附近。我们接近到其100码

解围阿纳姆

（91.4米）的距离内，正准备匍匐接近的时候，它就被炸毁了。我排里所幸没人受伤。我从电话里接到邓肯上尉暂停行动的命令，在那里待了几个小时，派了一个侦察队往北边的下一座桥去，由米切尔·雷西中士指挥。去了半个排或者一个班。具体情况记不清楚了。最靠近马斯河的第一座桥被B连完好地夺取了。"

迫击炮排的排长是理查德·米尔斯（Richard Mills）中尉，带着A连2排的5名士兵准备突击大桥，成为第一批冲过马斯——瓦尔运河的人。他们一路躲避敌军从河对岸射过来的轻武器火力。就在米尔斯和他的小组要上桥的时候，德国人把桥给炸了。炸药把桥炸上了天，无数的碎片散得到处都是。米尔斯和乔治·安多尼亚德斯二等兵受了重伤。

约瑟夫·惠勒（Joseph Wheeler）中尉指挥的A连2排当时也在大桥的附近。费·斯蒂格二等兵还记得"乔治·安多尼亚德斯和一堆鲜肉（新兵）是来填补那些在安齐奥战役中失去的战友的，这也是他第一次经历战火。他是个相貌英俊的小伙子，乌黑的头发和棕色的眼睛。我们当时以单纵列行军，人与人间隔30英尺（9米），保持平稳的节奏前进。这对乔治来说有些太慢了，他开始超越别人。

当他经过我时，我说：'乔治，不要这么闹腾！我打赌等会要我们来救你。'乔治没有回应。他继续往前赶超，我看他消失在前方。

我们往前又走了300码（274米）。乔治躺在路旁。他的胸口被一枚子弹穿透。子弹从锁骨下方3英寸（7厘米）的地方钻入，从背后距离武装带2英寸（5厘米）的地方钻了出来。他的肺应该受了伤，每次呼吸的时候，都会从嘴里泛出血泡。我什么都没说，静静地看着他的眼睛。那双褐色的眼睛看起来是那么的忧伤，他认为自己站在了死亡的边缘。一名救护兵守着他，因此我就继续前进了。

子弹的角度表明附近有个德国佬在狙击我们，而且距离不远。我们走了不到30码（27米），一颗射来的子弹把走在我前面士兵身上挂着的水壶打飞。我们立刻卧倒在地，直到我们发现了要找的目标。"

克拉克中士和A连一起行动。"就在先遣队接近大桥的时候，桥就炸了。在路上碰到一个由德军把守的混凝土碉堡，有人朝里面扔了

第6章 马斯——瓦尔运河诸桥

一枚德制手榴弹把他们全报销了。第二座桥甚至没给我们接近的机会就被炸毁了。"

9号桥在哈特尔特（Hatert），位于A连目标的北面。当C连接近时，这座桥也被炸毁了。只有10号桥还在，这是一座公路桥和铁路桥并排在一起的双子桥。"在穿过一座小桥后的几个小时里，"B连1排的克莱门茨二等兵回忆，"我们转移了几次阵地，几乎没有碰到什么抵抗。到了晚上，我们奉命在一座大堤旁驻防。我们很快就发现这不是个好词，不管什么时候，只要待的时间超过15分钟，你就需要为自己挖一个坑。目的当然是让你不要受到火炮或者迫击炮炮弹弹片的杀伤。一个4英尺（1.2米）宽的坑足以让你蜷起来，只要不被炮弹直接砸中，就不会有大的危险。不幸的是我们只有一把小铲子来完成这个工程，即使在最好的条件下，也需要花不少时间来挖这个洞。

到了天黑的时候，我竟然已经挖过四个坑，累得精疲力竭。我终于发现那些有经验的老兵只挖一个浅浅的坑而后找周围可以遮盖的物品进行遮挡。我慢慢也学会了这些窍门。当晚成为我人生中最长的一夜。我们班被命令转移到大堤前面去。但是艾奇·亚坤托二等兵带着我在大堤上挖坑。大堤有12英尺（3.7米）高，我们挖了个双人坑，这样晚上可以轮流休息。

我们刚刚挖好，排长就来检查阵地了。'你们没有平坦的射击角度，'他说，'你们需要在大堤前面挖散兵坑。'排长的话是对的，如果我们遭遇了袭击，我们只能往下朝目标射击，而不能直接朝前方射击。我们又花了一个小时重新挖坑，这是我在这儿里挖的第六个坑了，天已经漆黑了。我们前面是一片空旷地带，有着不少纵横交错的铁丝网。这时我打开一罐口粮，才想起来一天没吃东西了。

我累得要死但却不困，第一班（两个小时）是我值班，艾奇可以获得休息的机会。我们之后整晚就这么轮流睡觉和警戒。我抱着步枪，子弹上膛，保险打开，等待着敌军的进攻。就这样持续等待着，我一个晚上都保持这个状态，哪怕是睡着的时候也是这样。我很久之后才明白这是典型的菜鸟行为，老兵会睡得很香，因为他们知道菜鸟们会整夜睡不着。"

解围阿纳姆

　　这些横跨马斯——瓦尔运河上的桥梁是由德军第406国防动员师（Landesschuetzen Division）6团2营的三个连镇守。该师是由"ersatz"（补充兵）拼凑而成的：包括归队伤兵、一战老兵和行政单位。其中的士官很少有战斗经验，平均年龄高达59岁。守卫8号桥的德军5连在9月17日被登记为"损失"。在哈特尔特的德军连是由恩斯特·齐格（Ernst Sieger）上尉指挥。齐格的连负责防守哈特尔特附近的9号桥以及距离奈梅亨铁路桥往南125米的岸堤。他的3排在那里和第2"赫尔曼·戈林"伞兵装甲掷弹兵师的伦格连相接。那个连的指挥官是马克斯·伦格上尉。

　　齐格的1排布置在9号桥的南面，负责防守的位置一直到8号桥北面的德罗格村，驻守那里的是吕梅勒连（Ruemmele）。2排担任预备队，并执行一些侦察任务。3排在9号桥的另外一端也构筑了桥头堡，预防盟军装甲部队突破比利时——荷兰边境。赫尔曼·戈林师和一些桥防以及高射炮单位负责守卫瓦尔河大桥，国防动员师的6团2营负责防守奈梅亨以西：马斯——瓦尔运河是其主要依赖的防线。齐格的指挥部放在了哈特尔特的修道院学校，营指挥部在东面几英里德国境内一座叫做克朗嫩堡（Kranenburg）的村子里。

　　"1944年9月17日，战斗随着敌军伞兵的降落开始打响，"德军齐格上尉回忆，"本连位于马斯——瓦尔运河的东岸，得到的命令是打到最后一人，最后一弹，坚决消灭敌军。我们连一共有两名军官，一百六十四名士官和士兵。普遍缺乏战斗经验和装备。士兵的平均年龄是59岁，他们是不适合一线作战的老兵，几乎没有人参加过实战。

　　除了缺乏作战武器外，本连还需要想办法筹集车辆和马匹来获得一定的机动能力。之前经过哈特尔特的德军已经搜刮了一遍，所以我们想要找到装备非常困难。这就是敌军伞兵于9月17日14时30分开始在马尔登——赫罗斯比克地区空降时我们的状况。我们对敌军的实力一无所知。从指挥部里可以看到空降过程。1排排长是几天前刚从6连调来的伊根达尔（Ingendahl）上士，指挥2排的是恩格尔曼（Engelmann）上士，其排长默勒（Moehle）军士长因为其父亲去世，在9月17日下午请假离开。3排排长是冯·海德参谋军士长。柯尼斯曼

第6章 马斯——瓦尔运河诸桥

（Koenigsmann）少尉和我在一起。

伊根达尔上士的排负责本连阵地的左翼，他报告与友军5连的联系被中断。5连防守的德罗格桥（8号桥）被炸毁。他已经与敌军接火。这份报告是在我们看到敌军空降2小时后发来的。柯尼斯曼少尉从后备排里抽调两个班前去支援位于哈特尔特村南面的左翼。他们还得到了第434工兵连的一个轻机枪组的增援。村子的东面由连里剩下的部队把守，整个哈特尔特的防线布置完毕，只有北面朝向临近伦格连的方向是敞开的。

大约18时30分，第434工兵连接到命令前往伦特（Lent）。这是韦兰高级监察官（Oberinspektor，大致相当于少尉军衔的行政职务）骑着摩托送来的。他同时还接到了将他的工兵建筑连从马尔登撤离的命令。我要求韦兰和我的连指挥部一起撤退，这样我可以通过他获得马尔登的最新情况。40分钟后，韦兰再次过来，告诉我马尔登已经见不到敌军，但工兵建筑连和5连也联系不上。伊根达尔上士报告他们那里受到敌军越来越多的压力，我因此命令柯尼斯曼的那两个班正式并入1排。连里剩下的部队全部集中到哈特尔特的学校，距离连指挥部300米。如果局势恶化，指挥部可以朝那里转移。即使没有足够的车辆，我们也可以带上全部的物资装备转移。

大约20时，我收到了伦格战斗群通过一位中尉传达的命令，我们要通过奈梅亨—马尔登—莫克公路前往奈梅亨的南部，保护伦格战斗群的左翼。伦格正在防守那座位于城市西南面通往赫拉弗的大桥（10号桥）。由于这道命令，我下令在河对岸的部队撤回后，就炸毁哈特尔特——上阿瑟尔特大桥。这座大桥在20时15分被彻底摧毁。

我派传令兵通知各排转移，在哈特尔特——赫斯公路集结。会合点就在公路和岸堤交汇的地方。伊根达尔上士先后从古莫斯巴赫（Gummersbach）士官和普尔舍（Pursche）上士那里获得该命令。我和柯尼斯曼少尉在会合点等着他们。全连在天黑时离开阵地，朝10号桥前进，2排和3排排长都前来向我汇报。

在普尔舍上士告诉我1排已经在来的路上后，我在会合点留了一名向导，然后和柯尼斯曼少尉前往伦格战斗群，接受波默中尉的命令。

解围阿纳姆

天已经完全黑了,我在22时把部队集合完毕,1排只到了两个班,其他的部队和2排的两个班都消失了。我命令查看一下那个向导归队没有,结果没有。我因此命令科勒士官开车前往会合点,调查伊根达尔上士那拨人的情况。

科勒在午夜的时候报告无论是他还是向导都无法探明那拨人的下落。我也没办法进一步调查,因为波默连命令我们进入他们左侧的阵地,这时已经是伸手不见五指了。也许伊根达尔上士他们找到了另外一条道路撤走了。"

第504伞兵团的日志里在那天的1时08分的记录为:"一营报告:抓获三十二名俘虏,我们是把他们现在送过来还是稍后?(现在送过来。)"这三十二名被送来的战俘被证明是那个国防动员师2团6营5连的士兵。他们并不清楚齐格上尉的战术撤退,当时没人知道齐格的士兵之后几天会和塔克的部队进行好几次较量。

用赫门附近第17号桥梁的照片制作的明信片,由B连于1944年9月17日拍摄,来自作者的藏品。

第7章

★ ★ ★

巩固阵地

赫拉弗、尼尔布施、奈梅亨、韦亨，1944.9.18—19

尽管塔克的部队占领了当天的大部分预设目标，但还剩下两个任务：赫拉弗和马斯——瓦尔运河上的10号桥。D连连长坎帕纳上尉回忆："9月18日大约02时30分，本营出发前去攻占赫拉弗。攻击部队的顺序是F连、D连和营部直属连，没有遭遇任何抵抗。本营在镇外布置了一条防线，等待英国人前来会合。巡逻队被派出去负责几英里内的日夜警戒，探查是否有德军的踪迹。"

荷兰民众告知我们在前一晚，有一个党卫军荷兰志愿营往东撤离，4时0分40秒传来吵闹的履带车辆行驶的声音，但并没有发起任何反击。切斯特·加里森中尉是2营的作战军官，他这样描述进入赫拉弗镇中心时所看到的街景："当我转过镇政厅街角时，发现镇广场上有一大群荷兰民众聚集在那里。他们有人指着广场的中心，我看到三名年轻的妇女在那里被人群团团围住。她们的衣服被扒掉，头发被剃光。头顶上被画上黑色的纳粹万字，这是刚画的，黑色的油漆还在往下滴，淌过她们的额头、耳朵和脖子。这些为了食物、衣服、金钱甚至欢乐而依附于德国人的荷兰女孩被孤立起来，人群并没有狂欢，只有坚定的复仇。"

维勒姆斯少校在镇政厅里建立了2营指挥部，在大门口挂上"白

解围阿纳姆

葡萄酒指挥部"的标志，这也是该营正式的昵称。很快就有一群欢乐的荷兰人聚集到了指挥部门口。赫拉弗民众终于告别了四年半的被占领状态。维勒姆斯回忆战争还在继续，他的部下"建立起外围岗哨和阵地，朝东的路上布置起路障（E连已经在南面公路布防），他们往南面、东南面、东面和西面派出巡逻队。并没有朝北面跨河再派巡逻队。战俘被集中起来，增加了路障的数量，并开始埋设地雷"。

第504伞兵团紧张地等待英军坦克的到达，加里森中尉在营日志里记录道"几名美军航空队的飞行员被从当地的藏身之处接走，送往师部"。他们"在下午获得了大量空投补给物资"。"补给舱散得很开"，有些落入河里，这需要"部队、当地居民和车辆来搜集"。幸亏俘获了一些轿车和卡车，补给工作简单了许多，"德军并没有造成什么麻烦"，但是有"传言说敌军在河的下游地区还有些残兵游勇会造成麻烦。师部要求所有降落部队的指挥官立刻提交情况报告"。

荷兰民众告诉维勒姆斯少校之前在镇里有一个盖世太保小分队，另外还有第2"赫尔曼·戈林"伞兵装甲掷弹兵师的五百名士兵驻扎在这里，并不是之前听说的党卫军军营，他们逃往奈梅亨方向。8时30分，有消息称昨天在德埃尔福特出现的两辆坦克被当地民众在赫拉弗以南发现。根据这份报告，第80空降防空营由罗素·巴斯蒂克（Russell Busdicker）中尉指挥的两门57毫米反坦克炮在当天下午前来增援。

6时30分，库克少校和基普上尉离开3营指挥部，视察他们营的阵地，结果令人满意：当天上午会送来更多的交通工具，在此之前，缴获的德军车辆、征用的民用车、自行车和马车暂时也解决了问题。但到了9时15分，G连的查尔斯·德鲁中尉用无线电传来消息，德军正从韦亨方向沿公路往南移动，目标是巴尔哥耶（Balgoij）和科恩特村（Keent）。库克少校判断德军准备攻击美军在下阿瑟尔特西面的阵地，他命令罗伯特·布兰肯西普中尉从他的I连1排里抽调两个班前去应对这一情况。

当天早上，托马斯上尉带着他的G连"四处搜罗了一番吃的，然后开始挖战壕和散兵坑。士兵们搞到了几辆自行车，一辆古董卡车

第7章 巩固阵地

和一辆状态好点的轿车。13时，连部搬到了阿尔弗纳外半公里的一处宽敞而整洁的房子里。各排沿着公路摆开，有部分驻扎在阿尔弗纳里面。连部周围构筑了不少散兵坑，夜间也安排了多处岗哨"。

卡佩尔上尉"派遣3排的两个班前往韦亨。他们缴获了一辆15吨牵引车、三辆摩托，并且抓到一名战俘。德军已经遗弃该地，将车辆烧毁。H连没有任何伤亡。14时30分，四百五十架滑翔机从我们的右侧飞过，带来了三营炮兵、一营反坦克炮兵、（第307空降）救护连，他们落在'N'空降区"。2排的那两个班刚回到H连3排的阵地前，又接到了朝赫能（Hernen）突击的命令，目标夺取更多的交通工具，让德军顾此失彼。两辆缴获的摩托车可以用来运输机枪、侦察以及传令。巡逻队没有碰到任何敌军，因此没有缴获任何车辆，也没有俘虏敌人。

滑翔机的到来晚于计划的时间，他们在英国由于大雾而延迟了几个小时起飞。吉普车和拖斗车分为两拨滑翔机出发：一拨从巴尔德顿机场（Balderton）出发，并于15时18分在赫罗斯比克附近的"N"空降区降落；另一拨从科特斯摩机场起飞，于14分45分在"T"空降区降落。几周前跳伞中受伤的亚当·科莫萨上尉没能和自己的营部直属连一起跳伞，他搭载这拨滑翔机来和部队会合。科莫萨回忆："我们的那架滑翔机上有飞行员瓦尔德利普、一辆吉普车和我的司机、两名荷兰突击队队员、我以及一名副驾驶。在飞行中我唯一的任务就是在要空降的时候，拉下头顶的空投把手，打开降落伞。没人告诉我如果飞行员被高射炮击伤后，我该怎么办。虽然我之前从来没有驾驶过滑翔机，但是如果不幸真的发生了，我肯定要想办法来承担这一责任吧。

当荷兰突击队队员向我汇报时，他们立刻抱怨没有领到占领区军票，投诉与他们并肩作战的英国佬对他们极为吝啬。在帮荷兰乘客搞到必要的补给和钱后，我们搭上了一架韦科CG-4A型滑翔机。

滑翔机编队于10时至11时之间开始起飞，每架C-47运输机牵引两架滑翔机。当我们在跑道上滑行时，滑翔机的轮子发出可怕的金属噪声，让我感觉如同坐在一个独轮车上一样。飞行员瓦尔德利普在离地前拿起通话器准备和牵引飞机上的驾驶员联系，结果惊讶地发现没有

解围阿纳姆

信号！很明显连接滑翔机和牵引机的通讯线路断开了。太晚了！没法回去了。我们只能靠自己目视判断了。

在我们起飞后，机群开始编队，随后朝东飞去，庞大的C-47和滑翔机编队飞越英吉利海峡。到了欧洲大陆之后，英军的滑翔机编队飞到了我们的下方，队形散乱。它们就像是水面上飞舞的虫群一般。沿着我们的飞行路线不时可以看到坠入海中的英军霍莎滑翔机，被用来识别的黄色染色剂所环绕。落水的人员要么扒着木头机舱，要么自己在水里漂着。英国人看来对这种意外情况早就做好了准备，因为在每一个水中的滑翔机边，都有救生筏在捞人，或者正有救生筏在赶来。我在海峡里没有看到一架美军涂装的滑翔机。因为美军使用的牵引绳是尼龙材质，而英军使用的是麻绳，后者面对空中气流则是毫无抵抗能力。

当我们经过斯凯尔特河（Scheldt）河口时，一门高射炮开始朝我们射击。给我们护航的一架P-51战斗机摇了摇机翼，我给他挥挥手，他就像猛禽扑食般冲向高射炮阵地。在向目标倾泻了愤怒的机枪火力后，他回到我们的编队高度，再次摇了摇机翼，我们之后再也没有受到高射炮的袭击。这让人感到心安，因为我们在滑翔机上是不配备降落伞的。

关键的时刻很快来了。我们正在接近降落区域。但我注意到瓦尔德利普已经把手伸向脱钩闸，准备和牵引机分离。我朝他吼道，'还没到呢，这里不是我们的降落区！'他没有理我，只是直直地看着前面，在他左边的那架滑翔机脱钩了，他也拉下了脱钩闸。我说，'见鬼！我们降落得太早了。我们还没到自己的降落区呢。'瓦尔德利普似乎对我的话完全没有反应。他紧握驾驶杆，看起来有些走火入魔，但他熟练地驾驶我们的滑翔机穿过其他那些没有动力的滑翔机群，朝一块看起来最棒的地面准备降落。

当我们距离地面还有几英尺的地方时，滑翔机擦上了一头奶牛的屁股，裹卷了一片铁丝网，还在往前冲。前面出现了一条河沟，已经没有地方躲避了，我们也没有动力。瓦尔德利普吼道：'减速伞！'我立刻拉下减速伞。当它打开后，我们感觉到尾部立刻出现一股柔和

第7章 巩固阵地

的力量拉住滑翔机，滑翔机开始在地面上滑行，运河出现在眼前，幸运的是滑翔机的鼻子插入了运河的岸堤，终于停了下来。停在机身里的吉普车由于惯性还是狠狠地撞了我们一下。

当我们好不容易停下来后，驾驶舱的地板已经被磨穿。瓦尔德利普立刻拿出他的随身匕首，划开机身上的帆布蒙皮，从里面跳了出去，抱着一把托米枪蹲在外面。我打开滑翔机的舱门，把吉普车卸下去。大概不到一分钟时间，我们五个人就坐在吉普车上，出发去找我们的部队了。

一路上，我们看到很多疯狂的景象。几百架滑翔机就有几百种奇怪的着陆方式，比如有一架直接塞进了磨坊，尾巴和地面呈65度角。到达指挥部后，荷兰突击队队员立刻开始准备和荷兰地下抵抗组织联系，飞行员瓦尔德利普碰到了他的同事，他们都暂归师里的化学战军官约翰·盖格（John Geiger）中校指挥，负责看管战俘和搜集空投补给。这些滑翔机驾驶员急着想回英国基地，那里更为舒适。"

和科莫萨上尉在同一架滑翔机上的荷兰突击队队员里有一位是24岁的瓦伦丁·柯克胡斯（Valentijn Kokhuis）下士，他之前从未搭乘过滑翔机。他在向威廉姆斯中校报告后，被分配到3营担任向导和翻译。柯克胡斯后于1944年10月10日狄塔克的推荐信："他是一位品性优良的士兵，高效并且多才，在发现并处理那些纳粹合作者的行动中展示了超常的能力，卓越地协助第504空降步兵团作战和其他盟军事务。"

卡佩尔上尉派无线电员阿尔伯特·塔贝尔前往降落区，接应H连的吉普车并带回来："我在空降日和第二日一直等待吉普车司机以及他的车子。空降官告诉我当滑翔机降落时，我要非常小心。运气不错，那架滑翔机就落在离我不远的地方。"

据卡佩尔说，"B-24轰炸机于16时20分带着补给品出现在'O'空降区。空投的高度很低，但空投地点并不集中。大约80%得到回收，这已经是到那时最好的记录了。有的补给箱从降落伞上脱落，砸在阵地上裂开，里面的东西散落一地，真的是一步到位送到了散兵坑上。

H连所有能够抽调出的人手都被派去搬运弹药，然后是口粮，储藏到阵地上安全的地带。为此把巡逻队和阵地守卫都进行了缩减。营

解围阿纳姆

里的军需官在荷兰民众的帮助下,用农场的牛车把那些小堆的补给再汇集起来。很快,师里的补给官就接过了这些任务,从滑翔机上卸下来的吉普车带着拖车开始在路上奔驰。"

科莫萨上尉还记得那振奋人心的"几百个航空发动机的雷鸣声覆盖整个荷兰平坦的田野",那"135架B-24轰炸机编队轰鸣着以500英尺(152米)的高度投掷下数以百计的装备舱和补给舱,这些舱都绑着五颜六色的降落伞。有一个设备舱被卡在飞机上没能投放,一名机组成员在尝试解除故障时不慎失去平衡,从炸弹舱盖滑落出飞机,活活摔死"。荷兰民众"热情地帮助那些没那么主动的滑翔机飞行员"来回收补给,科莫萨看到"一位荷兰年轻人被一个飘落的弹药舱擦伤了脑袋,痛苦地倒在那里。荷兰人对我们非常欢迎,常常坚持要我们到他们的房子里品尝面包、牛奶和奶酪。令人震撼的B-24轰炸机从头顶飞过的情景让我们感觉战无不胜。我们完全没有深入敌军阵地50英里(80公里)的感觉"。

三十名德军战俘被派到上阿瑟尔特的亨德里克·扬森农场去打包降落伞,1营的巡逻队往北负责10号桥的警戒。该桥已经由第508伞兵团的劳埃德·波莱特中尉率领2个排夺下了。A连1排在马斯——瓦尔运河的西岸沿着前往该桥的方向巡逻。排长布列德少尉回忆在朝北前往奈梅亨外围的巡逻过程中,他们发现一个自行车工厂,在尝试装配自行车的过程中,发现没有润滑油来转动流水线。

17岁的维姆·范·鲁特恩和他的五个妹妹住在尼尔布施的一家新教孤儿院里,在10号桥西北方向几百码的地方。维姆和其他十几个孩子在9月18日下午走到10号桥上,给美军士兵带去了一些苹果。作为回礼,他们收到了香烟和糖果。维姆一位叫做扬·范·迪伦的朋友从A连的斯蒂格二等兵手里拿到了他的第一根美国烟。他们交换了通讯地址,并在战后的几年时间里保持联络。维姆对被解放的感觉有点复杂,他的哥哥、姐姐、祖父母、叔叔、婶婶以及堂兄弟都还住在德军仍旧占领的荷兰中北部。尽管如此,他后来回忆起来时还是认为解放后是他在孤儿院里最愉快的一段时光。

A连沿着马斯——瓦尔运河的岸堤挖掘阵地。2营的弗雷德·巴尔

第7章 巩固阵地

迪诺下士回忆当时一切顺利,直到天黑,"一名士兵从运河那边走过来,我们在坑里朝上看。天很黑,我猜他可能根据我们钢盔的轮廓以为碰到了德军。他朝约翰开火,子弹从他头部穿过。我当时就在距离他30英尺(9米)的地方。

我们朝那名士兵怒吼,几个人去追他,但他立刻从小道跑下大堤,没人抓到他,也没认出来是谁。我有个朋友说这人可能是第307空降工兵营的。太让人难过了。"布内特二等兵在他的副机枪手达伦·布罗德黑德二等兵怀里断了气。布罗德黑德也因此成为了2排的勃朗宁机枪手。

"我们对这个事故非常难过,因为布内特很讨人喜欢,"巴尔迪诺后来写道,"如果被德国人打死会很让人难过,但是被自己人打死则是灾难性的。更悲哀的是我不知道他家人的情况。我尝试过找他们,但名字太常见,没能成功。"

在市场花园行动开始的时候,21岁的本杰明·布曼正藏在莫克村。本杰明看到第505伞兵团在赫罗斯比克附近降落,后来还碰到了第82空降师的侦察排。9月18日,他骑着自行车通过船闸式搭桥穿越马斯——瓦尔运河去看他住在赫门的女朋友特鲁乌斯。布曼和防守桥东岸的B连1排士兵进行一番交谈后,他走到了大桥的警卫室,之前德军警卫就驻扎在那里。在检查了阁楼后,发现那里居然还藏着五名德军,他们被他成功劝说投降。布曼把俘虏交给理查德·史密斯少尉后,继续骑车去看望他的女朋友,并在当天下午返回莫克村。

那一整天不断有荷兰民众传消息说德军坦克正在接近,但大部分都没有成真。德军其实一片混乱,直到9月18日早晨才稳住阵脚。前一天,奈梅亨的城防指挥官哈格麦斯特(Hagemeister)上尉已经通过瓦尔河逃往埃尔斯特(Elst)。空军上校弗里茨·亨克(Fritz Hencke)拼凑了750人在瓦尔河大桥布置防御阵地。这支被称为亨克战斗群的力量由几支小部队构成:伦格战斗群、莱因霍德战斗群和欧林战斗群。

之前已经提到过,伦格战斗群是属于第2"赫尔曼·戈林"装甲掷弹兵师的一个连,由马克斯·伦格上尉指挥。另外两个单位均来自党卫军旅队长海因茨·哈默尔(Heinz Harmel)指挥的党卫军第10"弗

解围阿纳姆

伦茨堡"装甲师。这三个战斗群还有以下支援：瓦尔河大桥附近的20毫米和88毫米高射炮、警察、铁路警卫和亨克的伞兵预备团。莱因霍德战斗群的指挥官是党卫军二级突击队大队长里奥·莱因霍德（Leo Reinhold），他的部队包括自己的党卫军第10装甲团和党卫军第10装甲工兵营，另外还有保护潘纳登附近莱茵河渡轮的守军以及大桥的警卫。在大桥西南面，还有党卫军一级突击队中队长卡尔-海因茨·欧林（Karl-Heinz Euling）指挥的党卫军第21装甲掷弹兵团1营，他们的阵地放在洪纳公园（Hunner Park）。他这支部队原来驻扎在阿纳姆公路桥，当天凌晨乘坐潘娜登渡船通过奈梅亨。那天下午，欧林和附近一些部队成功阻止了第508伞兵团接近大桥南岸的行动。

国防动员师第6步兵团2营的三个连于当晚撤退到同一区域进行重组。"1944年9月18日早晨，"齐格上尉回忆，"恢复了与波默连左翼的联系，本杰明所在的连负责奈梅亨——赫拉弗公路以南1公里的防御。第434工兵连在本杰明所在的连的左侧。敌军对格拉舍桥（10号桥）施加压力，在伦格战斗群的命令下，进行了一些阵地转换。大桥遭遇敌军火力猛烈地袭击，伦格也加入战斗，炸桥的线路被损毁。大约在中午的时候失去了和伦格战斗群的通讯，他们放弃了大桥，沿着奈梅亨——阿纳姆铁路桥的方向撤往奈梅亨。他们没有来得及通知我们。第434工兵连接到了撤退的命令，也脱离了阵地。我决定加入他们，防止被俘。我们沿着运河、瓦尔河来到了奈梅亨——阿纳姆铁路桥。

伦格战斗群接纳了我们，确认部队撤退到新的阵地。重武器由弹药车运往伦特。只有司机可以通过，其他人都要留下来作战。该连的第一个任务是守住到火车站一段的铁路线。在铁路的西端我们又收容了几名掉队的士兵。连指挥部在当天下午遭到敌军袭击，数人受伤。

大约20时，本连奉令占领城市西北方向的阵地，保护新港附近的铁路。我们获得了两门20毫米高射炮和一门俄制45毫米反坦克炮的火力支援。连指挥部设在新港。

9月18日到19日之间的夜晚非常平静。到了第二天早上，本杰明所在的连开始加强在城市西北面的防御阵地。快到中午的时候，我们得知敌军派出大约15辆坦克和装甲车辆来支援其对奈梅亨的攻击部队。

第7章 巩固阵地

伦格战斗群确认摧毁了一辆（英军）装甲侦察车。那场战斗发生在城市东北面的铁路桥附近。

敌军坦克和装甲侦察车带着步兵从市内往西朝铁路桥攻了过来。猛烈的火力如下雨般落在连指挥部和港口上。我奉命死守大桥入口处，并且为此组织了一小个战斗群。我命令柯尼斯曼少尉想办法靠近我们，接任指挥。我们的防线遭到一辆谢尔曼坦克的精准打击，数人伤亡。交火持续了一个小时左右，这辆坦克才被伦格手下几名士兵摧毁。连指挥部完全被摧毁，并且被敌军的步兵所包围。在消除了敌军坦克的威胁后，伦格上尉组织了一场反击，成功解除了对我们连部的包围。

当敌军接近的时候，第434工兵连在城市西部的士兵开始朝瓦尔河退去，准备过河。柯尼斯曼少尉成功组织起部分工兵和20毫米高射炮，率领他们投入到伦格上尉从连指挥部发起的新一轮反攻。敌军猛烈的炮火使得伤亡不断增加，同时夜幕也来临了，这使得反击没有达成预设目标，敌军依旧盘踞在沿路的房屋里，使得我们无法朝东南突围。从当时的形势看来，我们相信敌军会从西面发动新的攻击，因此柯尼斯曼少尉将连里剩下的大约80人聚集起来，依托铁路桥西北两公里处的发电站进行防守。

柯尼斯曼少尉另外让一名中士，一名下士和一名二等兵组成一个小分队，前往连部去搞清楚局势。他们发现连部已经搬迁，除了部分人员和工兵一起过河外，其他人都退缩到铁路桥死守。所有的伤员都被送到后方。

本杰明所在的连驻扎在桥边的防空掩体中的野战医院里。在之前的反击中有一组高射炮炮组成员均被杀伤。剩下的炮兵被归入君特·哈同（Guenther Hartung）上校的指挥下，哈同上校是德军伞兵部队在奈梅亨训练基地的教官。伞兵的泽鲁斯（Zyrus）上尉负责铁路桥的防御，空军的恩格尔贝特·梅里茨（Engelbert Melitz）少校负责铁路到铁路桥之前的区域，赫尔曼·戈林师的一位上尉负责公路桥的防御。哈同上校的指挥部设置在伦特。"

齐格上尉的报告并没有提到第504伞兵团一位士兵的冒险。来自1

解围阿纳姆

营情报班的"特德"·巴亨海默骑着一辆荷兰自行车进入奈梅亨,这让在中央火车站和第505伞兵团2营D连对峙的德军惊讶不已。6时,巴亨海默的直接上司詹姆斯·戈特(James Goethe)中尉向格勒姆上尉报告当晚的夜色使得巴亨海默敢于闯入奈梅亨。6时50分,他们收到待在上阿瑟尔特团部的1营营长哈里森少校发来的无线电报:"巴亨海默在奈梅亨找到300名武装起来的荷兰人,已经做好战斗准备。有报告说10号桥被炸毁(没有确认)。"

巴亨海默下午回到部队,他征集两名志愿者一起骑车回奈梅亨,指引那些荷兰抵抗组织一起战斗。A连的威拉德·斯特伦克二等兵和1营营部直属连的威廉·比尔·泽勒二等兵响应了这一号召,后者来自宾夕法尼亚州会说德语。斯特伦克回忆:"排里没有两个人会骑车。因此我这个来自堪萨斯从来没骑过车的农场男孩自愿报名。比尔·泽勒和我与特德一起骑车前往奈梅亨。

在受到敌军的狙击射击后,我成为了这个国家最好的自行车手。特德带着我们到了地下抵抗组织设在变压器工厂的指挥部,在他们的要求下,特德担任总指挥。我们后来将指挥部转移到一所学校(格罗纳街的阿格纳斯·莱尼拉学校),其中有一面墙上挂满了各种纪念品。特德组织一个巡逻队去清除镇里残余的德军。德军火炮持续不断对镇子进行炮击。

保持荷兰人的士气是个很重要的工作。几乎天天下雨。看到民众获得食物和居所让人觉得很欣慰,同样的,伤员也都得到了很好的照料。特德是那种所有国家都想要的士兵。他在任何情况下都可以临危不乱。他在晚上会组织巡逻队渗透到德军防线后,去探明德军阵地的情况。他德语说得很流利。在巡逻过程中,可以直接审讯德军战俘。他对工作非常认真。他会和大家坐下来一起讨论如何从德国人那里取得更多信息。我们竭尽所能。有一次我们想到可以乘船往上游侦察,结果晚上的河水太过湍急,使得我们无法逆流而上,只好放弃了这个想法。"

当地抵抗组织的领袖维尔利把指挥权主动交给巴亨海默。9月19日,他和来自荷兰铁路公司的成员一起将德军逐出了奈梅亨的中央火

第7章 巩固阵地

车站。1952年，他荣获铜狮勋章，这在荷兰相当于美军的优异服役十字勋章。他获勋的原因是："1944年9月17日在赫拉弗附近，他英勇地抗击敌人，他在19日独自大胆地闯入奈梅亨中央火车站。在那里碰到一位前荷兰铁路负责铁轨的员工，两人通过穿越火车站的高架桥进入车站。"

两人的行踪没有被发现，他们从一列火车车厢里获得一把卡宾枪，并且拿了些弹药和手榴弹，巴亨海默负责警戒。他们小心翼翼地靠近第二个站台处的广播系统，然后由铁路员工打开。

巴亨海默通过广播要求盘踞在这里的德军投降，而后者刚刚聚拢在一起准备吃饭。为了增强效果，巴亨海默用机枪在麦克风前面射击了一阵，巨大的响声使得这群大约有40人的德军仓皇逃出车站。

巴亨海默他们继续追到车站的西面，朝德军射击。后来德军从瓦尔河对岸射来精准的炮弹，这迫使他们撤离，而得到增援后的德军重新占领了车站。

那天早上，英军的先前部队总算是到了赫拉弗附近的马斯河大桥，与"空降走廊"的南部建立了初步的联系。空降部队的弗雷德里克·勃朗宁中将把指挥部设在赫罗斯比克，他乘车来到上阿瑟尔特与詹姆斯·加文准将会面。E连的约翰·汤普森中尉回忆："在19日的早上，英军第2集团军的先前部队爱尔兰禁卫军出现在赫拉弗以南，在我们的阵地里观看他们成队的坦克和卡车真是一种享受。"

很多荷兰年轻人为第504伞兵团担任侦察、翻译的任务，甚至还有直接作战的。比如来自阿纳姆的22岁的威廉·范·厄在市场花园行动开始时，正躲藏在奈梅亨。由于瓦尔河大桥和阿纳姆附近的莱茵河南岸都还在德军手里，他无法和父母重逢，因此他作为步枪班加入了E连2排。昆德二等兵记得他的班长德韦恩·阿伦特（Dwayne Ahrendt）中士成为了威廉的保护者，并且为他支付所有费用，因为后者拿不到军饷。同一个排里的威利斯·希森（Willis Sisson）中士还记得这个高大的荷兰人被昵称为"威利"。威利很快和排里的战士成为密友，他们给他搞来了全套制服、钢盔以及其他装备。

并不是第82空降师的所有军官都希望看到给荷兰志愿者发放军服和

解围阿纳姆

武器。威廉上校是团里的作战军官,根据他的回忆"降落后的第三天,加文将军怒气冲冲地来到第504伞兵团指挥部。前一天他命令我们禁止把受伤伞兵的步枪、夹克和头盔发放给荷兰人,并使用他们作为辅助部队。他质问为什么我们还这么干,我们回答也许有人忘了被通知。他宣称,'我认为他们根本没传达这个命令,在我过来路上第一个十字路口站着的哨兵穿着美军制服,拿着M-1步枪,但他竟然不会说英语。'尽管有禁止的命令,我们依然不介意把荷兰小伙子拉进我们的队伍。这些荷兰人迫切地想和德国人作战,证明自己是能干的战士"。

荷兰志愿者不仅作为向导或者步兵来帮忙,他们更是我们审讯德军战俘时不可或缺的翻译。本来荷兰和德国就挨着,加上四年半的沦陷经历,很多荷兰人的德语非常好。科莫萨上尉回忆:"俘房的德军大部分是二线部队,混杂着老人和伤兵。我看到人群里有一个狂妄的年轻非洲军士兵。当被问到这么个年轻人怎么会在后方区域时,他高傲地说他在非洲受了重伤,被认定不适合再进入战斗部队……战俘里还有臃肿的水手。真是个怪诞的组合,但这些德国人依旧保持着他们自大的普鲁士纪律。"

19日下午,3营被转为师预备部队,穿过7号桥到达奈梅亨南郊。托马斯上尉的G连的战斗日志在当日记载道:"指挥部借宿房屋的荷兰家庭给我们准备了早餐。正当我们在享用时,前晚被俘获的16名德军被押到了指挥部。他们后来被送到营指挥部。

大约9时30分,营里传来消息说英军的装甲车带着邓普西将军的坦克已经通过赫拉弗大桥。一会儿,他们就经过了这里,后面是一长串的坦克。英军在经过我们没多久就发现后面的桥已经被炸断了。他们只能倒回来,在十字路口换了一条路线。当天中午刚过,另外一名德军战俘也被送到连部,随后押往营部。

托马斯上尉在阿尔维纳寻找适合做我们连部指挥所的地点。最后发现一个酒吧最为可靠。但是这样一个场所估计传出去影响不好,所以换到了一个学校里。当指挥官和他们的幕僚走进校舍时,发现那里有几台崭新的德国佬的无线电设备。他们立刻报告给营部的情报军官和作战军官,让他们前来检查装备。我们带走了其中的部分器材。这

第7章 巩固阵地

时候整个连基本上都集结到了阿尔维纳外围的一片地区，命令说G连作为预备队，我们团又要上前线了。

18时30分，命令说I连将取代我们担任预备队，我们要准备出发。G连在19时沿着公路两侧开始行军，给在路中央前进的英军装甲部队提供警戒。我们穿过一座没有彻底炸毁，并被工兵抢修好的桥梁。过河后，我们右转沿着运河继续前行。一路上经过不少德军挖的战壕。在我们左侧的远处能看到不少起火的地方，有人说那就是奈梅亨城。"

1945年，从空中往西俯瞰赫拉弗的情景。这座城市由爱德华·维勒姆斯少校的2营于1944年9月18日解放。（供图：曼德勒家族）

第8章

★ ★ ★

自杀任务

奈梅亨，1944.9.20

当库克少校和基普上尉于9月19日到前线视察的时候，弗格森上尉奉命率领3营转移到奈梅亨西南角的永科博施森林（Jonkerbosch）。他在夜晚中难以准确读取地图，因此在穿过赫门桥以及往北通过哈特尔特村的路上多花了些时间。21时15分，他们到达永科博施森林，报告已经就位，正式担任师预备队。

大约15分钟后，库克和基普到希恩斯霍夫酒店报到，接受新的任务。加文将军告知库克他的营负责担任预备队，并且需要开始搜集船只。之后要准备渡河作战。

库克回忆："我听到后有点目瞪口呆。没办法。我承认手里没有任何船。他说那我最好马上找起来了。有人告诉我河的北岸比水面要高出20英尺（6米），而且非常陡峭，像一堵高墙似的。我在想是不是要去找一些爬山用具。真是令人烦恼。

他说我们要去解救被困在阿纳姆的友军。我不清楚局势到底有多糟。我想明天就开始行动吧，因此说：'好吧，我的部队已经到这里了。'心里想真见鬼，为什么今天反而要我们朝相反的方向行军？他说：'让他们先待在那里，明早给你弄些卡车过去。'

加文很可能也在问英军要船，他说如果找不到船只部队没法过河，

解围阿纳姆

他也在想别的办法,让我去解决。天哪!到底我该怎么办才好?我不可能游过去。我们决定让部队先进入阵地,我回到团部汇报情况。我和其他人聊了一下,并不清楚加文在哪里和塔克讨论过这一命令。"

事实上,塔克也是在那晚收到了渡河的命令:"在9月19日晚上,我得到师部的通知,第504伞兵团要强渡瓦尔河,在公路和铁路桥的北端建立桥头堡。我奉命去联系英军霍罗克斯将军的第30军,在他的指挥部里见到一位英军装甲部队指挥官,他们同意为第504伞兵团强渡瓦尔河提供坦克火力支援。

我们师的作战官杰克·诺顿中校命令我们在9月20日要开始渡河,建立桥头堡,并和英军装甲部队保持联系。这条命令是口头的,没有正式文件。"

维吉尔·卡迈克尔中尉是3营的情报官,他回忆库克少校回到位于永科博施新指挥部时的情景:"朱利安在半夜回到指挥部,说加文将军命令他的营要在第二天乘船强渡瓦尔河。库克是一位勇敢、忠诚的士兵,他问加文用什么船渡河,加文告诉他需要自己从当地人那里搜集沿河的船只。这可说不准。那时候,加文并不知道会怎样,也不确定英国人是否可以在渡河前提供帆布船。我们都很沮丧。德国佬在我们这侧的河岸还占据了一些地点,我们都不确定是否可以顺利到达预设的渡河点。"

和科尼利厄斯·瑞恩(Cornelius Ryan)写的《遥远的桥》不同,塔克并没有参加加文命令渡河的会议。广为流传的说法是瑞恩宣称的船只不断被送来,"霍罗克斯将军和他的下属整晚都在加快送船的速度"。但实际上,负责近卫装甲师皇家工兵单位的查尔斯·琼斯少将直到9月20日早上才得到电话通知,要给美军送去冲锋艇。他立刻安排皇家陆军后勤部队(Royal Army Service Corps)第282连把已经封存在比利时仓库的冲锋艇运过来,他本人也驱车来到加文将军的指挥部说可以先使用筏子渡河,另有两连皇家工兵可以用渡船把反坦克炮运过去。简言之,加文、布朗宁和霍罗克斯在前一个晚上根本没有安排好渡河工具。

基普上尉在两个月后给母亲的信里写道:"师部给第504伞兵团的

第8章 自杀任务

任务是占领奈梅亨大桥以及旁边横跨在瓦尔河上的铁路桥。不用说，渡河是必须的了。在我们18个月几乎不停战斗的经历中已经看到和经历了很多情况，从跳伞到建立桥头堡，从扮演山地部队到普通步兵。但强渡河流还是非常有新意的。"

当库克少校召集3营的参谋和各连指挥官进行任务简报时，塔克上校离开他的团部，前往30军军部："那天一大早我就去了30军军部，与霍罗克斯将军会面，他把我介绍给万德勒尔（Vandeleur）中校，后者负责与我们进行协作。他和我乘坐一辆英军装甲车，带着一队卫兵出发。我们在奈梅亨几乎是徒步检查了很多房屋、屋顶或者高处，想要找到一个可以观察渡河点全貌的理想地点。我们一直没有找到合适的地点，直到中午来到渡河点。"

最后决定在奈梅亨西部找一座高楼来观察渡河作战。2营的任务是清除我们这侧沿河残余的德军。2营营副加里森中尉在那天的营日志上记录："尽管蜷缩在散兵坑里没有毯子，大家却依然睡得不错。到了7时，用餐，准备出发。维勒姆斯少校和诺曼上尉（2营作战官）到团部了解局势。科尔维尔上尉率领营部直属连和D连在8时以双纵队出发，保持了合适的距离。早晨有些薄雾。十六架（应该是八架）德军飞机突然出现在行军队列上，飞得很低，但我们很快散开，躲藏在大树下或者房屋的门廊里。D连的前锋沿着奈梅亨郊区道路前进的过程中，不知道停顿了多少次。当D连在瓦尔河河岸的隐蔽下进入阵地时，营部直属连暂停行动。

这一动作进展得非常顺利，营部直属连随后跟在他们后面进入阵地，那里有德军之前挖好的散兵坑。F连将防区交给英军后，也进入营出发阵地。营部直属连和D连在12时完成准备。他们的任务是在3营执行渡河任务时提供火力掩护，主要依靠轻火力、机枪和迫击炮。1营会跟在3营后面渡河，最后是2营。整个行动的目的是占领非常重要的奈梅亨大桥在对岸的德军阵地，德军依旧在顽固地死守。D连一度与对岸的德军交火，但团部命令他们立刻停火，避免暴露自己的阵地、实力以及预图。"

维勒姆斯少校回忆："F连当时的任务是守卫赫拉弗大桥。E连负责

解围阿纳姆

警戒赫拉弗大桥到马斯——瓦尔运河大桥之间的主路。D连和营部直属连在清除马斯——瓦尔运河至奈梅亨之间的德军，并且进入渡河阵地。负责渡河点附近清除工作的只有120人，他们奉命在12时之前完成任务，这涵盖了从电站到两河相会的那个半岛之间的所有沿岸地区。"

D连1排排长恩斯特·布朗中尉回忆："我们从赫拉弗地区走到奈梅亨，大概有8英里（12.9公里）远，到达后，本派奉命前往电站，并确保沿河地区没有残余德军。我们会驻守那里，给渡河的3营提供火力支援。"

有几位职员在9月20日早上依旧来到瓦尔河南岸戈尔德施电站（区域电力公司，简称PGEM）上班。这其中包括亚普·范·根特（Jaap van Gent）站长和维勒·库肯（Willem Kuiken）副站长。这座比较现代的电站是1936年6月落成的。埃因霍温的游击队员代表英军指挥官通过电站的电话线联系上了范·根特，让他汇报马斯——瓦尔运河上霍宁胡杰大桥的状况。"大家关心的是这座大桥能否承受40吨坦克通过时的压力，"范·根特回忆，"糟糕的是我必须说明那座桥必须要很小心地使用，一次只能通过很少几辆坦克，短时间要想抢修几乎不可能。"

并不是只有电站里的范·根特和那些职员欢迎盟军的到来。当地被称为De Pandoeren（潘道尔，即游骑兵）的游击队员当时也在电站。22岁的雅克·布劳威（Jacques Brouwer）是他们的队长，这支成立于1941年的队伍也希望在解放自己祖国的战斗中尽一份力。其中一名队员特奥·利特贝尔根（Theo Rietbergen）的叔叔德·布雷克特（de Blecourt）是原来荷兰皇家印度陆军士官长，他教导这些游击队员如何使用武器，并担任他们的军事教官。到了1944年7月，潘道尔被奥德组织（Orde Dienst，是由荷兰皇家陆军预备役军官创建的组织，负责监视德军部队的动向以及那些重要设施，包括机场、桥梁和电站）正式承认为抵抗组织，当地的奥德组织负责人命令德·布雷克特负责保护奈梅亨的PGEM电站，担任正式的防空民防部队（Luchtbeschermingsdienst）。

9月20日，潘道尔成员来到电站，这里面包括雅克·波曼、布劳

第8章 自杀任务

威、扬·恩格斯、尼古拉斯·或科目、肯朋、范·路维和范·德·桑德。布劳威回忆当第508伞兵团从东面攻入奈梅亨时,"电站里的德军警卫变得紧张兮兮",士气低落。他同时也提到了看到自己心爱的城市被毁灭时的情景:"这是第二次(上一次是1944年2月22日美军第446轰炸机大队轰炸奈梅亨)我们难过地看着自己的城市陷入熊熊大火。"

"一连从马斯-瓦尔运河溃退下来的党卫军士兵过来准备建立一个防御阵地,"电站的经理范·根特和一些潘道尔成员成功劝说德军指挥官相信这座电站并无多大价值,他们还有机会通过铁路桥逃脱,还让范·路维给他们当向导。潘道尔知道"美军已经到了附近,所以范·路维的行动相当于牺牲自己。到了港口附近的铁路桥时,路维趁黑逃脱了,对当地地形一无所知的党卫军走到了美军枪口下,很快被全歼。范·路维后来回到了电站"。

"在晚上,我们向守卫大桥的德军警卫喊话,劝导他们战争已经结束。我们把他们一个接一个地制服,缴获武器后根据军士长的命令把他们关到了一个地下室去。

星期一和星期二的时候,我们不清楚城市里的具体情形。我们可以听到交火的声音不断地起起伏伏。随着电站人员的妻子和儿女们不断来到电站避难,食品供给成为了一个问题。亨克·格尔茨(Henk Geurts)自愿加入我们的队伍,当晚我们到附近的一家农场去搜寻食品。在瓦尔河对岸的射击下,扬·恩格尔跑到河边,把牛群赶回来,然后他居然会娴熟地挤奶,解决了孩子们的营养问题。

德·布雷克特军士长立刻开了一堂关于使用步枪和刺刀的培训课。我们都戴上了奥德组织的袖章,分配了岗哨职责。星期二晚上有三名佩戴'赫尔曼·戈林'师徽章的党卫军模样的德军走进了电站,他们被立刻解除了武装,虽然他们表示强烈抗议,但还是变成了我们的战俘。这样我们手里一共有了13名德军战俘。局势变得更为复杂,星期三早上军士长派了两名侦察兵前去联系盟军。"

雅克·布劳威和阿尔伯特·范·德·桑德被挑选出来执行这一任务,他们在赫斯的布雷德街碰到"盟军的前锋部队"。"有支部队(肯定是D连)随同我们来到电站,"布劳威回忆,"我们首先把德军

解围阿纳姆

战俘转交给他们。更多盟军在下午也来到电站。在电站的小码头上他们在准备那些船只，开始勇渡瓦尔河，占领公路桥另一端的战斗。

我们不被允许参与渡河的作战。因此帮忙把那些伤员从河滩转移到岸堤后面的安全地带。在电站的大厅里设立了一个急救站，很快就收容了30名伤员。"

在进入电站的时候，塔克上校受到了亚普·范·根特和雅克·布劳威的欢迎。他们告诉他在电站的9楼可以清楚地看到瓦尔河两岸的情况。范·根特提醒塔克和凡德勒在附近的牛奶厂里仍然盘踞着大约150—200名德军。让他吃惊的是，塔克只派了15人去对付这股德军。

执行这一任务的是D连2排，由爱德华·维西涅夫斯基（Edward Wisniewski）中尉指挥，他的副排长汉茨·德鲁纳（Hanz Druener）少尉可以说德语："最初给我们的任务就是去到那里，架起武器，这样可以给渡河的兄弟部队提供掩护。我们在3营前面到了目的地。那是20日的清晨，我和排长一起行动，原因很简单，我是那个部队里唯一可以说德语的。我爬上河堤，在电站外有一小片防波堤。我在河堤上查看情况，非常平静。

忽然间，我看到河对岸有些人在移动，我们被告知附近会有不少游击队员活动。我们随身都带着橙色的衣服。因此我站在那里，挥舞我的那件橙色衣服，希望对面的人给我回应。不幸的是，那些人不是游击队员，而是德军。他们隔河朝我射击。猛烈的火力把我和一位无线电员压制在防波堤后面有差不多两个小时。

在敌军火力压制过程中，他们将我的上司维西涅夫斯基中尉给打死了。我们披着一面红十字旗帜想去收容他的遗体，但德军根本不予理睬。H连穿过我们阵地，继续往河边靠拢。维西涅夫斯基倒下的地方距离我大约有40—50码（36—46米）远。在他头部被击中倒地的时候，我还能听到他呻吟的声音。我们想给他急救，但是每次救护兵要不然就是有人被击中，要不就是根本无法接近。维西涅夫斯基躺在那里的时间和我被困在防波堤后面的时间相当。"

另外诺里斯·克斯二等兵和詹姆斯·赫尔弗利希二等兵也受了重伤。克斯是排里的无线电员，他曾经两次尝试去营救排长，但德军的

第8章 自杀任务

重机枪火力把他逼了回来。第三次他成功跑到了排长边上，但是在他给维西涅夫斯基包扎的时候，一枚迫击炮炮弹在附近爆炸，弹片击伤了克斯。当天晚上克斯就因为伤重不治身亡。他的母亲后来收到了追授予他的铜星勋章。

卡迈克尔中尉是3营的情报官，他回忆："我们在电厂的西面接近河岸，岸堤上被德军用纵横交错的铁丝网阻拦起来，空地上长着茂盛的带刺玫瑰丛。D连的一个排在当天早些时候进入这里，D连的一位叫做维西涅夫斯基的中尉被躲藏在东北方向一座厂房里的德军击中。维西涅夫斯基由于伤重，躺在空旷地带无法动弹。他在那里嚷了一两个小时，要人去救援，但是我们没法帮助他，因为救护兵每次行动都会被德军的火力困住。他的好友都因为无法救援而歇斯底里，但在我们快要渡河的时候，他的声音消失了……

我们在距离河边还有些距离的河堤下集结，在我们和河之间还隔着铁丝网。我们坐在草地上等了30—40分钟，按照计划轰炸机应该会光顾河对岸，将守护大桥的高射炮阵地扫荡掉。"

坎帕纳上尉回忆："在渡河那天，和营长确认后，把2排的伤者撤了下来，他们所处的位置是最靠近敌军的。维西涅夫斯基中尉的头部受了重伤（两三天后在医院去世）。我们举着一面白旗，让救护兵在头盔和手臂上都绑起红十字标记去救人。几天后在另外一个地方，我们尊重这一默契，让德军用同样的办法去救助同伴。"

当D连2排被压制住的时候，坎帕纳派了布朗的1排去占领牛奶厂。24岁的维尔吉尔·伟杰_等兵回忆在他们占领那里后，发现了一个保险箱。用英制加蒙手雷炸开后，发现里面塞满了法国法郎的纸币。每个人都往袋袋裤里塞满钱，但是谁也不知道这玩意到底还有没有用。过了几天，大家就开始用这钱充当厕纸，或者来当柴火烧。9月底的一天，排里有人被派到镇里办事。"不要再浪费钱了！"他回来时嚷道，"这和黄金一样好用！"不幸的是，大部分都已经被消耗掉了。

塔克上校在他的参谋、库克少校以及3营指挥官的陪同下爬楼梯到了九楼查看河对岸的情景。I连连长布瑞斯上尉是这么说的："我们看到了这一地带的全景。效果非常好！河流的这一段大概有300码

解围阿纳姆

（274米）宽，相当于三个橄榄球场那么长，根据河流的声音能够判断这一地段水流湍急。这并不是一条可以信步走过的河流。河流又深又急。在对岸（北岸），我们看到有大约900码（823米）的草地，然后是高耸的岸堤，其上面有一条双车道。沿着这条道就可以到铁路桥及公路桥。

我们用双筒望远镜观察对岸，可以看到敌军沿着岸堤和下面的平地上都布置了不少机枪阵地。我们还注意到在岸堤后面有迫击炮和炮兵阵地，在铁路桥上还有20毫米火炮。岸堤上有一个被水沟环绕的古堡，这可以被德军作为指引炮兵火力轰击渡河区域的完美观测点。

铁路桥在我们右侧的上游位置，距离我们的渡河点大约1英里（1.6公里）的样子，巨大的奈梅亨大桥还要再往上走2英里（3.2公里）。在铁路桥和公路桥之间的岸堤公路两侧都是房屋，我们估计有敌军藏身其中。

我们在那个早上看到的简直是教科书式的样板防御。河流本身就是一道危险的障碍。在河流和岸堤之间的河滩给了德军良好的射界。他们占据高地，可以覆盖我们前进的所有路线。同时，他们还具备更好的火力支援。这看起来就像是个自杀任务。"

卡佩尔上尉回忆，"他们仔细查看了河流。坦白说，我并不想在白天进行强渡。我记得刚刚还有交火的声音。有人告诉我南岸已经在我方手里，但我认为这不是确切的信息。"但库克少校后来回忆，"当看到对面并不是陡壁，岸堤也没有比水面高出多少时，他们都松了口气。河流看起来比较湍急，水面显得很宽……那时候我们已经知道可以从英军那里获得冲锋艇。"

作为营里的作战官，基普上尉在塔楼上看到对岸情景后，"深深地印在了我的脑子里，内心一下轻松起来。我想其他人也是差不多的情况，但是没人说出来，我们就那么看着。我们这侧是一片大约200—300码（183—274米）宽的岸堤，然后距离瓦尔河有大约100码（91米）的河滩，湍急的河水大约有200码（183米）宽。河对岸的情况比我们这侧要更好一些。

"我们可以清楚地看到河对岸也是一片空旷地带，藏不住任何东

第8章 自杀任务

西,主要的地标就是建在岸堤上的公路,距离河岸大约有800码(约732米),我们可以躲避在岸堤下进行重组。到达岸堤前每个人只有靠自己了。

"我们可以看到德国佬在对岸沿线已经建立了强大的防线,长度和纵深都很完备——碉堡、机枪阵地,最令人头痛的是有一两座巨大的荷兰法院城堡垒伫立在我们预定的登陆点附近。我们只有一营人马来对付这些。当我们在塔楼上查看情形时,对面德军发现了我们,用一门20毫米高射炮对我们实施射击。"

霍罗克斯中将问塔克上校是否他的团可以成功渡河并拿下目标。"如果我们夺下大桥,"塔克也不示弱,"你能保证你的部队立刻赶到阿纳姆么?"霍罗克斯将军回应第1近卫步兵师的坦克已经准备好随时通过瓦尔河大桥进行突击。"没有什么可以挡住他们。"他补充道。

"在那里大家把作战计划定了下来,"基普上尉继续写道,"我们要横渡瓦尔河,在距离大桥两英里的上游地区登陆,尽快穿越宽阔的河滩,以岸堤为掩护,在那里我们可以整理一下部队,然后再出发。重组后,我们转向左边(东面),沿着河岸朝大桥突击,消灭沿途的德军,从大桥的后方发起进攻应该会更容易成功。

当我们这边行动时,本师的其他部队会将盘踞在奈梅亨剩余区域的德军消灭掉。当两座大桥都被夺下后,我们将发射信号弹告诉英军装甲部队可以过河。这就是整个计划的概况。

当我们沿着塔楼的旋转楼梯往下走的时候,没有人说话,但是后来发现大家其实心思都一样。这个任务是否可以成功?也许3/4的人会被打死,剩下的人也被冲到下游去。这简直是个人力不可为的任务。但是,这必须要被迅速执行。"

库克少校得到命令,行动再次被推迟到15时:"他们告诉我们进攻要在奈梅亨被彻底夺下后再进行。他们还在等待冲锋艇和坦克的到来,他们要首先确保南岸的安全。所以这让行动一拖再拖。"

延迟的好处是可以指定更详细的作战计划。塔克决定由3营"强渡后,向公路桥突击。1营跟在3营后面巩固登陆点,2营负责提供火力支援。C连和第307工兵营负责冲锋艇的调配,这会由英国人送到

解围阿纳姆

渡河点来"。

具体来说，I连在左侧过河，H连在右侧过河，他们构成第一拨攻击。构成第二拨攻击力的是营部直属连和G连，营部直属连在左侧，G连在右侧。1营作战官扎克比少校负责指挥1营C连的河滩总指挥。邓肯上尉的A连和安德森上尉的1营营部直属连会合哈里森少校一起渡河。计划B连最后一个过河。

3营的作战官弗格森会在第二批次里渡河。布瑞斯上尉的I连在渡河后负责建立防线，清理登陆点以西地区，确保没有德军会从后面妨碍3营朝大桥的进攻。

塔克还给库克的3营增强了一些力量，包括：威廉·曼德勒中尉指挥的团属爆破排、第376空降野战炮兵营由惠特尼·罗素（Whitney Russell）中尉指挥的前线炮兵观测组。第376营的另外一位观测员弗兰克·博伊德（Frank Boyd）上尉带着自己的小组"坐在指挥渡河作战的房间里。在'我的'房间对面有一个高耸的烟囱，德军观测员就在上面。我记得赫顿少尉朝那里发射了不少炮弹，但是我们的75毫米炮弹的穿透性和爆炸性都不足以摧毁那个烟囱。他们和步兵一起前进的观测组里包括惠特尼·罗素中尉、罗伯特·司各特二等兵、理查德·巴尔二等兵和瑞克·马丁二等兵。

对岸的德军观测员肯定注意到了我们的动静。很快德军炮火就落到了我们这侧的河岸。罗素中尉和他的小组正走过一片空旷地带，结果司各特二等兵被弹片击中阵亡。观测组躲到屋子里，我告诉罗素中尉可以由我的小组代替他们，罗素中尉说他们宁愿到前线去也不愿意坐在这里。他同样也不需要我给他加一个人手。"

罗素中尉的小组跟着H连行动，塞缪尔·罗曼查克中尉和他的助手分配给I连。罗曼查克后来因为连续六个半小时引导炮兵朝对岸射击而获得了勇气勋章。第376炮兵营的罗伯特·赫顿少尉在电站的九楼指挥炮兵射击。赫顿手里有一台小型照相机，拍下了不少渡河时的照片，但他在照片洗出来之后，因为场面过于惨烈而自己销毁了。

第307工兵营的威斯利·"长钉"·哈里斯（Wesley "Spike" Harris）上尉在6时收到塔克上校的命令，准备于14时在横跨瓦尔河

第8章 自杀任务

上的奈梅亨铁路桥以西600码（548米）的地方渡河。26条英军冲锋艇之前是放在7号桥附近的，但是现在却一条都找不到。哈里斯把手下的军官叫到一起，通报了一下情况。他让迈克尔·萨比亚（Michael Sabia）少尉驾驶一辆缴获的德军摩托去找船的下落，让连作战官约翰·比格勒（John Bigler）中尉开始安排艇员，并开始演练。哈里斯上尉命令比格勒中尉随时做好行动准备。

哈里斯上尉带着他的排长和军士长于12时来到河边查看情况。D连仍旧在清理南岸德军剩下的狙击手和散兵游勇，他们抓了差不多五十五名俘虏。哈里斯让3排排长帕特里克·莫洛伊（Patrick Mulloy）中尉回去把整个连带到电站这边来。2排排长霍拉伯德（Holabird）中尉回忆："我不知道为什么要过去。我不认为'长钉'知道得更多。我们见到塔克上校、库克少校和其他几名军官。我确信将有大事发生，因为一般来说很少一次见到这么多高阶军官在一起。我们在空空荡荡的电站里往楼上爬，我记得那里非常整洁，并且很现代。"

很久以后，莫洛伊中尉的记忆还是非常清晰："我第一次亲眼看到那条我们要强渡的河。我是在地面上查看的，有些人进到了附近的工厂（即电站）里。我就记得那条河看起来很宽，很难过去。我没有把这当作是一次野餐之旅，我相信别人也没有。只有傻子才会不当回事。"

电站里，哈里斯上尉和他的工兵同僚站在九楼的大窗户后面看着宽阔的瓦尔河。莫洛伊的副排长托马斯·麦克罗德（Thomas Mcleod）少尉提醒大家，"我们的集结地有很好的掩护，但是距离出发点还要经过一大段空阔地带。"

霍拉伯德中尉也被河流的宽度震惊了，他终于"开始对将要发生的事情有点头绪了，我们要征服它，美国陆军里的工兵是当仁不让的水手。我们准备在晚上过河。'船在哪里？'我们问。'快来了。'他们回答。'什么样的船？''充气的，英军帆布冲锋艇。''多久？''下午。'

我这才意识到他们是在认真地考虑如何在白天过河。'谁来保护我们？那可是一条大河。''我们会让英军坦克来压制对岸德军火力，再施放烟雾弹，这样德军就看不到我们了。'

解围阿纳姆

我越发觉得这是一个仓促、莽撞的计划，我们这些工兵却也被牵扯进来了。我和'长钉'他们回到连里，把部队带到电站东面的岸堤后面。'长钉'让我带排里的一个班先过去。尽可能地排除地雷，支持步兵兄弟。"

莫洛伊中尉同样"对渡河有些忐忑"，尤其是白天行动："这条河很宽。我们大部分人接受过使用浮筒进行强渡的训练，我因此对渡河还是有信心的。但现实情况和训练不同，这条河太宽了，我们要在敌军炮管下划船这么远到底行不行。

我们最初说要从一个小河湾出发，但是出于某些原因，上头决定我们直接从河边出发。我到现在还记得，我们退到一片森林里，把船排成一条线。一声令下，我们就抬起小艇冲向河边。"

莫洛伊被派回去把工兵带到电站来。对浮舟的申请被发给了近卫装甲师的皇家工兵部队指挥官查尔斯·约翰少将。约翰把任务分给了约翰·托马斯（John Thomas）少校的第14中队和阿兰·尼尔（Alan Neale）少校的第615中队。后者前一晚就驻扎在赫拉弗。根据萨普·罗伊·塔克（Sapper Roy Tuck）的说法："我们奉命去参加惨烈的瓦尔河强渡。我们在下午来到奈梅亨外围。当时战斗正在激烈进行。附近的好几座房子已经燃起熊熊大火。我们发现通往河边的道路都被敌军火力覆盖，场面令人胆寒。

当我们离开掩体的时候，立刻听到弹片呼啸着朝周围扑来。我们发现到处都传来战斗的声音，但是那时候却看不到那些美军伞兵。我沿着浅浅的壕沟不断往前爬，绕过好几个树根以及一具毫无生气的美军伞兵尸体后，我的自信荡然无存。

我最后连这一点点掩护也必须放弃，我们必须要跳起来继续朝河冲去。我看到有两名美军呆呆站在一个小砖屋子的门廊下，这和此刻战场上的狂乱非常不搭，他们喊道自己的营在这场自杀行动里已经被撕得粉碎。这些沮丧的消息对我已经没有影响了。我必须用战斗来忘掉恐惧，我继续往前冲。

当我们要越过岸堤时，罗恩吼道，'德国佬在朝大堤射击！你们要拼命跑！'我使出了吃奶的劲冲了过去，躲在一片树丛中喘气。我们找

第8章 自杀任务

了个有些掩护的地方开始抓紧时间搭一个9号筏子。"

19岁的罗伊·哈姆林中士驾驶一辆贝德福德卡车，拉着那些冲锋舟。哈姆林所在的第282皇家后勤连仍然驻扎在比利时靠近边境的地方。他们接到命令，到一个前线仓库去装载32艘冲锋舟，必须要以最优先的重视度送到奈梅亨去。

在沿着"地狱高速"长途奔袭后，他们于13时到达城市的郊区。"奈梅亨城里仍有战斗进行。"哈姆林中士回忆。有一辆卡车被击毁，冲锋舟的数量也因此减为26艘。他们也不清楚应该怎么走到瓦尔河，就在这时，骑着缴获的德军摩托的萨比亚少尉碰到了他们。"你们是送船来的么？"他叫道。在得到肯定的答复后，萨比亚把他们带到了电站。

当工兵们开始卸载冲锋舟时，卡佩尔上尉很快制订出战斗计划："H连负责清除他们目标区域的德军战壕，三个排和连部齐头并进，前进到第一条岸堤寻求掩护，队形整顿完毕后，朝东北方向的古堡突击，攻上阿纳姆——奈梅亨公路。2排和3排并列前进，3排在右，1排跟在3排后面，2排在左，保持和I连的视野接触。各单位和后方的指挥部保持通讯联系。每个人仅携带基本的作战补给，在过河的时候还要丢弃一条弹袋。"

小劳尔夫·蒂森（Ralph Tison）下士是3排的一位副班长，他对I连被指派的任务并不开心："我们听说夺取奈梅亨大桥的行动失败了。不知道哪个傻瓜决定改派我们去夺取。这可离我们有12英里（19.3公里）远呢。我们唯一的交通工具就是自己的两条腿。"他班里的瓦伦迪诺·科泰兹（Valentino Cortez）二等兵要扛着机枪和弹药箱来完成这长途奔袭。

年轻的荷兰学生本·波曼在那天也来到岸堤。在见到史密斯中尉两天后，他穿上了他父亲留下的荷兰皇家东印度陆军（Koninklijk Nederlands Indisch Leger）的制服，骑车来到马尔登。B连正列队站在通往奈梅亨的道路上，波曼询问史密斯中尉，"我能帮上忙么？"史密斯表示肯定。波曼把自行车交给了克里瑞下士，作为交换，得到了美军夹克、头盔和M-1步枪及弹药。他接下来的经历将远超他的想象。

第9章

★★★

混 战

奈梅亨，1944.9.20

    3营在当天的第一个阵亡发生在渡河前。就在渡河开始前几分钟，H连3排的一位副班长柯蒂斯·威廉斯（Curtiss Williams）下士被德军狙击手打死，当时他刚回到班里，和休·瓦利斯（Hugh Wallis）二等兵在聊他的未婚妻生了一个男孩，他们马上要结婚了。"他说连长已经同意在这场战役结束后把他轮换回美国。"

    赫伯特·卢卡斯（Herbert Lucas）是一位经历过之前历次战役的老兵，"我本来的职责是库克少校的传令兵，不过在最后时刻和波尼·罗伯茨（Bonnie Roberts）二等兵换了任务。尽管如此，由于在英国训练时，我和库克少校是一条船上的，所以在强渡过程中，依旧被安排在同一条船上。当我过河的时候，只有零星的枪声了。

    战斗开始后，隆隆的枪炮声把大家都弄得神经紧绷。我们躲在岸堤后面等第一批船回来。塔克上校来到我们中间，说：'如果乔治·华盛顿可以渡过特拉华河，那么我们也能渡过瓦尔河。'他努力鼓舞我们的士气。某种程度上来说他是对的：我们需要面对敌军的炮火进行强渡。"

    来自宾夕法尼亚州布拉德多克的26岁保罗·卡托尼克（Paul Katonik）二等兵是在1943年12月参军的，这是他第一次经历战火的洗

解围阿纳姆

礼。卡托尼克已经结婚，并且有个一岁大的女儿，因此他决心要不惜代价活下去。他向3营的罗伯特·塔隆（Robert Tallon）军士长请教经验："有一名我甚至都不知道名字的新兵在等待上船前和我搭话。他着急地想知道一旦受伤，如何使用随身带的急救包。他不断地问什么时候使用那些药片、粉末和软膏。"

I连1排的弗朗西斯·基弗（Francis Keefe）二等兵仍然"清晰地记得那个有些薄雾，但温暖的9月的日子"，他"在南岸距离岸堤公路几百码的地方待命。我们可以看到加文将军站在远处，带着两三名士兵在和马上要过河的士兵交谈。当他在回去的时候，他对我们又重复了一遍刚才说过的话：'别担心，我们有足够的火炮和坦克来掩护。'

我们离开提供掩护的岸堤。另外那侧就是通往河边的方向了。没什么人说话；大家面面相觑。这和前一天我们得知在森林区域渡河时的情形一样。我对自己很有信心，我已经参加过战斗，但是当我们在等待渡河的时候，我对其他人有些担心。我知道C连的工兵和我们一起行动。我知道那里面有个战友和我一起在北非的乌杰达（Oujda）共用过一个帐篷。

我没想到坦克会直接在公路上提供支援。公路比较宽敞，那里停着几辆坦克。他们面朝北方，尽量后退，给运冲锋舟的卡车让出位置来。巴斯比（Busby）中尉开始给各班班长安排乘坐顺序。我告诉巴斯比中尉，我想和穆里一条船，我们之前一直在一起行动。在一番争吵后，我如愿被安排到了自己希望上的船。很快卡车就到了。"

基弗并不知道这位I连31岁的巴斯比中尉有种不祥的预感。巴斯比是于1943年11月加入第504伞兵团的，他从之前的战斗中幸存下来，但每次战役都有自己的好友遇难，威利斯·费里尔（Willis Ferrill）少尉在安齐奥战役阵亡，托马斯·墨菲（Thomas Murphy）少尉在诺曼底被俘。他拿出一根骆驼牌香烟，用自己珍爱的芝宝打火机点上，然后把打火机和剩下的烟都扔掉。"我不可能过河的。"他告诉屈尔牧师。他的一些朋友尽力想让他摆脱这种"今天要完蛋"的想法。

当快到3点钟的时候，卡迈克尔中尉、库克少校和基普上尉讨论"我们该怎么渡河。大家达成一致即应该划桨，库克说他要模仿乔治·华盛

第9章 混 战

顿在那幅著名的强渡特拉华河画里的姿势。他准备站在船头，右手握拳高举头顶，他准备喊口号：'前进！士兵们！前进！'"

基普上尉想劝说库克少校不要在第一拨里过河，但库克让他不要有顾虑："亨利真是太多虑了。我们都赞成要互相鼓劲。我们必须要这么做。没有别的办法。卡佩尔上尉说，'好吧，我们能等到今晚吗？'我说，'不，那个已经讨论过了，我们不能那样。'所以我们要努力实现手里的计划，尽量放松些。"

库克回忆："我们营到达渡河点的时间有些晚，我走过去催促队伍。我压低了铁丝网，以方便他们整队迅速通过。我尽力给每个人都说上几句，鼓鼓劲。"

卡迈克尔中尉"站在这个通道口，指挥抬着冲锋艇的士兵一左一右地轮流过去，然后要尽快走下缓坡，到河边去。士兵们一只手用船桨架着船，另一只手还要提着自己的武器和弹药"。

第2爱尔兰近卫师的战争日志里写道："坦克开到赫斯，中队长们开始侦察周围的情况。区域分配如下：3中队在一座大型电站附近的一堵墙后面，2中队在东面大约1 000码（914米）的另外一座工厂附近。2中队的射击范围更好，但同时也暴露在对岸的视野范围内。"

塔克上校的计划是用两个营的比例从电站区域发动强渡，由烟雾弹和炮火掩护，朝东登上河岸，占领7064古堡以及桥的北端。当他的部队到位时，英军坦克部队从桥的南端发起进攻，和美军协同作战。他的指挥部就设在电站的九楼，装甲部队指挥官和他在一起察看作战过程，协同坦克火力。

"14时：坦克进入阵地。

15时：释放烟雾。

15时15分：烟雾散去，美军开始强渡，他们非常的勇敢、活跃。敌军用猛烈的火力覆盖河岸，指挥部指引坦克火力反击。

两个中队，尤其是2中队的火力非常奏效，给了步兵很大的支持，只要发现敌军，他们就可以打准。阻挡住前进的绿色古堡被重点关照——甚至用穿甲弹射击来让守军抬不起头来。"

英军的火力支援还有很重要的一部分来自皇家炮兵第55野战团。

解围阿纳姆

菲利普·里德尔（Philip Riddell）上尉乘坐一辆坦克，在瓦尔河南岸负责指引炮火，他在此战中获得优异服役十字勋章，授勋词这样写道："在1944年9月20日至21日在对敌作战中表现出卓越的勇气。作为第55野战团支援美军第504伞兵团强渡瓦尔河战斗中的火炮观测员，里德尔上尉将他的坦克变成南岸的一座中继站。在敌军不断的炮火袭击下，他坚守阵地，将重要的设计数据传给后方，使得前方部队得到充分的火力支援。"

用来掩护渡河行动的烟雾弹引发了德军机枪和火炮的猛烈火力。卡迈克尔中尉回忆："当我们的士兵从铁丝网的缺口冲下坡的时候，德国佬明白了怎么回事，立刻子弹四处横飞。我们在冲到河边的路上经历了弹雨的洗礼。火力不仅来自于河对岸，还来自我们的右侧，铁路桥和荷兰法院城堡。

库克、基普和我抬着冲锋艇在队伍的中央。我本来是不需要自己抬的，搭把手都不需要。当我从隐蔽处出来的时候，子弹夹杂着碎石到处飞溅。不过也没有躲避的必要了。我和士兵们走在一起，不停地鼓舞他们。当我们来到一座大约3.5英尺（1.06米）高的小断崖前时，走在前面的人先把船放下，然后先行跳下去，用肩膀再将船扛起来继续前行，大家就这样跑到河边。

通过眼角的余光，我看到基普和库克也这么干，大家直奔河边。我们把船放入水中，这时候根本没人想到之前设想的渡河姿势，每人抓起一柄桨划起来，我敢说我真是拼了命地划。"

大约在15时整，第一拨26艘冲锋艇搭载着H连和I连以及营部的人员从瓦尔河的南岸出发。库克少校原先"计划摆一个华盛顿渡过特拉瓦河的姿势，但士兵们不断倒下，我只有努力划桨。作为一个天主教徒，我开始祈祷，'万福玛利亚'（划一下），'满被圣宠者'（划第二下），但是如果加上'主与你同在'就太冗长了，我不断念叨着'万福玛利亚'（划一下），'满被圣宠者'划另一下。亨利·基普上尉尝试着回想他在普林斯顿赛艇的经验，因此他有节奏地喊着'一二三四'的口号"。

"我还记得3营H连有个小个子机枪手（杰德利卡二等兵）。当我

第9章 混 战

们的船接近对岸时,所有人都准备跳上岸,当时来自奈梅亨大桥方向的火力非常猛烈。我正准备跳船,忽然发现水面下浮出几个气泡来。我犹豫了一下,忽然看到水里有一个'阴影'走向岸边。我搞不清楚这是什么怪事。很快'阴影'从水里冒了出来——就是那个机枪手,这个小家伙看到别人都跳船,自己也一手提了一箱机枪子弹跳下船,开始涉水,结果沉重的子弹箱把他往下拉,水没过他脑袋1英尺(33厘米)。但他还是把子弹箱提了出来。他后来告诉我他知道我们很需要那些子弹。"

库克的传令兵波尼·罗伯茨和营长在一条船上:"库克少校冲在前线。库克在渡河中一直念叨,'万福玛利亚,满被圣宠者。万福玛利亚,满被圣宠者。'我想他肯定在祈祷不要被击中。屈尔上尉在后面,也在划船。我没有划船,我就是坐在里面。那些可怜的工兵:先要把我们送过去,然后要回去接第二拨人。我尽量不去回忆,当时真是把我吓得灵魂出窍。"

卡迈克尔中尉回忆:"子弹到处都是。我们那艘船开始打圈圈。我年少的时候曾经在田纳西河上划过独木舟,我知道应该怎么划船。所以我来到船的后面,从一人手里接过船桨,将船直直地划向对岸。

我手下有个叫保罗·卡托尼克的二等兵,是在荷兰空降前在英国加入我们的。他被一枚20毫米炮弹击中时,就跪在我旁边。他喘着大气说,'给我(磺胺)药片,'话没说完就倒下了。这就是战争——我们在生与死间挣扎。"

塔伦军士长坐在他那船的左侧,卡托尼克在他的右侧。"我右边那孩子忽然就呻吟了一下,然后瘫在我的膝上。我低头看他,发现他胸口中弹。子弹从前面钻进去,从后面钻出来。没有任何疑问——他死了。子弹几乎就从他的肩胛骨间穿透。我们左侧的一艘艇被迫击炮炮弹击中。随着冲天的水柱,我看到人被炸飞。船消失得无影无踪。"

新教牧师屈尔上尉也在第一拨渡河部队中:"当我听到那些军官在讨论上级命令我们要强渡瓦尔河,从后面攻占大桥的时候,正好和3营在一起。我在想会用什么样的船呢?肯定是需要有装甲保护的。我猜应该是在夜幕掩护下进行。

解围阿纳姆

我简直不敢相信我听到的：我们要乘坐英军工兵提供的帆布艇，而且唯一的动力就是船桨。更让我震惊的是我们要在白天强渡。面对来自机枪、迫击炮和火炮的火力。

根据我的回忆，卡佩尔上尉指挥的H连和布瑞斯上尉指挥的I连会作为进攻的前锋。作为团里的牧师，我一般不需要参加这样的行动，但是我想如果那些士兵需要我，这就是最关键的时刻了。当我们躲在河岸后面等船来的时候，我想没有人会怀疑这是一次标准的自杀行动。但我没有听到任何人抱怨自己没有准备好。

当冲锋艇送到后，我们惊讶了，它们是这么的脆弱。我和库克少校同一条艇。当命令下达后，我们把冲锋艇举过头顶，朝河边冲去。我们的速度很快被河滩上的淤泥给拉慢了。当我们爬进艇里，重量使得冲锋艇陷入了浅滩下的淤泥里。

我们终于浮了起来。拿着船桨的人拼命划船，有些人用步枪枪托也加入进来。凶猛的火力从对岸、铁路桥方向射过来，德军还有一些大口径火炮。

猛烈的敌军火力让我想到大雨落入河里的情景。库克少校在大声祈祷，'万福玛利亚，满被圣宠者。万福玛利亚，满被圣宠者。'他后来告诉我他本来想念诵经词，结果最后只有那些说出来。我听到'砰'的一声，边上那位士兵就被一枚20毫米炮弹击中，他的脑袋被整个削掉，你可以看到里面白森森的骨头。"

屈尔牧师捡起那位士兵留下的船桨，开始划船，不断祈祷，"主啊，旨意得以成就。主啊，旨意得以成就。"屈尔回忆："每条船上都有人伤亡。26条冲锋艇里有11或者12条到了对岸，其他的要么沉了，要么由于划船的工兵被打死了，载着死者和伤者的船就这么漂往下流去了。有一条到达对岸的船里，大家看到四具尸体叠在一起。我带着一个急救箱，立刻救治那些伤员，3营营医夏皮罗上尉指挥大家把伤员抬上返回的艇上。

有位士兵的腹部中了三枪，当我扶着他的时候，一枚迫击炮炮弹在我身后爆炸，一个弹片击中了我的背部，直接把我打翻在那位伤员身上。尽管那位伤员受的伤很重，但他还是关切地问我，'牧师，他

第9章 混 战

们也打到你了？'

我的伤没有阻止我继续救治伤者，并把他们送走。这期间我们一直在和敌军交火。后来塔克上校随着哈里森的第二拨进攻也到了这边，他看到我后吼道：'屈尔牧师，你怎么会在这里？'"

1营营医布伦斯上尉与屈尔牧师一起渡河："当我们准备登上可装载16人的英军帆布艇时，一枚德军88毫米高射炮炮弹把我旁边一位士兵撕得粉碎。一挺机枪拆开后，我和牧师各扛一半。我们在横渡瓦尔河的时候遭受了德军高射炮、火炮和机枪的弹雨袭击。士兵不断倒下，有些人用自己的手，或者步枪，甚至头盔拼命朝对岸划去。当他们上岸后，面对更加致命的火力。他们与躲在散兵坑里的德军拼刺刀，用手榴弹干掉那些机枪火力点。在河滩上奔跑的时候就听到子弹嗖嗖从脸旁飞过。"

团医伊凡·J．罗根（Ivan J.Roggen）少校回忆："站在第504伞兵团横渡瓦尔河的出发阵地上。我们在河边的一处房屋内建立了急救站，我和塔克上校，库克少校和屈尔牧师在一起。当部队准备上船时，对岸射来密集的子弹，我记得很清楚，维西涅夫斯基中尉被打伤了。很快，我们的医院里就塞满了25名伤员。我记得塔克上校来到急救站，对那些伤员非常关切。

屈尔牧师不顾反对，坚持要在第一拨过河。（当他返回的时候，给我展示了制服上有好几处被撕烂了，他本人也受了些伤。）我们的部队一旦到达对岸，我相信他们可以很快占领大桥。受伤的人被用船送了回来。"

威廉·曼德勒中尉指挥的爆破排也随着第一拨划船过去了。达雷尔·哈里斯二等兵回忆："和战争中大部分情况一样，事态发展并不按照计划走。敌军坚决地阻击我们的渡河行动，有些船被重型迫击炮和机枪击沉。我们并不是每个人都有船桨，但大家都拼命想办法划水过去，有些人使用步枪枪托划水。"

塔克在电站拿着他的双筒望远镜查看战况："几乎在一刹那间，地狱之门就打开了。德国佬密集的机枪火力从附近的铁路桥射过来，同时还有88毫米高射炮的炮弹。部分船只中弹沉没，但还是有不少

解围阿纳姆

到达了对岸。那些士兵下船后，立刻沿着岸堤清理德军，和他们展开白刃战。这时候，勃朗宁将军说：'多么了不起的部队才可以这么突击。任何国家都会为他们自豪。'

"在第一拨渡河中，15艘冲锋艇沉没或者受损，因此只有11艘返回接第二拨部队。这会万德勒尔中校已经指挥他的坦克部队消灭了好几个德国佬的火炮阵地，发射了相当数量的炮弹。我给他指明要射击的目标，他再通知他的坦克。他们的火力相当精准，尽管上面还允诺给我火炮支援，但是几乎什么都没有，坦克火力是我手里最可靠的后援。"

基普上尉在给自己母亲的信里栩栩如生地描述了渡河的情景："我们营得到了26艘冲锋艇，这是我见过最脆弱的平底小船了，几乎比老爸的锡船还要小，这些船都是帆布蒙皮的。每船可搭载13人，另有8名桨手。在这种情况下，我们要突破对面由机枪构成的严密防线，然后再突击距离这里3公里的荷兰最大的两座桥梁，就靠我们一个营。

在H时（军事术语，代指计划开始时间）开始前五分钟，来了几架俯冲轰炸机轰炸对面的城堡，实际上没有起到什么作用。在烟雾消散后，我们冲到河边和对面的德国佬交火。

除了掩护火力，河岸上还有10辆坦克不断消灭敌方有威胁的目标。他们给予了我们极大的帮助。他们一直把自己暴露在敌人面前。我知道有一辆坦克被击毁了。

搭载着26艘平底冲锋艇的卡车在15时差10分的时候到了。大家赶紧把这些艇卸下来，然后站在自己被分配到的艇边上。坦克进入阵地，俯冲轰炸机来晃了几圈就走了，烟雾也没有弄好。我们在艇边等着。忽然间，口哨声响了起来。H时到了。每组人员把艇扛上肩膀，穿过平坦的岸堤。我们开始干活了。

当我们来到河滩上，艇的重量给我们造成了麻烦，我们的脚陷入了淤泥。我们的行动出乎德国佬的意外，前100码（91米）没有遭到对面德军的射击。忽然间，枪声大作。我们还有一半浅滩要跑，才能到河里。德国佬用上了手里的一切武器——轻机枪、迫击炮、20毫米火炮、火炮和步枪。似乎是被我们的行动给急坏了，德军把所有的东西都扔向我们。在我们后面，2营和10辆坦克也竭尽所能地反击。我没想

第9章 混 战

过会那么为我们的战士而自豪，没有一个人退缩。尽管敌军凶恶的火力毫不留情地倾泻过来，他们奋力前进，尽管脚踝都已经陷入柔软的淤泥，艇实在太笨重了。不断有人倒下，但他们的位置马上会被人顶上。我当时的感觉就像刚出生的婴儿，裸露在光天化日之下。

终于我们到了河边。先把艇放入水中，然后我们扶着艇继续往前。过了浅滩后，大家迅速翻入船中。那时，敌军的轻武器火力变得更为猛烈，还有更为致命的炮弹。我左右不断看到士兵倒下。耳朵里不断充斥着炮弹呼啸的声音，20毫米炮弹发出闷闷的响声，步枪子弹乒乒作响，让人心里发毛。

结果我们发现刚才冲锋艇浮着只是假象，很快艇就又陷入淤泥里，有几人跳下去，再次困难地推船前进，我们发现自己正朝错误的方向漂流。水流把我们往桥的方向推，每个人都抓起船桨，开始发疯地划船。大部分人从来没有划过船，如果不是当时血肉横飞，那个场景一定是荒诞可笑的。慢慢地我们掌握了窍门，冲锋艇开始朝正确的方向前进，尽管我们尽力做到动作统一，但却经常发生碰撞。忽然我想起了当时在普林斯顿卡内基湖里赛艇时的经验，为了统一划桨的节奏，我们有一个办法。我开始不断重复数数'一二三四'。

任何除了划船外的多余动作都会带来更多危险，敌军的火力猛烈到像一堵铁墙。我抬头望了一眼掌舵的工兵，同时也瞄了一下另外25艘冲锋艇。这时候，广阔的瓦尔河上都是我们的帆布艇，每一名士兵都在拼命划桨。整个渡河场景令人恐怖。震耳欲聋的枪炮声充满整个画面，毫无抵抗能力而又脆弱的帆布艇上都是濒临绝望的士兵，疯了似的想赶快到达对岸，起码在那里他们可以公平地和敌人战斗。我们像一群被逼急了的野兽，急着爬上对岸。

所有艇上都有伤者，船底躺着受伤的或者死去的士兵。

子弹就围绕着冲锋艇落下，我们恨不得缩成一个团。从我的眼角里看到右边的一艘艇被一枚20毫米炮弹打了个正着，立刻倾覆。我左边有一个人抱着浮板漂在那里，旁边的战友把他拉回船上。

我听到背后传来一声闷响，回头看到有个战士被20毫米炮弹从一侧肩膀穿入，然后从另外一侧肩膀钻出来，立刻有人顶替了他的位置。我

解围阿纳姆

们浑身湿透，喘着粗气，累得要死，就等着来颗子弹把自己撕碎。我胃里一阵恶心。很多人确实吐了。不管怎样，我们已经渡过了3/4的距离。每个人都在坚持着，大家都已精疲力竭。我心里想索性就瘫在船舷上，扔掉手里的桨，随便它漂去哪里。终于我们到达了对岸。

我们越过躺在船底的伤亡者，跳入及膝高的河里，蹚水上岸，那儿有一处小防波堤，我们躺在后面，喘口气，暂时不去担心德军的炮火。在整个河岸上，剩下的几艘冲锋艇都开始靠岸，死的多，活的少，大家都躲到了防波堤后面，这个堤之前并不起眼，现在却是大家最需要的。这道堤后面又是一大片空旷地。

在第一拨次26艘冲锋艇中，我后来听说只有11艘回去接第二拨人。最初的计划是工兵在把我们放下后，继续划船回去接人。他们就继续操纵这剩下的11艘冲锋艇。剩下的要么在强渡中被击沉，要么工兵被打死后，船上搭载着伤亡士兵随波漂流。这样的场景想想就让人不寒而栗。

我躺在防波堤后休息了大约30秒，让自己呼吸平静下来，然后我们（我和士兵们）要准备突破那片空旷地带。这是整个行动中最令人热血沸腾的一幕。你也许在电影里看到过步兵冲过开阔地的场景，一边开火，一边冲锋。好吧，实际情况让好莱坞的电影也显得苍白无力。步兵学校会为这场战斗而自豪。部队在整个河岸呈散兵线突击。致命的火力在前面大约800码（732米）的位置发射过来。士兵们坚毅地继续前进，嘴里咒骂着，叫喊着，士官和军官在前面指引攻击路线，我们用机枪和步枪进行还击。

在整个过程中，在出发那侧河岸的2营和坦克给了我们极大的支持。他们持续的火力给予德军极大的杀伤，非常有效，而且给了我们安全感，有兄弟帮助的感觉令人心生自豪感。因此根本没人介意被德军子弹打得乱弹的土块，或者是子弹从身边呼啸而过的声音，大家同样也不在意双方伤者的哀鸣。

我很多次看到士兵们陷入到某种疯狂中去，战斗中的士兵会寻求复仇，变得嗜血，这样他们才会暂时忘却恐惧。这是一幕可以载入教科书的光荣战例。画面令人热血沸腾，但却称不上美丽。我从未见过

第9章 混战

人类可以如此展现自己的本能。尽管面对德军凶猛的火力,但他们如野兽般矫健奔跑,手里的枪管吐着火舌。

当我们到达岸堤时,德军抵抗的火力已经弱了下去,最终彻底消失。德国佬开始退到第二道防线,准备死守大桥,周边的那些果园、民居和那个看起来牢不可破的荷兰法院城堡都变得空空荡荡。不考虑大桥的话,我们的现状已变得安全多了。强渡成功了,滩头阵地控制住了。第一阶段结束!

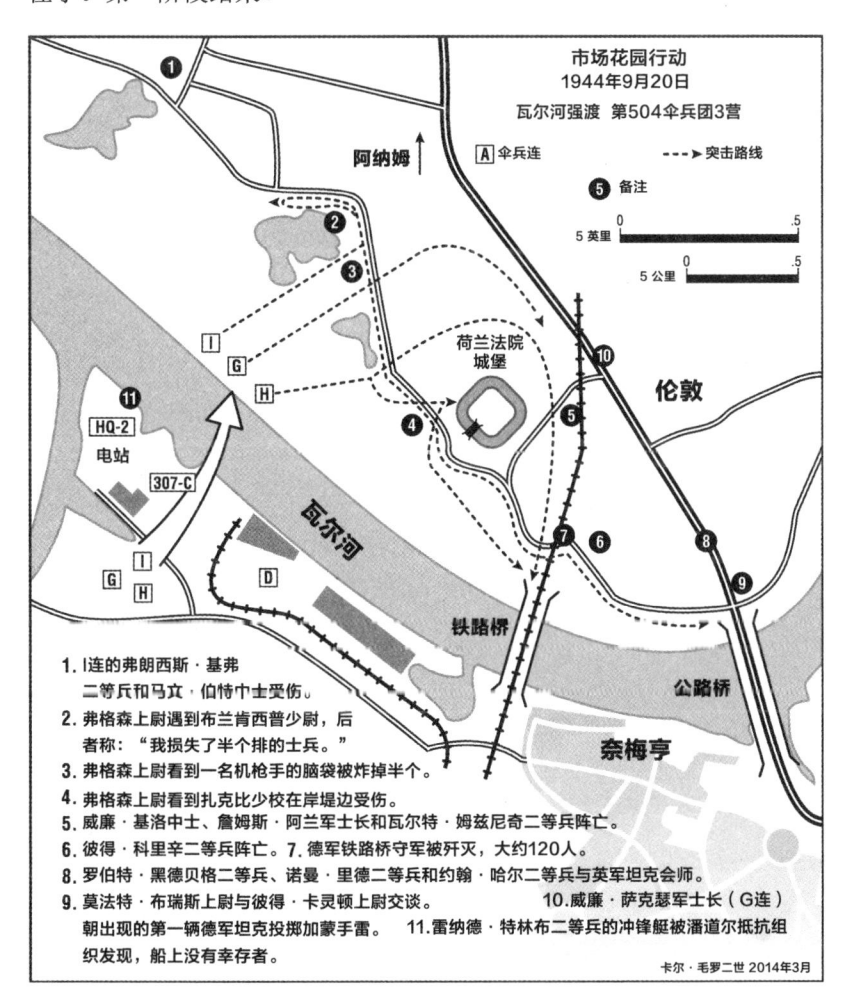

市场花园行动
1944年9月20日
瓦尔河强渡 第504伞兵团3营

Ⓐ 伞兵连　　- - -▶ 突击路线
❺ 备注

1. I连的弗朗西斯·基弗二等兵和马文·伯恃中士受伤。
2. 弗格森上尉遇到布兰西普少尉,后者称:"我损失了半个排的士兵。"
3. 弗格森上尉看到一名机枪手的脑袋被炸掉半个。
4. 弗格森上尉看到扎克比少校在岸堤边受伤。
5. 威廉·基洛中士、詹姆斯·阿兰军士长和瓦尔特·姆兹尼奇二等兵阵亡。
6. 彼得·科里辛二等兵阵亡。　7. 德军铁路桥守军被歼灭,大约120人。
8. 罗伯特·黑德贝格二等兵、诺曼·里德二等兵和约翰·哈尔二等兵与英军坦克会师。
9. 莫法特·布瑞斯上尉与彼得·卡灵顿上尉交谈。　10. 威廉·萨克瑟军士长(G连)朝出现的第一辆德军坦克投掷加蒙手雷。　11. 雷纳德·特林布二等兵的冲锋艇被潘道尔抵抗组织发现,船上没有幸存者。

卡尔·毛罗二世 2014年3月

解围阿纳姆

　　有那么一会，所有人都躺在河滩上，好好地喘口气。我们有几个人抬头张望情况。结果一位机枪手的脑袋立刻就被轰爆了。在路的另外一侧有片果林。此刻部队已经说不上还有什么编制。对方会是什么情况？军官发现周围的士兵来自各排各连。他们也就指挥所有能叫上的人，这会编制根本不起作用。部队准备再次出发，拿下最为关键的目标。"

第10章

★ ★ ★

I 连强渡

奈梅亨，1944.9.20

2营81毫米迫击炮排的劳伦·拉姆齐（Lauren Ramsey）中尉和他的观测员们在电站的四楼观察战场情况："本尼·威克斯（Bennie Weeks）中士和我看到了渡河时的情景。我施放的烟雾效果不好，主要是大风把它给吹散了。我不知道他们为什么决定在下午行动，这是一个严重的错误。"肯尼斯·尼科尔（Kenneth Nicoll）上士是81毫米迫击炮排的前线观测员，和查尔斯·沃伦（Charles Warren）中士在一起，他回忆："拉姆齐告诉我爬到电站的顶上去，从那里朝德军发射迫击炮炮弹。当我到了顶上后，德军炮兵发现了我们炮组，开始用88毫米高射炮轰击。但我们躲在烟雾后面还是比较安全，可以从容地朝对岸德军阵地射击。

第一艘冲锋艇靠岸后，有个小伙子（I连1排的里奥·穆里二等兵）朝德军的一个机枪阵地投掷过去加蒙手雷，有个德军跳起来，准备捡起手雷扔回来。他不知道这是立刻触发的手雷。很快他们开通了一条通往岸堤的道路。"

D连的汉茨·德吕纳少尉在南岸观测德军的射击战术："英军坦克本来应该进入阵地，但他们晚到了。我记得当时释放了烟雾，但不知道是谁负责的。我们在开阔区域。他们也许在电站的建筑物里，所以我没

解围阿纳姆

看到。但我注意到那些烟雾很快就消散了，那时士兵们甚至还没上船开始渡河。

从我的位置可以俯瞰瓦尔河，整个渡河行动尽收眼底。如果我手里有照相机，我可以拍出你看到过最好的战斗场景。我朝东望去，可以看到德军使用越顶射击的战术。炮弹会在河面上空爆炸，弹片对下方的船和人杀伤极大。"

D连另外一位排长欧内斯特·布朗（Earnest Brown）中尉回忆："两岸双方的所有武器似乎都在齐声轰鸣，包括上游德军的一门20毫米火炮。尽管损失惨重，3营成功清除了登陆区的德军，建立了一道防线。

15时，3营的冲锋艇终于准备完毕，渡河开始，"加里森中尉在2营的作战日志里写道。"D连将手里的大小火器全部用上了，包括拉姆齐中尉的迫击炮，以及由斯图兰中尉担任联络指引的第376空降野战炮兵营，该部临时归属2营调遣。第2爱尔兰近卫师的坦克排成一行不停地向对面德军喷射炮弹。掩护用的烟雾取得了一定效果。

计划在13时30分至15时，进行的轰炸任务并没多大效果。敌军坚守岸上的战壕，凭借手里的武器进行抵抗。德军高射炮将炮管放平，这种武器的杀伤力是毁灭性的，往往一船人就这么没了。好几艘船倾覆或者沉没。士兵们终于登上对岸后，冒着猛烈的炮火冲向德军阵地，将他们消灭掉。由于我方的支援火力非常有效，部分德军在看到我们的冲锋艇渡了一半的时候就开始逃跑。他们的伤亡要比我们的大得多。但如果他们死守阵地的话，打退我们的进攻还是很有可能的。"

尽管巴斯比中尉有在渡河中阵亡的强烈预感，他还是参与了第一拨渡河，并没有躲在后方。马修·坎塔拉（Mattew Kantala）二等兵在爬上冲锋艇的时候还和巴斯比中尉争论了几句："他在我的正前方。我们在吵谁坐那里。他想坐在前面，我也想。最后他坐在那里，被打死了。我的脸和手中弹。"

I连1排排长布兰肯西普中尉乘坐的那艘冲锋艇第一个冲过瓦尔河，他由于英勇的表现赢得了银星勋章。"当后续船只准备靠岸时，左翼的一处敌军机枪阵地突然开火，好几人到底，登上陆地的人也被压制住，

第10章 I连强渡

无法动弹。布兰肯西普中尉没有任何犹豫，他匍匐穿越了100码（91米）的空旷地带，在距离机枪阵地50码（46米）以内的距离用步枪射杀了机枪组的四名德军。

布兰肯西普中尉忽然发现在他仅5码（4.5米）外藏着一个隐蔽极好的德军狙击手，正在射杀他的部下。他来不及重新装填步枪，因此直接扑过去用拳头解决了问题。布兰肯西普中尉然后又带着两名部下用手雷消灭了15码（13.5米）外的一辆高射炮车。布兰肯西普中尉在整个战斗中表现出卓越的勇气、领导力以及无私的精神。"

里奥·穆里二等兵是布兰肯西普手下的一名步枪兵，他记下了I连从滩头出发时的情景："德国佬有好几个机枪阵地和高射炮朝我们射来致命的火力。你可以想象我们当时的心情，但我们没有回头路可走，我们继续把船抬入水里继续前进。子弹在冲锋艇的四周纷纷落下，不断有人中弹。我把机枪架在船头拼命反击。每个人都在吼着要划快些。受伤的人就滚到船中间去，把划船的位置让给其他人。

我能活下来，不得不说是个奇迹，我们及时到了对岸。冲锋艇直接冲上了浅滩，伤者从船里翻出来爬上河岸。剩下的人必须前进，继续射击，没人敢在这个时候停下来帮助伤者。我们必须要为后续的船只开辟道路。我们消灭了好几个机枪阵地。"

蒂森下士也许是"我们船上唯一曾经划过船的。我们的船开始原地打转。我终于挤到船尾，替换了那个工兵，我用最大的嗓门指挥这船人划桨。当我告诉他们划时，他们一起下桨。我把自己的那根桨带到船尾，当作舵来使用。我看到别的船上不断有人中弹落水"。

威廉·雷纳多二等兵是另外一个步枪班的副机枪手，他回忆恩格布雷岑（Engebretzen）中士"和往常一样忽悠我们，声称河水很浅，我们都可以蹚水过去，除非我们有东西掉下去，才会被冲走。我们奉命去协助英军把冲锋艇从卡车上卸下来。我们费了不少劲才把它们搞下来，在把它们搬出去70码（63米）后才有时间打量一下。让我们大吃一惊的是这种冲锋艇是由帆布蒙皮的，其船体由六块木条构建，每条2英寸（5厘米）宽，12英寸（30厘米）长"。大家听到有人喊："抬起冲锋艇，往河滩走。"这个坡大概有15英尺（4.6米）高。由于坡比较陡，每个人都

解围阿纳姆

小心翼翼，很快我们就走到河边。到底当时谁和谁在一起，现在也不是记得太清楚了。

雷纳德二等兵最后和罗伯特·黑德贝格（Robert Hedberg）一等兵、唐纳德·艾莫特（Donald Emmett）二等兵、阿尔伯特·艾希格（Albert Essig）二等兵以及乔治·汉姆（George Ham）中士分配在一艘艇上。"艾莫特和汉姆把六筒机枪子弹扔进船里，大家也跟着他们学。这时候我们已经走到了有肩膀那么深的水里！子弹和步枪都被扔进船里，然后我们自己爬上去。只有四柄船桨，其他人只能用步枪枪托来划水。子弹纷纷围绕着我们打转。如果不是抬头看，都意识不到敌军的火力那么猛。

向前，在最开始的50码（45米）……很明显，我们是敌军瞄准的靶心。被子弹击中的水柱跳起来有一英尺高，我们听到旁边的战友被子弹击中痛苦的呻吟。有些人受了重伤后掉下水去，需要把他们拉回船上来。艾希格在我的右边，他伤得很重。我抓住他的肩带，把他拖回船上。我尽力小心不让他再掉出去。

20毫米炮弹经常贴着我们头顶飞过，很多人被击中。在克服了水流的影响后，我们终于调整船头，朝对岸驶去，正对着德军的火力。不断有水溅进船来。艾莫特在我的左前方，趴得很低。巨大的枪炮声使得我们对周围局势的掌握也出现偏差。艾莫特脑袋使劲往下压。他的头盔被打飞，右耳也被切掉。又有子弹擦着他的背飞过，直接把他的外套切成两半。

也就是几秒钟的时间，子弹就钻透机枪子弹箱、我的M-1子弹袋、急救包、我夹克的左下口袋，最后停在了我的左腿大腿的位置上。感觉有人拿了大锤敲了我一下！我被吓得停止了呼吸。几乎所有人都在流血。我们还遭到德军88毫米高射炮的直接射击。炮弹激起巨大的水柱。

在这些高射炮炮弹以及20毫米炮弹的弹雨中，你最好就是能趴多低，就多低。我们能感觉到炮弹呼啸着从身边钻过，所有人都恨不得趴到船底去。我们手里只剩下两柄船桨，所以其他人就拼命用手或者步枪来划水。如果我们有胆子回头看看的话，就会发现整个连都是一幅悲惨

第10章 Ⅰ连强渡

的场景。很多冲锋艇被重创。

在冲上河滩后,我们努力把所有人都弄到岸上。有些艇已经沉了一半,才过了3/4的距离。有些艇则完全消失了。还有些被打得稀烂,随波漂流。在哈姆和艾莫特的帮助下,我们的艇迅速被清空。旁边那条艇的状况很糟糕。和我们的有点像,在船底淤积的那些你不知道是血还是水。

我努力翻下了船,靠右脚站着,摸了一下裤子,发现都是血,很多很多血。我可不想变成一个女孩回老家(已经有三个姐妹了),我喊道:'杀了我,你们这群混蛋!'几个人爬上岸就开始恶心地呕吐。哈姆把我推倒,'往前爬。'我爬了差不多25英尺(7.7米)。我抓住自己的钢盔,开始用它来挖掩体。很多人被迫击炮炮弹击中,被炸成碎片。看起来越来越多士兵已经上岸。

安迪的脑袋破了。救护兵拿来一叠垫子和薄纱。'躺着别动。'他们给他包扎好,然后又去治疗其他那些在呻吟的伤兵。大约过了30分钟,终于有位救护兵来问我了。我把裤子扯掉,露出还在流血的伤口。他很快用纱布帮我处理好。'保重,我会照顾好你们的!'

来自于加利福尼亚州的'杰瑞'·博格斯一等兵从旁边走过,他嚷嚷着自己的勃朗宁机枪和子弹都丢河里了。我告诉他可以先用我的汤普森冲锋枪。几分钟后他就受伤了。打伤博格斯的德军机枪手之后又命中了丹特·桑斯维利二等兵和另外几个人。最后总算有人从侧翼包抄过去,把这个德军机枪手干掉了。哈姆和艾莫特也在往前冲,把德军往后逼退。艾莫特戴着钢盔,而哈姆抱着一挺机枪在怒射。我花时间在尽力挖坑,使得自己有地方躲起来。很快他们把重伤员开始渡回我们那侧河岸。

躺在那里,我看到后方400英尺(122米)的地方有一群士兵躲在岸堤后面,德军在公路的另外一侧朝他们射击。后来听说有一枚英制加蒙手雷黏在一位伞兵的裤带里,乔治·哈姆用匕首把这枚手雷割下来。手雷的塑料螺盖脱落了,引线也松开。他非常小心地把手雷放在自己的腿上,重新把引线上好。几分钟后,他把手雷朝路那边的德军扔去。这种处理手雷的方法是非常危险的,在塑料螺盖脱落后,任何微小的动作都

解围阿纳姆

有可能引爆手雷，杀死周围的人。

几分钟后，那组人就把路对面的德军清理掉了。然后他们朝荷兰法院城堡进发，距离大约是1英里（1.6公里）。其他德军阵地都已被坦克火力摧毁。我们一共消灭了五个碉堡和数个机枪阵地。由于我们释放的烟雾有些问题，所以后方的十辆坦克也会误伤自己人。其中有一辆被德军88毫米炮击毁。

但是德军从远处射来的火力依然致命，我们的耳朵里充斥着高射炮炮弹的呼啸声和20毫米炮弹击中物体发出的闷响。密集的子弹在我们面前形成一道铁幕，水柱四起。半死不活的士兵挣扎着爬到岸堤后面躲避起来。

我们忽然发现屈尔牧师在我们的右边，只有几英尺远。大概有六七名德军战俘趴在他身边。我们知道他们子弹打光了。他们脸上半露着笑容，肯定不止我一个人想杀了他们。结果牧师突然跳起来，称他们都是战俘，然后把他们送到后方安全的地方去。"

塔隆上士躲在荷兰法院城堡附近的一块岸堤后面休息，他记得从右边有火力射过来，"也许是从铁路桥方向。子弹擦着岸堤上的公路飞过，有些钻入土里。我旁边是个新兵（弗里德里克·岑特格拉夫二等兵），这孩子最多18岁。他一直在找德军的火力点。炮兵应该在我们上岸前就把德军碉堡给解决。我告诉孩子别费力了，我们没什么办法，另外已经有一个班从侧面摸上去消灭德军了。

最后，那孩子说，'我要看一下。'然后要爬上岸堤。我叫道，'不要！'但是太晚了。他刚刚露头就朝后倒下，前额正中央有一个很圆很圆的黑洞。"

相对于那些返回接第二拨进攻的工兵来说，德军对于已经登陆的美军更为关注。托马斯·彼特中尉回忆："我们跑过一片河滩到达岸堤。德军在河滩上和岸堤上都挖掘好阵地，布置好火力点。现在就等着我们撞上去，朝我们射击。我们拼命往岸堤跑，有个小伙子还在埋设电话线，他说：'我的线用完了，能把电话放这里么？'我说：'让它见鬼去吧，孩子。现在别管了，赶快朝岸堤跑。我们之后再来弄吧。'

这样我们终于来到岸堤下面。岸堤并不太宽，德国佬就在另外一

第10章 I连强渡

侧。我们双方开始互相投掷手雷。大家如做游戏一般,他们扔过来的是长柄手榴弹,而我们扔过去的是碎片杀伤手雷。"

杰克·波默是团部的一位布线员,他当时被指派给3营。因此彼特中尉在河滩上看到的那个布线员很可能就是他。波默那组人马"在德军战壕里杀死了不少年龄不超过15岁的孩子以及年龄超过65岁的老人。一切都发生得那么迅速、混乱——无法解释。我看到有一些投降的德军,但是根本没有时间去管。我看到有几个德军老人抓着我们的M-1步枪,在求饶命,但是他们被当场近距离射杀"。

I连的基弗二等兵回忆恐怖的强渡战斗:"当20毫米或者40毫米火炮从河的北岸向我们开火时,就像是不间断的雷鸣闪电,这和之前在意大利所遭遇的情景一样。我没有回头看别人,但是在这么大的响动下,依然可以听到后面那些船上有人喊道,'天哪,不要!'我们就在闪电下面前进,我相信只要站起来肯定可以碰到它们。当时就一直是那个情况。如果地方的火炮稍微往下再瞄一点点,我们就会被切成两半。

离开岸边大约40码(36米)后,我看到对面有机枪子弹的轨迹准准地朝我们逼来。只几秒钟时间,子弹就进入到我们前方20尺(18米)的位置。我停止划桨,因为已经无处可走。这时候射击突然停了下来。(我想德军机枪的子弹带正好用完,等他们更换完新的弹带,我们已经差不多到了对岸。)"

基弗二等兵的冲锋艇是第二艘到达对岸的,基弗"立刻爬出船,查看前面的情况。我看到正前方远处有一条岸堤公路,在路的左侧有一片林地。公路看起来弯向人桥。整个河滩是一个通往岸堤的缓坡。

子弹和闪光一直环绕着我。有些士兵躺在那里,精疲力竭,也许受伤了。我说,'如果我们待在这里,我们都会没命。冲吧!'我动了起来,一个来自布鲁克林的孩子(我不知道他的名字,因为他刚刚在两周前加入部队)跟着我行动。其他人还是犹豫不决,我转身吼道:'冲啊,不然就死这里吧!'我和大家都怒吼着开始冲锋。我知道我整个人都已经变了。让上帝保佑我们的对手吧,他们要完蛋了。

再经过40码(约36米)后,我们碰到了一条之前没有看到的战壕,其与河滩是平行的。我们和布兰肯西普少尉一起跳进去。由于战

解围阿纳姆

壕不完全是直的,所以我们看不到25码(约23米)外的情景。我告诉布兰肯西普少尉,要去查看一下弯曲的部分。结果其继续往前不知道蜿蜒到哪里。我告诉他没有看到敌人。'我们休息一下吧。'我说,但是他说,'不,我们继续前进。'我们踩在步枪上爬出战壕。看起来大家到了这会又都振奋起来。波特中士和其他几个人已经到了岸堤公路下面的陡坡上。

我想最好的办法就是爬到公路对面去,从侧翼包抄大桥,清除岸堤那侧的敌军应该更为容易。当时我们在安齐奥攻克墨索里尼运河就是这么干的。我拿着一枚加蒙手雷,这种用C类炸药制成的反坦克手雷相当强悍。在我们离开英国前的那个晚上,我在这种塑性炸药上塞了一些金属碎块,使得其成为非常厉害的杀伤手雷。我把这枚手雷扔到公路对面。其爆炸的声音如同炸弹一般!另外两名士兵也投掷了手雷。我们很顺利地翻到了公路对面。"

那个布鲁克林小子是休伊斯一等兵,他后来写道:"我在上学时就很喜欢《冲锋!轻骑营》(*Charge of the Light Brigade*)这部电影。我在脑海里无数次把强渡瓦尔河与这个故事相比较。第一眼印象,瓦尔河就类似哈德逊河的某些河段。河流很急,但又很宽,想要轻易渡过去是非常困难的。

我当时也有点害怕。看到那些从卡车上卸下来的冲锋艇后,我心跳得更快了。作为海员我对船只非常了解,这些东西只能用在一个鸭子游的水塘里,怎么可能用来横渡瓦尔河这样的大河。我开始设想船沉了该怎么办,我想应该能把靴子踢掉,否则穿着这些跳伞靴可游不了多远。

我脑子里就是这些想法在打转,根本没有想到德国人的威胁,那简直就是他们的打靶训练。我担心的并不是敌人,而是如何能活着过河。渡河的场景一片混乱,枪炮声、惨叫声、怒吼声、爆炸声混杂在一起。我跌跌撞撞地爬上对岸,跟着其他人一起边跑边开枪,到了一个防波堤后面。"

布瑞斯上尉是I连连长,他"坐在船尾的工兵(威拉德·詹金斯一等兵)边上。忽然我看到那位工兵的腰变红了。'上尉,'他说,'你

第10章　I连强渡

来掌舵,我中弹了。'我刚刚探身去拿舵,他身子向前一倾,脑袋上被一枚20毫米高的爆弹击穿,本来那枚炮弹会要了我的命。这枚炮弹爆炸时,我感觉到一阵刺痛。一些弹片击中了我,但我并没有感觉到多大的疼痛。我抓过舵,尽力来控制船的航向。那位工兵的上半身摔落到水里,其脑袋和尸身被水流冲着打转,使得船也晃悠起来。'稳住!稳住!'坐在船前面的人吼道。

我做不到。他的脚还卡在座位里,垂在船外的尸身变成了另外一个舵,影响了船的稳定性。我终于费力把他的脚从座位里松开,然后推出船外。当我看着他的尸体顺流而下时,我看到红色的血液依然从他脑袋里往外流动。我们继续疯狂地朝对岸划去。

当我们到达北岸时,我看了一下距离那道岸堤有大约900码(823米)的距离。野草在机枪扫射中疯狂摇摆,我们到达目标的唯一办法就是直线冲过去。这并不令人轻松,但我们别无选择。登陆后,我们挤在河滩上,暂时可以躲在一道防波堤后面。又有三艘船靠岸了。

我把手下召集起来,忽然感觉到一阵恶心。我弯下腰开始呕吐。过了一会,我站直身体,感觉舒服了。'好了,兄弟们,'我叫道,'冲啊!直接去岸堤那里!'没有丝毫犹豫,每一个人,甚至是那些伤员都从隐蔽处跳起来,一起往前冲,疯狂地朝岸堤后面的德军机枪火力点开火。那时候,德军机枪将火力从那些冲锋舟上转移到冲锋部队上,也就是我们。我身边的人不断倒下,有些人抱着自己的胳膊或者腿,有些人直接像个沙袋一样瘫倒。但是那些奇迹般还没被击中的人继续开火,继续朝岸堤冲过去。"

有一名士兵的船被炮弹直接命中,船员都被打死后,他居然在没人操控的船上幸存下来。爆炸将雷纳德·特林布(Leonard Trimble)二等兵打翻在船底,他的脸上、右臂、肩膀和左腿都受了伤。那艘船先是原地打了一会转,然后慢慢漂回南岸,特林布感觉他要死了。似乎是过了几个世纪一般,他被抬出了船,是潘道尔救了他。年轻的游击队员们抬着那艘船上的唯一幸存者特林布前往急救站,也就是罗根少校在电站大厅里设置的那个。和特林布在一艘船上的阵亡者可能包括雷蒙德·格鲁默(Raymond Grummer)一等兵、安东尼·贝(Anthony Bei)

解围阿纳姆

一等兵、戴尔·坎贝尔（Dale Campbell）一等兵和杰克·塞琴格（Jack Seitzinger）一等兵。I连的凯尼·克莱门斯（Cainie Clemons）一等兵在渡河中被淹死。

对于艾伦·麦克克莱恩（Allen McClain）中尉来说，渡河简直是个无法克服的障碍。"因为我们全副武装，还带着无线电和弹药箱。"麦克克莱恩在第一拨里最先出发的13艘冲锋艇里。他的81毫米迫击炮排需要携带足够的炮弹，才能够在上岸后消灭掉德军的威胁。

"当我们把船抬入水里时，我亲眼看到已经有两艘冲锋艇被40毫米炮弹直接命中。我背负着81毫米迫击炮的底座和其他一些部件。当大家开始朝船上爬时，这些沉重的装备使得我深深陷入淤泥中。多亏维克多·洛斯卡上士的出手相助，把我从淤泥里拉了出来。1营和2营后来是乘坐驳船过河的。"麦克克莱恩看到有几个伤员躺在北岸。上岸后，他命令手下一起冲到岸堤那里。根本没有时间去整理队伍，或者去仔细研究敌情。他想首要目标无疑是夺桥，因此他们朝铁路桥进发，在路上碰到德军火力阻击，被迫掘壕固守。

第307空降工兵营C连的约翰·霍拉伯德少尉在渡河的人里面算是少有的几个"对独木舟或者划船有着丰富经验的老手"。他和冲锋艇里的战友都得益于他在哈佛读书时积累的赛艇经验。"我负责掌舵，在横渡瓦尔河时喊口号：'划！划！划！'我记得当时我们是11名工兵，手里都有桨，五个人一边。子弹呼啸着从身边飞过，但运气好的是没人受伤。我们到达对岸后，像牛仔和印第安人般地冲上河滩。有三名战友负责把船划回去接第二拨人。我想他们的任务真是太艰巨了！

"当我们上岸后，都高兴坏了！真了不起！我们知道公路桥在东边，因此就朝那边出发。我们没有发现德军埋设地雷，可以放心地狂奔。我们八个年轻人，都在19岁到23岁之间，像捡了条命般地开心。没有什么可以挡住我们了！我们没有等待第504伞兵团的其他兄弟，直接往前冲。前面有一个碉堡，谁知道里面是否有守军？我们扔过去几枚手雷，一阵扫射。接着碰到两栋屋子，我想里面应该没人，但仍用手雷问候了它们，然后继续我们的嬉闹。"

3排的帕特里克·莫罗中尉是最后一个爬进船里的，他待在船的尾

第10章 I连强渡

部。作为一个经验丰富的工兵,他发现强渡时遭遇的火力和在安齐奥碰到的情况一样猛烈。"我感觉像是只坐以待毙的鸭子,他们用重机枪和迫击炮横扫我们。"莫罗右侧腰上挂着一把点45手枪,肩上挎着一把卡宾枪。在他们距离对岸还有几码的时候,有东西击中了他的右侧,将他腰带切断:"我一开始以为中弹了,但是感觉比枪伤要严重。幸好只是擦伤,几小时后发现我的腹部和屁股上有很大一片瘀伤。"而坐在船前面的娄·根特尔(Lou Gentile)下士是个来自东部的很友善的小伙子,他就没那么好运气了。在莫罗被擦伤几秒钟后,根特尔下士被一枚20毫米炮弹的弹片击中,身体瘫倒在冲锋艇里。

冲锋艇在达到北岸后,依旧被敌军火力所覆盖。"根特尔的状态很糟糕。他还有知觉,但是也没能支撑多久。我把他搬到几块岩石后面。他关切地问其他人是否都好。河滩上躺了不少伤员。我对根特尔的遭遇很难过,所幸我们成功渡河了。"

梅尔顿·胡尔波特(Meldon Hurlbert)二等兵是2排的一名工兵,他回忆:"在我前面的那名士兵(詹姆斯·伍兹二等兵)被一枚大口径炮弹击倒,当场毙命。他的血喷溅在我的膝盖上。我们的船在过了3/4的位置时沉没了。幸运的是这时候的河水只到我的下巴处,我直接涉水走到了对岸。整个局势非常混乱,我记得看到附近有铁轨。战斗的双方拿着各种武器进行对射。我还记得当时有盟军的战斗机给我们提供支援。"

当第二拨渡河部队开始划船过来时,布兰肯西普少尉的1排在荷兰法院城堡西边300码(274米)处的森林里开辟出一条通道。少尉带着马文·波特中士和里奥·穆里二等兵消灭了一辆防空炮车和一个机枪阵地。其中波特在75码(69米)的距离上用枪榴弹把那辆防空炮车给干掉了。1排继续前进到岸堤北面的农场。基弗二等兵回忆:"在距离岸堤公路大约50码(36米)的地方有一座房屋,也就是说在我们的右前方。一挺机枪从楼上的窗户里朝渡河的我军射击。我看到有六名德军沿着篱笆从后门跑进了这座房屋。波特中士忽然叫了起来,原来他的腿上中枪了。几秒钟后,波特边上的士兵也是腿部被击中了。他们两个距离我大约几英尺远。布兰肯西普少尉、穆里、布鲁克林小子和另外一些人在他

解围阿纳姆

们的右前方。我们忽然看到前面7英尺（2米）的地方爬起来一名德军，我当时惊呆了，没想到这么近的地方藏着敌军。波特反应很快，立刻用汤普森冲锋枪扫射了一梭子把这名德军解决了。

我往步枪上装了一枚枪榴弹。布兰肯西普走向波特他们那里看看是不是能帮上忙。这样他就来到了我的右手边很近的位置。当我把步枪瞄准窗户准备发射的时候，我腰部的左侧被击中了，步枪从我手中滑落到布兰肯西普身边，他运气不错，枪榴弹没有被引爆。我说：'少尉，他们打到我的手了。'一枚子弹击中我的手镯，鲜血直流。但我还是要感谢这枚手镯一定程度上保护了我，这是艾莫特在我们待在那不勒斯机场时制作的。后来我们有些人就一直戴着这款特别的手镯，非常轻。

布鲁克林小子过来帮我。我告诉他急救包在我的后口袋里。他摸错了口袋，把我的钱包给拿了出来。'这个我能怎么用？'他说。我让他把钱包扔掉，继续找急救包。他照做了。我把手抬起来，方便他包扎。结果这时我的右臂又被击中。

接着有东西打到我嘴里，把门牙给崩了。穆里过来帮助那个孩子一起给我包扎手掌和胳膊。穆里给了我一针吗啡。有人问，'现在我们怎么办？''继续朝那个房子开火。'我说。布兰肯西普知道我们的位置不佳，他到了公路的另一侧去。布鲁克林小子似乎没被刚才发生的事所困扰，他问我是否可以把点45手枪给他，我让他拿去，现在什么都不在乎了。"（布鲁克林小子也就是休斯一等兵，他后来在瓦尔河大桥上的楼梯间里真的用上了这把手枪。）

劳伦斯·"里德"·艾伦二等兵抱起基弗的腰部，简直是把他拎到公路的另外一侧。"当我往路下面看的时候，G连和H连都在拼命朝那座屋子射击。我的侧翼攻击没有奏效。布瑞斯上尉、奥多姆中士还有另外12名I连的士兵走了过来。奥多姆拿出他的水壶，给我喝了口水。战斗似乎停止了一般，所有人都盯着我看。有人说，'给他来针吗啡吧。'穆里说，'我已经在路那边给他打了一针了。''再给他一针，反正对他没坏处。'有人想看看我的伤口，我才不同意让他们这么看热闹呢。

布瑞斯上尉告诉2排的亚历山大·巴克中士带两个人渡河回去，多

第10章 I连强渡

搞点弹药回来。他又派了两个人去帮波特他们。我坐在那里，看他们忙来忙去。我尤其关注穆里，因为之前我们在安齐奥曾并肩奋战了两个月之久，毫发无损。战友们开玩笑说那是因为他太矮了，而我又太瘦了。我意识到我已经一无所用，而且很可能活不下去了，眼泪就流了下来。这时布瑞斯上尉说：'我派个人送你回去。'我说：'不，你需要尽可能多的人来这里帮忙。我自己回去。'然后他说：'那你自己多保重，我们之后会去看你。''你不会看到我了。'我答复。他说：'好吧，我永远不会忘了你。'他真是很好心。他对着其他士兵说：'我们上！'他们沿着岸堤朝大桥前进。我看着他们走了，自己一个人开始往河边走。

我远远地看到在右边的河岸边有大约六个人躺在那里。等我走近了，发现那是救护兵多瑞特一等兵在照看那些伤员。他身边的地上不断有土块被子弹弹飞，有人在朝他射击。当我走过去时，子弹开始朝我飞来。我相信是有人在路对面的树林里朝我们射击。多瑞特吼着让我卧倒，然后朝我跑过来。他说：'你最好趴下，否则会被打死。'我问他那些躺着的伤兵情况怎么样。'不太好。'他说。他问是否可以帮我。'不用。'我说。他告诉我他那就要跑回去了，在那里趴好。

我到了河边后，看到一些德军战俘，德尔波特·屈尔牧师带着几名伤员，以及巴克中士正准备乘船回去。我问牧师为什么那边躺着的几名伤员没有被优先送回去，他告诉我那些人问题不大。他比较担心德军战俘。我要离开那里，我回到我们登陆的地方，那里没有留下伤者或者死者，我们运气不错。

有个头部受伤的人走向我。我认出来他是'小黑'，我不知道他属于H连或者G连。我们一起走回牧师和战俘那里。小黑和牧师讨论了一下战俘的问题。他走到我身边问有没有枪。他说，'我们看看能否找到一把。'

我沿着河岸朝大桥方向走了大约40码（36米）。那边有一个大约20英尺（6米）长，15英尺（4.6米）宽的进水口，我在那里看到了巴斯比中尉的尸体。他的腿还浸在水里。我想到之前我们还吵过一架，这让我感到很难过。我叫小黑过来，但他也行动不便。我只有回去找牧师帮

解围阿纳姆

忙。牧师告诉我别为此担心,巴斯比会被照看的。他和我说话的口气非常亲切。他能主动请缨参加第一拨强渡真是具有很强的勇气。我看了眼那些德军战俘,我可不想和他们挨在一起。另外一艘冲锋艇靠岸了,战俘在几名士兵的押送下上了船,返回南岸。我等了下一条艇才走。

当我回到对岸时,我碰到另外一个兄弟,2营营部的'左撇子'·里戈('Lefty'Rigo)二等兵。我们曾一起在第513空降团服役,并且在北非的凯鲁万(Kairouan)住在同一个帐篷里。他看到我的时候像是发了疯一样。他抓着自己的步枪,像是要直接游到北岸去。几个人帮忙把他按住。我告诉他我没事。当我经过电站的时候,另外一群士兵见到我,问是否需要帮忙。我说:'不用,我还好。'我在走路的时候想显得尽量有尊严一些。救护兵开着吉普车经过,把我带到急救站。当我看到营医基钦上尉时,就彻底放下了悬着的心。"

当基弗二等兵回到北侧河岸的时候,布瑞斯派了加尔文·坎普贝尔(Calvin Campbell)中尉带着十名士兵以及机枪排的格拉迪·罗宾斯(Grady Robbins)中士去一个叫做格罗特韦尔(Groote Wiel)的小湖旁进行防守。坎普贝尔在战斗中右腿被20毫米炮弹弹片击伤,不过还不妨碍继续战斗,他还继续带着人干掉了一个德军机枪阵地。他们现在去的小湖可以扼守大桥的西面,防止德军重新夺回岸堤公路,并切断3营的后路。

布瑞斯带着另外30名官兵朝东前往公路桥。在经过荷兰法院城堡时,他看到好几名H连的士兵在跑向铁路桥的北端。蒂森下士回忆他们曾和德军进行了一场"雪球大战":"我们在铁轨的一侧,德国佬在另外一侧。里夫斯(Rivers)中尉朝对面投过去一枚手雷,有个德国佬捡起手雷,投了回来,幸运的是没人受伤。然后中尉就拿出一块加蒙手雷扔过去,德国佬又想如法炮制,结果这个马上爆炸了,把那帮德国佬都给炸死了。加蒙手雷是用网袜包着三磅TNT炸药,然后加上一个布带子连接在引信上。当手雷在空中时,带子就会拉开,这样当它着地或者碰撞时就会直接爆炸。三磅的炸药不管落在哪里都可以炸开相当大的一个洞。"

里夫斯中尉告诉布瑞斯铁路桥那边的德军守军已经被消灭得差不多

第10章 I连强渡

了,没什么可担心的。大家最好击中力量去搞定公路桥。里夫斯中尉带着三个人加入了布瑞斯的队伍,他们沿着河的北岸从铁路桥下面穿过,直奔公路桥。与此同时,爱德华·肯尼迪中尉和3排的十名士兵离开队列,沿着铁路路基去占领铁路和公路的交叉点。

3排的罗伯特·黑德贝格一等兵跟随布瑞斯上尉行动,他回忆队列在铁路桥和公路桥之间遭到了猛烈的火力袭击,部队在躲避中分成两组。蒂森架起机枪,开始回击,布瑞斯带着一些人开始搜查岸堤北面的那些房屋。在其中一栋房屋里,布瑞斯和哈罗德·约翰中士发现了几个还在睡觉的德国人,他们在美军开门的时候才醒过来。约翰逊迅速往里面扔了一枚加蒙手雷,然后把门关上。紧跟着就是一声爆炸的巨响。里

I连老兵比尔·雷纳多手绘的瓦尔河强渡。

解围阿纳姆

面的德国人没有活下来的。

彼得·克雷松二等兵躺在黑德贝格的边上,克雷松受了重伤,赶忙呼叫救护兵。排里的救护兵斯坦利·克里斯托佛森（Stanley Christofferson）二等兵跑过来,检查了一下克雷松,然后转头和黑德贝格说:"他不需要我了,找人来收尸吧。"克里斯托佛森没有任何犹豫地立刻去照看下一个伤员去了。

美军的迅猛让德军大吃一惊。有德军在屋里投降,还有一门火力可以覆盖公路桥的88毫米高射炮也被德军放弃了。布瑞斯现在手里的人还剩下一半,他发现在北岸还有一些零星枪击,就派了I连的格拉德·梅尔顿二等兵和罗伯特·托普二等兵以及H连埃尔顿·扬下士去清理藏起来的狙击手。三个人在过去的路上发现了另外一门88毫米高射炮。梅尔顿二等兵用一枚加蒙手雷炸死了五名炮手,剩下的德军立刻投降了。18时45分,布瑞斯上尉派遣艾尔维·巴托（Elvie Bartow）二等兵和罗伯特·亚努兹（Robert Yannuzzi）二等兵担任传令兵,去把各班走散的人员全部集中过来。大约15分钟后,两个班的人赶来了,布瑞斯带着大约20人朝公路桥进发。

第11章

荷兰法院城堡及伦特跨线桥之战

奈梅亨，1944.9.20

3营在渡河时碰到的麻烦真不少。H连的卡佩尔上尉回忆，当时都没搞明白"前往河边的路线，"准备工作非常不充分，"当部队出发前往渡河时，才发现岸堤上有一道巨大的铁丝网拦住了部队的去路。

我在前面抬着第一艘冲锋艇。当前进的队伍被铁丝网拦下时，我真是气疯了。我拿出加蒙手雷扔向一根支撑的柱子，詹姆斯·梅格拉斯中尉如法炮制炸毁了旁边那根柱子。我们一起压到铁丝网上面，把它踩低，这样部队才通过岸堤，下到河滩上。

我们本来排好队，准备有秩序地通过岸堤，结果却是大家被铁丝网这么一闹，乱糟糟地走到河边。我由于处理铁丝网，晚了些时间到河边，结果我一看，有些冲锋艇已经被击中，人群混乱不堪。我都不知道怎么回事，我那艘艇就沉了。

我记得有个叫做勒加西（Legacie）的士兵和我在一艘艇上。他落水后就开始下沉，这里离岸边并不远。我水性不错，平时在战斗中从不戴头盔，那天也没戴。我们的装备都系在背带上，所以我立刻扯下武器，跳入水里救他。

当我把他捞回来的时候，我累得就像个老头一般，上气不接下气。我脚踩在水底，把他往岸边拖，由于实在没有力气把他弄出水，

解围阿纳姆

只有让他半身泡在水里了。我不知道他是否中弹了,但即使是,我估计伤也不重。"

勒加西是1排的点30重机枪班组的成员,后来他伤势处理好后,与好友劳伦斯·邓乐普(Lawrence Dunlop)二等兵组成了另外一个机枪组。卡佩尔上尉找到了另外一艘冲锋艇,挤了上去。同船的有三名工兵、弗洛克斯(Flox)、2排排副詹姆斯·艾伦上士和第376野战炮兵营的罗素中尉。

卡佩尔回忆渡河时的情况:"船尾掌舵的工兵后背中弹倒下。我赶紧过去接过船桨,承担起舵手的职责,把我们这艘冲锋艇安然航行到对岸。我们遭遇了猛烈的火力袭击,主要是从右侧射来,我们因此拼命划桨。本方的坦克炮弹不断从我们头顶飞过。渡河前施放的烟幕已经消散。英军坦克几乎是履带挨履带地排成一行,他们的火力支持非常有效。"

在最后的30码(27米)里,只有三个人还能继续划桨:艾伦、弗洛克斯和卡佩尔,后者在船尾也拼命划着:"在离岸还剩下几码的时候,我奋力一划,船靠岸了。我们三个人跳下船。这艘船里面装了半船水,也可以说是血。"西摩·弗洛克斯回忆:"瓦尔河只有200码(183米)宽,但我们像是永远也到不了对岸。那次强渡是我这辈子最糟糕的经历。我想我们的祈祷大概被上帝听见了,所以现在的我才有机会坐在这里写下这些回忆。

当渡河开始时,那些没有打到人的子弹也会把水花溅到我们脸上。我们都疯了似的划船,但大家落桨的节奏不对,使得我们前行速度受阻。当我们最终过河后,所有人都精疲力竭,但那时根本没有休整的空当。我们冲向岸堤,一路杀向400码(367米)外的铁路桥,好几次在德军机枪扫射下冲过空旷地带。"

卡佩尔上尉从艇里捡起一支托米枪和几个弹夹,因为他自己的那支在救勒加西时扔在南岸了。他也奔向岸堤。"我们的目标是距离河岸600码(549米)的第一个隐蔽物,那是一道水沟或者战壕之类的地方。我还没有从自己的眩晕中恢复过来,背疼得要命。弗洛克斯、艾伦和我成功躲进了壕沟。我这时候痛疯了,他们看到我这个样子以为

第11章　荷兰法院城堡及伦特跨线桥之战

中弹了,但我没有。

我们自我解嘲了一番,艾伦上士对我说:'我们的运气还在!'我们喘口气,开始往岸堤那边爬。需要穿越岸堤上的公路。"

休·瓦里斯二等兵和他的好友克雷图斯·谢尔顿(Cletus Shelton)二等兵是梅格拉斯中尉3排里的巴祖卡火箭筒小组成员。瓦里斯回忆,"我带着自己的巴祖卡上了船。如果我记得正确的话,我们是从铁路桥方向数过来的第二艘冲锋艇。我们在渡河前被告知会有火炮和飞机对北岸进行饱和攻击,我们的飞机会在河面上释放烟雾来保护我们。但我没有听到任何英军的火炮声,也没有看到一架自己人的飞机。我跪在船里划桨,子弹击穿帆布船透过我两腿间在船底钻了个洞。我赶紧用膝盖去堵上这个洞,避免船下沉。但作用不大,很快我就泡在水里了,而且右臂也被子弹击中。我把巴祖卡火箭弹以及M-1的子弹带都缠绕在脖子上。

沉重的弹药把我往河底压,我只能把东西都给扔了。这么沉沉浮浮了几个回合,当我觉得撑不住要沉下去的时候,有人从船上伸了个船桨过来,把我拉上了另外一条船。我只记得那条船上有约瑟夫·杰德利卡(Joseph Jedlicka)二等兵。克雷图斯·谢尔顿也受了伤,他脑袋被弹片划破,所幸伤得不深。他们后来把他头发剃光,把弹片给取出来。谢尔顿后来告诉我他是游泳上岸的。"

罗伯特·科勒(Robert Koelle)二等兵是3排的救护兵,他和谢尔顿以及瓦里斯同乘一条船。他在瓦里斯受伤前就被子弹打死。在他寄给家里的最后一封信里,他表达了盼望回家过圣诞的愿望,"如果我今年不能回去的话,有香烟和糖果陪伴也足够了。"同一条冲锋艇上的恩斯特·墨菲中尉、约·杰德利卡二等兵以及瓦里斯的班长勒罗伊·里奇蒙中士则幸运得多。"我们在渡河的船只中是最快的那艘,可是有一枚德军的20毫米炮弹穿透了帆布船侧舷,拉开了一个大口子,"墨菲回忆,"船开始进水,我们只能游泳逃命。我上岸后开始清点人数,这时发现水里忽然浮出一具头盔,原以为失踪的约瑟夫·杰德利卡二等兵从水下走了出来。他不会游泳,直接陷入了8英尺(2.4米)深的水底。他竟然背着自己的机枪,拎着两箱子弹走了出来。真是不敢相信他能经受住这样的炼狱回到我的排里。"

瓦里斯二等兵躺在河滩上，和其他伤员一起等待救治。"我们两三个伤兵躲在一个小坝的西面，尽量保护好自己。我后来被送到野战医院的帐篷里（在德克森林）。在布鲁塞尔睡了一个晚上后，我被转往巴黎，穿过英吉利海峡。我的右臂到现在还有未取出的残留弹片。"

瓦里斯的排长詹姆斯·梅格拉斯中尉损失了一半人马，一共两名工兵和十三名伞兵乘坐的冲锋艇就在他旁边被击沉。他清晰地记得自己那艘船到岸时的情景："我奔向岸堤，排里的几名士兵紧紧跟着我。机枪朝我们开火，步枪子弹四处横飞。真是乱成一团。空中到处都是子弹，根本分不清谁在朝你射击，也分不清楚从哪里射来。我们努力把目标锁定在15英尺（4.6米）高的岸堤上，那里的火力最为集中。

在弹雨中，几乎不可能找到藏身之处，想要退回河里也是做梦。杀敌或者被敌人击毙。士兵们一边诅咒着德军，一边弯着腰冲锋。在混战中，我注意到左边50码（46米）的地方有一块凹地，一根管子从那里延伸入河里。毫无疑问，这是当地自来水的取水口。我继续弓着背冲锋，拿托米枪扫射德军，子弹呼啸着从我脑袋边上飞过。"

约翰·富勒（John Fowler）下士是一个副班长，他直接带人朝铁路桥冲去。他英勇的行动为自己赢得了银星勋章。富勒那队人当时也许是和H连西姆斯少尉的1排一起行动的，据他的回忆："我们的第一个目标是铁路桥的北端。计划里有炮兵支援和烟雾掩护，但事实上这些支援并没有出现。不过2营和几辆停在南岸的英军坦克给了我们很有力的炮火支持。

冲锋艇的渡河时间大致10分钟，而这10分钟对我们来说就像是时间停止了一样。我那队人在铁路桥以西隔着一段距离的地方上岸了，人员很快成散兵线前进。另外一艘停在附近的船上满是伤员，因此我命令那些还没受伤的士兵立刻加入我的队伍，我带着这个有18人的战斗群去进攻北面正对着的岸堤。我带了一把M-1步枪，率领大家用密集的火力打击德军。德军从岸堤上射来的火力也很密集，但我们中没有一个人退缩，他们的勇气和决心令人钦佩。就靠这么一小群人，我们很快占领了岸堤，那些还活着的德军守卫要么逃走，要么被俘。我

第11章　荷兰法院城堡及伦特跨线桥之战

后来发现有相当多的德军被打死在那段岸堤上。"

2排由道恩·赖斯（Daun Rice）中士率领的那个班用自己的步枪枪托划水，副班长杰米·谢尔兹（Jimmy Shields）下士甚至用他的机枪枪托划水。赖斯的排长因为赖斯当天的英勇行为而建议总部授予他银星勋章，后来赖斯被批准授予低一级的铜星勋章。授予词记录：

"在到达北岸后，赖斯中士迅速把自己的那班人马以及旁边的一些士兵集结起来，带领他们突破一片600码（549米）长的空地，攻向他们连的目标——大桥北端。

尽管敌军的各种轻重武器疯狂地朝赖斯他们这队人开火，他仍然一马当先地冲在最前面，带领部队占领了可以俯瞰目标的高地。当敌军用机枪火力把他们压制住的时候，赖斯又主动站出来，从战友手里接过机枪，不顾自己暴露在敌人面前的危险，绕到侧翼攻击敌人，迫使德军撤退，继而他的部队成功占领并守住了目标。"

塔贝尔中士是连部的无线电员，他后来也把强渡过程记录了下来。在激烈的战斗过程中，有一些画面久久留在人们心里。他右边的那艘船被击中了，在原地开始打转。"直到今天，我依然可以记得当我和路易斯·霍尔特二等兵四目相对时的表情。那艘船沉没在水里，从眼前慢慢消失。我们终于到了对岸，26艘船损失了11艘。当我往公路上走的时候，碰到了2排的约翰·里加波罗斯（John Rigapoulos）一等兵。他给我展示了他的左手大拇指的位置，整个手指被子弹切掉了。'好吧，'他说，'又换来一枚紫心勋章。'约翰和我是一起从伞兵学校毕业，又是一起到安齐奥加入部队的。他还自愿前往诺曼底担任侦察兵，当天下午他就被打死了，就在我们那次谈话后不久。"

当晚，H连的赖斯在自己的日记里写下那些逝者的姓名，那些人都付出了最大的代价。赖斯要趁自己还记得清楚的时候记录下来，以免这些人的勇敢事迹被人遗忘。"16时开始渡河，敌军各种火力猛烈袭来。在渡河后，唯一的掩体就是一条800码（732米）外的防波堤。后来听说迪克森在渡河时被打死，塔古中士受伤，里加波罗斯和艾伦上士阵亡，其他人就不记得了。战斗非常残酷。道恩和我以及另外六七个人攻上铁路桥，杀死或者俘虏了那里的大约二十五名德军。英

解围阿纳姆

军坦克开始突击公路桥,这也缓解了我们的压力,我们得以转移到右边进行休整。有太多的英勇事迹可能会被永远遗忘。总有一天我要努力把他们都详细写下来。"

在梅格拉斯中尉前去占领附近的古堡时,西姆斯少尉带着他的18人战斗小组负责对付铁路桥北端的德军。里夫斯中尉带着几个人去清除狙击手,他的手下里加波罗斯一等兵在之前的战斗中就被冷枪打死。西姆斯少尉回忆:"德军抵抗并不激烈,我们很快就夺下目标。我命令几个人去清理爆炸物,切断所有的导线。完成后我们就在桥的这段建立一条防线。在搜查大桥基座的时候,有顽敌打伤了我手下一位士官,不过救护兵处理之后并无大碍,很快可以康复。"

卡佩尔上尉来到西姆斯少尉这边,正好看到艾伦中士受伤,他回忆:"艾伦大腿中了一枪,大家笑着说他运气真不错,这个伤足以让他可以下火线去休养,但又不是致命伤。我们把他包扎好,看起来他心情很不错。谁知道他还是在当天被打死了。"

根据卡佩尔上尉的说法梅格拉斯中尉的3排在清理了部分古堡,准备撤离的时候又遭遇到墙内残余德军的射击。"这座古堡在当天下午造成了很大的麻烦,其本身有很多楼层,结构复杂。最终1营把古堡残敌全部清除,并在那里设置了指挥部。1营抓获了30名俘房,在最后的战斗中还有数人受伤。

后来1营负责清理古堡,他们俘获了不少德国人。1营的一个连长(邓肯上尉)告诉我在战斗后,他们俘获的战俘比我们多多了。我回答:'你抓你的,我杀我的。'"

3营的亨瑞·基普上尉在一封家信里生动地描述了当时的情景,他称之为"混乱、迷惑"。"整个战斗没有多少组织性可言,基本上都是靠各个战斗小组各自为政。在我们和大桥之间散布着不少独立支撑点,我们需要一个个把他们消灭掉。为了顺利完成任务,很多战斗组走着走着就散开了。每个小组都选择不同的方向,带着不同的任务。但不管怎样,大家心里都明白要不惜一切代价去夺取那座大桥。

我那群人里由营长库克少校率领,还有一位连长和三十多名士兵。我们以班为单位,穿过河滩、果园、壕沟,一座房屋一座房屋地

第11章　荷兰法院城堡及伦特跨线桥之战

扫荡。我肯定每个小组的战斗经历都可以写一本书。就我所在的那组来说，也见到了很多可歌可泣的英勇事迹，随便哪个拿出来都足以获得勋章，但事实上却是根本无人知晓。

我就把夺桥路上的一个战斗拿出来说说吧，怪有趣的。在某一段冲锋中，敌军的子弹'嗖嗖'乱飞，我们只能钻到附近某个坑里避避，等消停了再出来。当我跳入某个坑的时候，发现里面已经躺了两个人，我成了第三层肉垫。我屁股还露在坑外。最底下的可怜蛋一直想爬起来，就像一匹想挣脱缰绳的野马一样，他上面是少校，然后是我。我和少校在这个环境下都忍不住笑出声来。当射过来的子弹开始变得稀疏的时候，我觉得可以安全地继续行动了，就告诉下面被困在'加尔各答黑洞'里的少校和那位大兵，我们按顺序爬出。不用说，这种窘境在我们到达目标之前又发生了几次。

整个战场上到处传来厮杀的声音，我们的战士在奋力朝大桥突进。占领古堡的战斗是个很有趣的故事，之后有机会再说吧。"

梅格拉斯中尉率领他的3排和由特奥多·芬克拜纳中士指挥的1排里的一个班联合攻打法院古堡，消灭上面的20毫米火炮。"尽管这个古堡是H连的一个目标，但我们并不清楚它的构造或者平面图，"梅格拉斯写道，"这座古老的城堡被护城河环绕，北面有一个吊桥。整个形状像是一口倒扣的锅，从护城河到城堡顶呈一个45度角的坡度，半径大约为50英尺（15米）。德军躲在顶层的矮护墙后面朝我们射击。

这些20毫米高射炮和机枪不停地向我们倾泻弹雨，把我们像鸭子般困在那里束手无策。我命令所有人集中火力朝德军射击，当他们稍微避退，停止射击时，我们趁机冲到护城河边上。那时候我们不知道吊桥在另外一侧。"

勒罗伊·里奇蒙中士是梅格拉斯手下的一名班长，他脱下自己的头盔和武装带，悄无声息地跳入护城河，从河底摸到古堡下面，然后爬上那侧岸边的草地。他用手雷解决了一门20毫米火炮，当德军朝他射击时，他又潜水回来，子弹擦伤了他的脖子，但未造成致命伤害。他安全地和我们重新会合。我们站在护城河边上，朝护墙后面和古堡的窗户扔去数枚手雷，迫使德军龟缩在古堡墙里，我们

解围阿纳姆

趁机绕到吊桥那边。

梅格拉斯带着11名士兵跑到古堡大门前的通道边上。他派罗伯特·豪恩（Robert Hawn）一等兵和另外一名士兵冲过通道，贴着古堡的城墙，其他人提供火力掩护。豪恩他们用手雷干掉了里面的部分德军。其他人跟着也冲过通道，搭人梯爬上护墙，用手雷把德军的机枪点给干掉。罗伯特·西摩（Robert Seymour）中士在向德军喊话投降时被狙击手打伤，很可能是铁路桥那边射过来的。这时候古堡被轻重武器火力所笼罩，这使得趴在古堡护墙上的伞兵非常危险。梅格拉斯判断是铁路桥那边的G连在朝这边射击，因此派了拉尔金二等兵去联系他们。几分钟后，拉尔金回来报告他已经传达了消息。但是炮火仍然不断落下，看起来还是撤到铁路桥北端更安全。

他们在行径路上，经过铁路路基下面的一根管道，管道口子上封着一道门板。约翰·弗雷下士听到里面似乎有平民的声音，他还没来得及反应，班里另外一名士兵就揭开板子，朝里面扔了一枚手雷。爆炸炸死了里面几个人，剩下的也都受了伤。弗雷愤怒地推开那名士兵，和里奇蒙中士以及其他几个人一起把伤者从管道里拉出来，送到附近的荷兰人家里。他们这时没有时间去帮助这些受伤的平民。2排排长里夫斯中尉对于失去里加波罗斯一等兵还是很难过，他带着剩下的人加入了队伍。商量之后，他指派了五个人守卫管道的西面，然后自己带着剩下的五个人去铁路桥北端，建立一个机枪阵地守卫北面。

梅格拉斯的人也进行了调整。芬克拜纳中士带着自己的一排步枪班跟随詹姆斯·艾伦上士（之前在岸堤上受伤）前去占领铁路和公路的交会点。芬克拜纳中士刚爬上路基，就看到一串德军MG-42的子弹飞了过来，他脑子一缩，子弹将他的军帽打飞。双方开始投掷手雷，数名德军冲向芬克拜纳的人。"我们打退了这次德军的冲锋，击毙、击伤了几名德军士兵。我不允许那名和我们在一起的工兵威廉·克洛下士去营救那个受伤的德军士兵。

艾伦上士中了一枪，结果伤到了他的大腿主动脉，只几分钟就死了。在机枪后面的德军摇起了白旗。那个本想营救德军伤员的工兵站起来，准备去接受投降，而后立刻被其他德军打死。我们还没来得及

第11章 荷兰法院城堡及伦特跨线桥之战

叫他趴下,德军士兵摇白旗明显是要诈。"

第307空降工兵营的克洛下士是一位经历过几次战役的老兵。他后来被追授优异服役十字勋章,并被补晋升为中士。他的授勋词里这样写道:"克洛中士是一位班长,他率先过河,帮助步兵排除地雷,并且协助他们夺取桥头堡。他在进攻大桥时,和单位里的另外七人分离。克洛中士在桥上的战斗中击毙两名德军。当时有两门20毫米自行防空炮车在近距离朝他们射击。

克洛中士主动率领一个轻机枪组去攻击德军藏身的一座房屋。六名德军在屋内被击毙,另有三名在逃跑时被击毙。克洛中士带着三个人在岸堤上掩护轻机枪,他们发现九名德军试图从侧翼包抄过来。他在没有隐蔽物的情况下和德军交火并投掷手雷,最终将这股德军大部分击毙。克洛中士在这场战斗中牺牲,在三个小时的战斗过程中,克洛中士表现出极高的勇气,他在每次行动中都冲在最前面,不断激励并肩战斗的战友。克洛中士卓越的领导力、个人英雄行为和勇气都为夺取这座紧要大桥做出了巨大的贡献。"

与此同时,3排的爱德华·肯尼迪中尉、路易斯·奥尔万(Louis Orvin)上士、乔治·雷奥赖斯(George Leoleis)中士以及另外八名士兵占领了高架桥。他们中的瓦尔特·慕斯泽斯基一等兵在战斗中阵亡,他由于表现英勇被追授优异服役十字勋章:"作为一位轻机枪手,慕斯泽斯基一等兵随第一拨渡河部队去攻占瓦尔河桥头堡。在船上,他们被德军重机枪和20毫米高射炮的火力所威胁,慕斯泽斯基一等兵立刻在船上架起轻机枪,与躲在岸边掩体里的德军实施对射。尽管德军子弹击伤了他的两位同伴,慕斯泽斯基一等兵丝毫没有顾及自己的安危而逃离战斗岗位。

在到达对岸后,慕斯泽斯基一等兵在他那个班冲向岸堤的时候为同伴提供了持续的火力掩护,击毙、击伤20名德军。由于他是在后方提供火力掩护,所以他不时要提着机枪追上自己的队伍。在铁路路基上,他们遭遇到数量自行防空炮车的猛烈抵抗,慕斯泽斯基一等兵的机枪也在战斗中损毁。

没有任何犹豫,也没有等待命令,慕斯泽斯基一等兵匍匐接近

解围阿纳姆

到距离炮车15码（13.7米）的范围内，用手雷消灭了操纵它的四名德军。在行动中，慕斯泽斯基一等兵被敌军步枪所伤。他怀着勇敢的决心，不顾安危地完成使命，给他的战友树立了鼓舞人心的榜样，对成功建立瓦尔河桥头堡做出了巨大的贡献。"

很多工兵在第一拨渡河中就受了伤，原本在南岸负责指挥登船的约翰·比格勒中尉此时毫不犹豫地顶了上去。D连2排的很多士兵也主动站了出来。汉茨·德鲁纳少尉："只有半数的冲锋艇回来了，大部分工兵或死或伤，我的一些手下就志愿担任船员，把人员和物资送过河。"

G连的弗雷德·托马斯上尉回忆，当他的部队前往河边时，碰到了很大的混乱。当时英军的坦克在岸堤上用机枪和75毫米火炮掩护他们。当他们靠近河边时，其他都没问题，但每次回来的船变得越来越少，而岸边的士兵越积越多。尽管敌军从桥上射来猛烈的火力，没有一艘艇中途退缩，它们勇敢地把人员一船一船运往对岸。

"我们的冲锋艇一靠上积满淤泥的岸边，大家就跳下船，朝岸堤冲去，这之间是一片450码（411米）长的空旷地带。我们连以排为单位集结在一条往上爬的公路边上。除了担任先锋的两个连以外，我们营的其他部队都在这里了。"

连作战官是罗伊·汉纳（Roy Hanna）中尉，他参加到第二拨渡河中。"我们大约是八九个人跳上船去。我想赶快渡过河去。我跪在船右侧开始划桨。我划得太快了，一共挥了455下。我不太记得同船的还有谁，感觉就像只有我一个人一般。"

上岸后，汉纳中尉穿过"一片平坦的如海边一样的沙滩，上面还有沙丘和枯草"，跑到岸堤下面隐蔽起来。当他看到别人继续往前冲的时候，自己感到一阵羞愧，然后跟着他们冲上岸堤，开始战斗。

弗格森上尉带着他那拨人准备乘坐一艘返回的冲锋艇，但是这船漂向了下游的奶牛场附近。他们在过去的路上遇到一枚炮弹在附近爆炸，把他震翻在地。他跳起来发现没事，就绕到牛奶场后面避开敌军炮火继续前进。他们经过一辆英军坦克，还碰到一些伤员，他们被躲在附近工厂水塔上的德军狙击手打伤。

他们上船后，冒着德军猛烈的火力冲向对岸。上岸后，营部的托

第11章　荷兰法院城堡及伦特跨线桥之战

马斯·皮特（Thomas Pitt）中尉喊着："快！快！我们上！"他引领队伍穿过岸堤。他的工作就是确保河滩上的士兵尽快前往铁路桥。

塔克上校在第三拨渡河的队伍中，上校带着团部的骨干人员和米洛伊的C连。弗兰克·迪特里希（Frank Dietrich）上士是位来自密歇根州的23岁小伙子，他当时担任C连的一个副排长，他回忆："我记得当时有一个还是两个工兵和我们一起行动。我聚集了大约25至28人，然后开始去河边乘船。不知道怎么搞错了，我们发现走进了一片雷区。幸运的是我搞清楚了状况，退回去找到了正确的路线。

士兵们吵闹着搭上船。已经有些人成功渡河了，我看到他们忽然开始后退，退到岸堤后面。没一会，我看到原来是德军推出四五门20毫米火炮朝他们平射。我在想如果我们过去怎么办，唯一能隐蔽的地方就是距离河边600码（549米）的岸堤。船的帆布蒙皮倒没让我太过困扰。但是这也太可笑了。我记得水面看起来就像是凝固了一般，我们速度很慢，听起来很疯狂，但河流感觉比平常的水要更为沉重，而且似乎还在把我们往后拖。当我们到达对岸时，河滩上躺着些受伤的人和几具尸体。救护兵在周围忙来忙去。

船一靠岸，所有人就立刻跳下去，朝岸堤冲去。当我们到达时，先前的部队已经展开对古堡的进攻，德军在那里进行激烈的抵抗。我后来听说卡特中士和几个人攻了进去。"

大约16时，在北岸的弗格森上尉碰到了I连精疲力竭的罗伯特·布兰肯西普中尉。"我们越过岸堤，损失了半个排的人手。"布兰肯西普汇报。弗格森让他坐下来休息一下，但是布兰肯西普只稍微停了一会，就继续朝着铁路桥奔去，布瑞斯上尉也跟在他后面。弗格森沿着岸堤朝东前进，忽然遭到一阵德军炮火袭击，他立刻跳进最近的散兵坑里。结果这里面已经躲着迫击炮排的麦克克莱恩中尉。"还有地方给我么？"弗格森问。"去另外找个坑吧，弗格！"他如此回答。然后弗格森只能讪讪地爬出去，重新找到一个空的散兵坑钻了过去。

弗格森上尉很快就碰到了满身大汗的塔克上校。他们通过弗格森的电台联系上了库克，发现后者已经到了铁路桥边上的岸堤。塔克上校出发去找他，同时命令弗格森前往公路桥。塔克回忆："我们沿着

解围阿纳姆

地面上的凹槽匍匐前进，很快就进入伦特堡（荷兰法院城堡）。3营继续清除附近的德军，1营仍在渡河过程中。"

塔贝尔中士还在找自己的连长："在碰到好几个H连的战斗小组之后，我终于在铁路桥找到了他。那里的战斗很激烈。我们将加蒙手雷递给卡佩尔上尉，然后他将手雷透过一个开口扔进桥北德军退守的塔楼里。不用说，我们甚至没有给他们投降的机会。"

西姆斯少尉回忆："里夫斯中尉带着几个人加入了我们的队伍，没一会，为数不少的德军就试图冲过大桥，朝我们的阵地扑来。我们把他们放近了打，直到他们没有任何动静才停下来，那些没被打死的，我们允许他们撤退或者是举手投降。优势都在我们这边，那些困在桥上的德军无路可走。因此他们遭到了重大损失。几周后，我听说从铁路桥上一共收殓了267具德军尸体。而那些从桥上跳下，或者落入水中的数量更加是无法统计的了。

大家在战斗中处于高度紧张和愤怒的状态，因为持续的苦战，以及目睹身边的战友在渡河中被打死。我们对于消灭大量敌军毫无怜悯之心。我脑子里会经常回闪当时的情景，这种人类间的屠杀当然不值得骄傲。同样，带着那么多优秀的青年和敌对的青年进行生死较量也经常让我感到困扰。这些国家什么时候才可以不浪费自己的年轻人呢？

在H连出发前去帮助I连夺取公路桥后，我仍旧待在铁路桥上。经过刚才短暂的战斗后，我们夺取了桥的北端，不过德军仍旧死守桥身中部，这还需要花点时间才能解决。里夫斯中尉带人完成了这一任务。我后来在天黑的时候回到了公路桥那边的部队里，然后带着几个人在通往阿纳姆的公路东侧构筑了防御阵地。有一支英军坦克部队在早些时候已经通过大桥。他们到第二天才继续朝北前进，而那时在阿纳姆的英军红色魔鬼已经大部分非死即伤了。我一直没想明白英国人为什么没有立刻朝北推进，本来他们应该利用我们在德军防线里制造的混乱，长驱直入的。

在这次行动中，H连共有7人阵亡，20人受伤。在我看来，这场行动计划得很糟糕，也没有得到有力的支援。任务之所以可以完成，完全是凭借基层军官和士兵的勇气和决心。我在这场战斗中的表现为自

第11章　荷兰法院城堡及伦特跨线桥之战

己赢得了银星勋章。"

西姆斯的副班长戴维·罗森克朗茨上士回忆在德军朝铁路桥这边冲锋的时候，人数上比美军能达到10∶1，三个人并排冲。当他们的冲锋被打垮后，美军让他们投降，结果他们回以手榴弹，美军又派了一个德军俘虏去劝降，结果德国人直接把他们的那个同胞打死了。

看到这个情况，美军伞兵只有用自己的机枪加上缴获的德军机枪来消灭他们。"这就是奈梅亨大桥战斗期间的典型一幕，"罗森克朗茨上士说，他当时指挥一个机枪小组，命令朝那些冲过桥的德军射击。"奈梅亨并没有像西西里岛、萨莱诺或者是安齐奥拖得那么久，但是它也是一场艰苦卓绝的血战。"

唐纳德·齐默曼中士是1排的一位班长，他回忆："我们在奈梅亨附近渡过瓦尔河，我们把德军驱赶走后回到铁路桥。库克和三名军官站在铁路轨道上，我们决定先吃点K口粮，坐下来休息一下。在桥附近有大约十二名士兵，库克仍然站在那里。天色慢慢昏暗下来，我们突然听到巨大的响声：大约一百五十名德军冲了过来，一排接着一排，大声呐喊着！我们用机枪对他们扫射。在放倒了11、12排德军后，库克少校喊道，'停火！停火！'真是令人目瞪口呆的情景。我们去缴械，他们把自己的那些步枪和鲁格手枪扔到河里。德国人在我们的监督下开始把自己死去和受伤的同伴撤离大桥后，在附近坐了下来。我注意到只有一个H连的士兵在看守。库克少校和其他那些军官都离开了。"

西摩·弗洛克斯："当我们到人桥时，有人说德国佬冲过来了，上尉带着我和另外三个人摸了上去，我们看到有两个德国人朝我们这里跑了过来，上尉命令我不准射击，他想抓俘虏。我们等他们走近了，跳出来命令他们投降，他们躲到边上朝我们射击。我们就朝他们扔手雷，其中一枚被扔了回来。所幸没有伤到我们的人员。

我们活捉了他们中的一个。战友中有会德语的告诉他回去劝说同伴投降。结果他们拒绝投降，我们只能消灭他们。你必须要对这帮家伙表示敬佩，因为他们战斗到了最后一人。当战斗结束时，一共清点出超过270具尸体。我们还缴获了三门反坦克炮，这样我们的坦克可以

解围阿纳姆

安全过桥了。等到它们过来,剩下的事情就不多了。你可以告诉我的兄弟布德,我帮他搞到了不少他要的东西。

我们继续往大桥上走,看到英军坦克正在通过。夺取大桥的目的就在于给英国佬的坦克打通道路,这样他们可以前往阿纳姆去解救英军伞兵,但是你知道那些英国人的德行。他们还没准备好。你已经从书上知道了那些英国伞兵的结局。如果这些坦克按照计划行动,那些伞兵是很可能被救出来,而战争也可能更早结束了。"

麦克克莱恩中尉和他排里的几名士兵当时也在场:"在渡过瓦尔

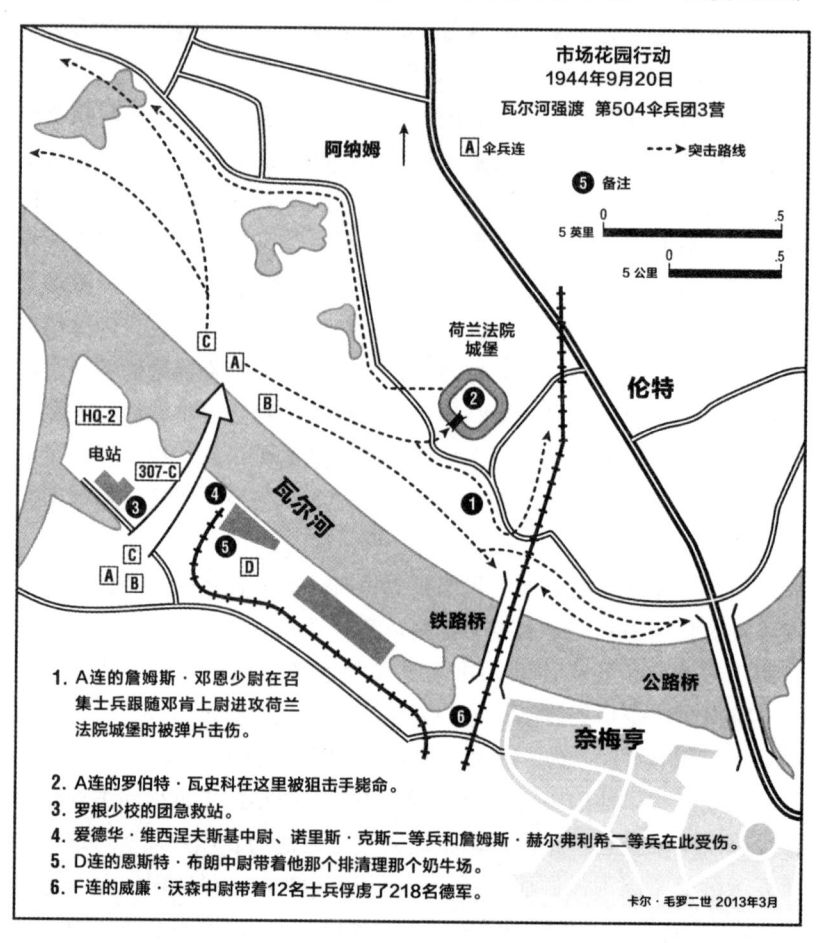

市场花园行动
1944年9月20日
瓦尔河强渡 第504伞兵团3营

1. A连的詹姆斯·邓恩少尉在召集士兵跟随邓肯上尉进攻荷兰法院城堡时被弹片击伤。
2. A连的罗伯特·瓦史科在这里被狙击手毙命。
3. 罗根少校的团急救站。
4. 爱德华·维西涅夫斯基中尉、诺里斯·克斯二等兵和詹姆斯·赫尔弗利希二等兵在此受伤。
5. D连的恩斯特·布朗中尉带着他那个排清理那个奶牛场。
6. F连的威廉·沃森中尉带着12名士兵俘虏了218名德军。

卡尔·毛罗二世 2013年3月

第11章　荷兰法院城堡及伦特跨线桥之战

河后，我赶往铁路桥北端，那时正好是防守大桥的德军被南岸我们的部队给逼着逃过来。我估计有大约五百名德军的样子。我们在桥的这头有两挺重机枪和两挺轻机枪。当德国人刚刚走到一半的时候，我们开火了。有些人跳入桥下的湍流，受伤的人就消失在波涛之间。尽管我们已经在两年的战斗中见证了太多同伴的离去，心如寒石，但我仍然觉得那场战斗太过冷血。"

在确保了铁路桥北端的安全后，卡佩尔上尉的部队迎来了库克少校、基普上尉和一名无线电员。"我们已经把铁路桥控制在手里，接下来就是更为关键的那座公路桥，"卡佩尔回忆，"我们已经把握了局面。库克带着一名无线电员过来，我建议他可以联系英军第1空降军，让他们通知英军装甲部队可以通过铁路桥过河。基普和我都希望尽快得到坦克的支援，那可以对我们夺取公路桥带来很大的帮助。本来德军在铁路桥北面布置了一门反坦克炮，88毫米或者是75毫米那种大口径的火炮，那已经被我们干掉了。库克发出了申请，塔克过来说，'它们会参与对大桥的进攻。'有了这些坦克，我们步兵配合夺取公路桥就容易多了。"

第12章

★ ★ ★

扩大桥头堡

奈梅亨，1944.9.20

当大多数工兵忙着在瓦尔河上摆渡时，霍拉伯德少尉仍然带着他那个班的士兵留在北岸。"我写了一个简短的报告给哈里斯上尉，派了一人去送信。我们分散开执行任务，我身边还剩下六个人。到处都很忙乱。

我走在队列的最前面，在经过一大片草地的时候，子弹横飞，地上躺着被打死的奶牛。我非常怀疑向我开枪人的射击技术。不管怎么说，我们现在是瓦尔河的征服者了！差不多过了半小时后，也就是在17时至17时30分之间，我们找到一间农场的仓库，我脱下头盔四处查看了一下。我在想应该干吗呢，没有人，没有任务：我并不算个典型的步兵。我的两个手下也过来了。我们讨论了一下是应该继续前进，还是回到滩头。

就在这个时候，我们看到库克少校带着3营朝这边过来。我向库克通报了一下情况，然后带着我班里的人回到河滩。那里已经基本上空了，只剩下几艘千疮百孔的冲锋艇和六具尸体，这可真不是什么成功渡河后的美景。我们三个人在河滩上过了一夜，然后乘坐一艘过来着的船回到南岸。"

到了这个时候，河面上除了那些幸存的帆布艇，工兵沿着马

解围阿纳姆

斯——瓦尔运河又找来了一些木质的小艇和渔船。A连在那天下午16时,作为第四拨部队过河。作战官邓恩中尉在自己的日记里写下:"我们只剩下了三条船,但我们仍然完成了渡河!"船太少了,整个连没法一次过河。布列德少尉的1排于16时第一批过河,其他部队依次跟在后面。过河后,我们直接在岸堤上集结。

"我们和3营混合在一起。有些伤员躺在地上,我记得牧师和救护兵在照顾他们。但是我们不能停下来,需要继续前进。有人告诉我,'去拿下古堡。'我排里的一些人朝铁路桥方向走去。"

在前往古堡的路上,布列德少尉和他的人在一座屋子边上撞见一门88毫米高射炮,他们立刻把操纵这门炮的德军打跑,排里剩下的人都前往伦特堡(荷兰法院城堡)。瓦斯科二等兵在那里阵亡。当时他爬到北坡上用机枪进行射击,结果被德军狙击手毙命。我并没有亲眼见到当时的情景,是后来莱希中士告诉我的。我的排里有部分人参与了夺取铁路桥的战斗。在天黑后,1营前往奥斯特豪特。A连在村子东面建立防御阵地。

克拉克中士是A连的一名迫击炮班班长,他回忆:"我们并不知道自己的具体任务,直到渡过河之后才有人告诉我们。划船时他们都用步枪枪托,我用的则是托米枪枪托。当我们到达岸堤后,也就是现在树起纪念碑的地方,我们停下来等待分配任务。"迫击炮班里的约翰·艾瑟姆(John Isom)二等兵也记得那时在冲锋舟里居然没有船桨:"我想应该是6—8个人一船。我们上船后,由于船桨不够,只能用步枪枪托来划水。"当他们到达对岸后,跑到岸堤下面躲避起来。有一挺德军MG-42机枪就在上面射击:"我在岸堤下面躲着,忽然听到机枪射击声停了下来,我赶紧匍匐躲过危险地带。后来大家集结到护城河的吊桥边上。"

达伦·布罗德黑德(Daren Broadhead)二等兵在这个排的另外一个班里,他错误地把当时渡河的帆布船记成了木头船。连部的弗雷德·利利(Fred Lilley)二等兵回忆:"我们用步枪枪托划船,很多人从来没有划过船,所以船会不时陷入原地打转的状态。在过了一半的时候,大风把烟幕吹到了河面上,这造成了很大的混乱。士兵们有的

第12章 扩大桥头堡

大声喊叫,有的只顾祈祷,除了那些马上要死的人,其他人都拼命要划到对岸。我们要替那些没有成功渡河的战友好好活着。"

邓肯上尉带着A连主力对荷兰法院城堡发动进攻,邓恩少尉则去召集更多援军。碰到邓恩的人里面就有C连的卡特中士和尼克斯二等兵,他们和自己的部队走散了。当邓恩朝他俩挥手时,自己的胸口被击中了:"我被附近爆炸的一枚炮弹弹片击伤。默林少尉的头部和胳膊也被击中。他们把我们转移到附近一个散兵坑里,在那里待到天黑。军医说伤口应该还没深到伤肺的程度。我们被用担架抬到已经被占领的古堡里。我只能俯身卧在那里,包括吃喝都只能那个姿势,无法动弹。"

在古堡被拿下后,米切尔·莱希中士的1排1班在护城河边上的高墙上负责警戒:"我们在墙后也要小心,不时有德军朝我们射击。我看到瓦斯科二等兵的脑袋垂在那里,手还抱着自己的轻机枪。在他太阳穴上有个弹孔,细细的鲜血顺着脸颊流了下来。他和我的距离很近,所以说只要子弹错开几个英寸,死的那个人就可能是我。这让我一阵干呕,但我空空的胃里也吐不出什么来。我开始呼唤救护兵,尽管我知道这已经无济于事。他走了。"

到了后来,划船就不纯是工兵的事情了。D连的德鲁纳少尉解释:"在第一拨渡河之后,我们的一些人就开始了摆渡的工作。在这场战斗中我们的任务是提供火力支援。但战况却是只有一半的冲锋艇能够回来,大部分工兵或死或伤,因此我们中不少人当即志愿申请划船。当我渡河的时候,德军的火力已经不那么密集了,因为3营已经在北岸清除了那些火力点。但德军的88毫米高射炮平射还是给我们造成了不少伤亡,它们可以覆盖两岸的河滩。"

1营营部在17时的第五拨次中渡河,有位无线电员被德军火炮杀死。1营迫击炮排的尼古拉斯·曼索里洛二等兵看到好友约翰·穆伦躺在血泊中,他回忆:"我们被对岸射来的大口径炮弹袭击,所有人都在找掩体。我当时在约翰的右边,找到一堵墙来做遮蔽,这时有人说约翰被打到了。我跑过去看他,结果他已经死了。应该是弹片击中了他的脖子,流血过多而死。我还能看到那摊血上

解围阿纳姆

还有浅浅的热气腾起。没有人救得了他。我们是从布莱格堡开始的好朋友。

约翰在这次任务前告诉我，他有一种很强烈的预感，这次大概要轮到他去了。很多人都会这么说，大部分时候都是说说而已。但是约翰在说的时候非常认真。我当时觉得他是真的相信这点。我劝了他也没用，不过我内心深处还真的有点信他说的。"

乔治·卡廷（George Cutting）二等兵和通讯排一起过河时，也遭遇到88毫米高射炮的射击，炮弹在附近落下，没有命中他们。上岸后，他们前往铁路桥，被狙击火力骚扰，有些子弹差点击中他的脑袋。他们在美军之前轰炸留下的弹坑里做了短暂休整。在公路桥和铁路桥都被攻克后，他们前往荷兰法院城堡驻扎。

17时10分，库克派传令兵带一份电文送到在荷兰法院城堡的塔克手里，这份电文于17时40分收到，团作战日志里这样写道："已经控制了反坦克火炮以及岸堤，要求坦克过桥来支援库克。"五分钟后，威廉姆斯上校的回应简短而清晰："你的申请已经被执行。威廉姆斯。"与此同时，一条电话直线架设过河，这样可以保持和1营的通讯顺畅。扎克比少校在线路铺设完成前受了伤。他一开始担任河滩协调官，这个角色一直持续到1营和3营（缺B连）渡过河为止。然后他去到北岸去协调与团部的通讯，并设立营指挥部。

扎克比的手下于第五拨过河，在大约17时30分完成了临时指挥部到团部的设置，扎克比带着两名布线员去指引在哪里布设电话线。他们在完成了一半工作的时候遭到袭击，一名士兵阵亡。扎克比的左腿和右手手掌中弹。另外一名布线员没有被击中，他帮助扎克比回到指挥部。扎克比流了不少血，体温开始逐渐下降。

"大约23时，救护兵开着一辆熄灯的吉普，把我和另外五名伤员送到奈梅亨的第82空降师野战医院。尽管距离并不是很远，但他们开了一个小时。接待室里面的伤员的情况都要比我严重得多。我被抬到手术台上。一名年轻的医生负责我的手术，我竟然认得他，是1941年在新泽西州迪克斯堡（Fort Dix）认识的。真是太巧了，他也说不清我以后是否还能再去跳伞。我运气不错，骨头并没有被打碎，只是骨

第12章　扩大桥头堡

折。但是我左侧大腿中部的血肉和韧带都被烧焦。他在我腿上缝了17针。21日7时，加文将军来医院探望，祝我早日康复。"

当扎克比少校在岸堤上带着布线员忙碌的时候，弗格森上尉还待在自己的散兵坑里。"快，兄弟们！"扎克比对下属喊道。弗格森立刻明白了扎克比当时行动的危险，他简直就是德军的活靶子。他叫扎克比赶紧趴下，但是太晚了，德军机枪响了。

威廉·埃迪森（William Addison）上尉遇到一枚88毫米炮弹在距离他3英尺（0.9米）旁没有爆炸，让他捡回一条命。他原来需要用船运送12吨弹药过瓦尔河，后来塔克上校用无线电通知不用冒这个险了，可以等桥拿下后用汽车运输。库克少校记得："我们当时急需弹药，埃迪森作为团后勤官负责运送弹药的车队。听说大桥已经在我们手里后，他立刻开车过来送弹药。结果那个消息并不完全准确，他被德军残兵阻截，差点被打死，不过他总算是把弹药卡车开到北岸了。"

第六拨也是最后一拨渡河的是赫尔格森的B连，18时过了一点。1排的麦克·霍尔姆斯托克一等兵记得在他们划船渡河时仍有炮弹飞过。夜幕降临后，他们到达铁路桥。"我们看到有人从桥上朝我们走过来，我想那应该是美军，结果走近了才发现是德军。我们打了一场硬仗。"

荷兰人本·波曼跟着B连1排的理查德·史密斯少尉："我们来到电站后就停了下来。冲锋艇到13时还没送到，强渡因此被推迟到14时开始。但那26艘冲锋艇直到14时30分才送到，其中一条在路上还受损了。因此渡河行动决定于15时开始。美国人对于仅靠这么轻型的装备来渡河感到意外又气愤。

我那艘船幸运地抵达对岸。为了躲避岸堤后射来的火力，我的脚还没离开水，我就趴倒在地。同船的美军奉命前压到300—400米外的那道堤岸。尽管在渡河中，他们已经精疲力竭，并且遭受严重损失，这些勇敢的人仍旧继续作战。每次我想爬起来的时候，就听到子弹呼啸飞来的声音，我只得继续趴在那里。

当我终于可以爬起来不被打到的时候，就朝铁路桥奔去。在铁

解围阿纳姆

路桥下,我正巧碰到几名军官在商量如何迫使德军离开铁路桥。奈梅亨那端仍然在德军手里。其实方案也很简单,就是开火。先在气势上压倒对手后,再用德语召唤他们投降。他们一致同意这个建议。所以当射击稀疏后,我爬上铁路桥,用德语喊话。居然真的奏效了!十五名德军举手投降!"

塔克上校的计划是等到铁路桥南端被我们封锁后,德军自然会投降。他命令维勒姆斯少校的2营朝大桥射击。"当交火平息下来后,"塔克回忆,"我用无线电命令南岸部队继续朝桥上的德军射击。我当时在铁路桥和公路桥之间的位置。英军坦克当时没有行动,有三辆坦克在天黑前成功过河,停在第504伞兵团的前进指挥部附近。

我沿着大桥朝奈梅亨方向走去,不过还有德军的零星射击。大部分德军已经投降。

在天黑的时候,1营和3营的阵地已经连成一片。2营继续朝铁路桥上的德军开火,最后居然抓了200名德军俘虏。我依旧待在铁路桥和公路之间的一座农场小屋里,并在那里过夜。英军坦克的指挥官整晚紧张兮兮地要求我们提供附近的警戒,问题是我们有两个营的人马挡在他的前面,足够防止任何德军小股部队的威胁。

我本来打算第二天朝阿纳姆进发,但是命令要求我待在原地。

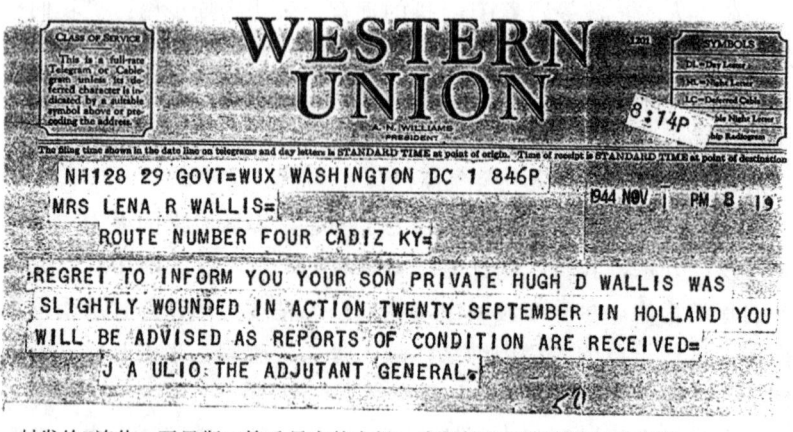

一封发给H连休·瓦里斯二等兵母亲的电报,告知她瓦里斯在荷兰受伤了。

第12章　扩大桥头堡

英军多塞特郡步兵团负责伴随他们的坦克前往阿纳姆。不幸的是英军选择的路线被德军两门88毫米火炮阻拦,他们换了一条路之后遇到了相同的情况,如果他们多线施压的话,也许就可以取得突破。这也是美军的战斗方式,特别是巴顿将军所擅长的。"

第13章

★ ★ ★

使命完成

奈梅亨，1944.9.20

"当天下午晚些时候，铁路桥的北端已经在我们的掌控之中，"3营作战官亨利·基普上尉回忆，"我们立刻开始布置防御阵地，因为德军必然会发动反击来夺回大桥。不断有报告传来，德军坦克从一个方向攻过来，而步兵又从另外一个方向过来。从大桥南岸不断有德军摸过来，朝我们投掷手榴弹。这简直就是自杀行为，在这些自诩为优等民族的德军中很常见。

就在这片混乱中，一件非常古怪的事情发生了。当天越来越黑时，一大群德军从桥中间朝我们这端冲过来。估计有200—300人。我们想这简直是煮熟的鸭子，就等着被宰吧。结果忽然有个德国人用德语喊他们想投降。幸运的是我们中有个人懂德语，他告诉他们回到奈梅亨去找那侧的美军投降，因为第82空降师的其他部队清除完奈梅亨后也正朝大桥靠拢。幸运的是这股德军听懂了，并且遵照执行。如果他们知道我们这里的兵力是如此单薄的话，我担心他们就不会投降了，而是要拼一下。

差不多就在那会，我们听说营里的其他部队占领了公路大桥的北端。经过一场恶战后，任务总算完成了，我们围绕大桥建立了一层薄薄的防线。

解围阿纳姆

　　铁路桥由1营夺下后，大部分部队需集结到更为重要的公路桥那边，那是通往阿纳姆的生命线。天已经完全黑了，那些被炮火点燃的房屋发出诡异的光芒，让人感觉有点不真实。我们在树和房屋的影子间穿行，朝公路桥走去，我想这天终于要结束了。第504伞兵团3营完成了不可能完成的任务。我们强渡瓦尔河，我们突破了1英里（1.6公里）由重兵把守的阵地，我们占领了两座至关重要的奈梅亨大桥，我们打通了前往阿纳姆的生命线。这会让德国佬付出惨重的代价。

　　这次战争爆发以来，我看到过很多凄惨的场面，但那天我所做的确是彻头彻尾的屠杀。德军的尸体到处都是，甚至在有些地方都堆成了山。由于审查的原因，我不能透露本方的损失。奈梅亨被夺下了，大桥的两端都完好地被第82空降师控制了。"

　　1营营医布伦斯上尉回忆："桥头堡巩固后，奈梅亨附近的两座大桥都被夺下。荷兰法院城堡在一番战斗后也被攻克。我把那里作为急救站使用。这座古堡10英尺（3米）厚的城墙给我们带来不少安全感，不过随着德军继续朝北撤往阿纳姆，我们很快也继续开拔了。

　　可以看出来德国佬走得很慌忙，他们的饭菜还在煮着。我找到一副象牙材质的国际象棋作为战利品，并带回了美国，遗憾的是后来被人给偷了。"

　　在南岸电站背后有个小码头，英军皇家工兵第615中队在那里搭建了两艘九级船筏，这样可以把罗素·巴斯蒂克中尉的两门57毫米反坦克炮给运过瓦尔河。萨普·塔克（Sapper Tuck）看到一位美军工兵军官走过来，"大家都知道他的那个营刚刚遭受了惨重的损失。从他的话里可以听出来也有些信心不足，对于危险的渡河非常焦虑。我对他的怀疑和担心完全赞同，他没有命令我们马上把这些步兵支援火炮装上筏子，准备看看情况发展再说。

　　可没过多久，就有一位个子高高的美军中校走了过来，他戴着钢盔和墨镜，是第307空降工兵营的埃德温·比德尔（Edwin Bedell），他气势汹汹地走下堤岸，说的话到现在我都记得清清楚楚。'这些炮为什么还在这里，没被运到对岸去？'他怒气冲冲地质问我们。那位年轻的军官试图解释自己的考虑，'少尉，'中校粗鲁地打断他的

第13章　使命完成

话，'我们的小伙子在对面奋战，他们需要这些炮，如果你不把这些火炮送过去，就准备上军事法庭吧！'

'好的，伙计们，开始吧。'那位少尉简洁地命令。我完全不赞同，这个想法就是彻头彻尾地疯了！本能让我想找个地方躲起来，哪里都不要去。但是现在我们要装着一船爆炸物，在完全空旷的河面上，面对敌军随时会射过来的炮弹下渡河，而且这个筏子既不稳，又不快。

大家匆匆把火炮和弹药箱装上船，我们都伏在甲板上。在高度紧张中，我要检查一下我步枪里是否已经子弹上膛。老天，由于我太紧张，忘了关掉保险，结果开了一枪。尽管周围吵闹声很大，这一枪响还是引起了众人的注意，所有的眼睛都看着我，让我无地自容。

很快我们启动了船筏的两台发动机，船开始从港口驶出，来到了宽阔的瓦尔河上。我们粗笨的船筏被激流冲得开始打转。发动机经过一番努力终于战胜了河流的力量，船又开始前进了。敌军的火力立刻开始关注我们。迫击炮弹纷纷飞过来，在让人紧张的距离内爆炸，引起冲天水柱。只有听天由命了。

在我们这艘动力不足的船筏和逐渐远离的河岸之间有一股很强烈的水流，一旦过了就会好些。奔流的河水在奈梅亨的铁路桥和公路桥那段拐了一个弯，河面把那天下午的阳光反射出奇妙的光线。整个奈梅亨好像都着火了。火焰也倒映在河面上。腾起的烟柱直冲云霄，在平坦的田野上非常显眼。

我们紧张地在子弹和炮弹构织的弹雨中朝对岸前进。在河中间的时候，有一艘划桨的船从城镇方向往我们船筏靠了过来。有人怀疑上面装着逃跑的德国人，就朝它开了几枪，它没有任何还击的行为。

由于大桥仍然在敌军手里，我们也许是英军第2集团军第一批渡河的人员。因此我心潮澎湃，在筏子靠近浅滩后，第一个跳下去，用缆绳继续把筏子拉上岸边。

我们立刻引起了敌军迫击炮的射击。在把火炮送上岸之后，我立刻跳入之前那些美军挖掘的散兵坑里，他们这时已经朝大桥进发了。炮击慢慢停止了。最后一丝暮光也被黑暗吞噬了，周围陷入让

解围阿纳姆

人不安的寂静。尽管一轮圆月挂在夜空，江水依旧显得昏暗可怖。除了我们的坦克通过公路桥时发出喀喇喀喇的声音，一片死寂。周围的泽地披上一层冷淡的银光，诡异而美丽，我们知道就在不远的地方，看不见的敌军仍然在盯着我们，任何随意的噪音和动作都可能给我们带来大祸。

我们在那里等待，孤独而脆弱，我们奉命去寻找并保护一位美军上尉，据说他受了重伤，躺在附近某个角落。我们四个人由下士带着出发去找那个人。大家尽可能保持悄无声息地抬着一具担架，匍匐着接近美军所说的地点。我们果然发现他把脸埋在微湿的草地里，显然是他的背部受了重伤，让他疼痛难忍。

罗恩先给了他一针吗啡止痛，我们再小心翼翼地把他搬上担架。'尽可能轻些，不要让他沾地。'罗恩悄声说。这种提醒都没有必要，这个可怜人的呻吟声不断提醒我们要轻手轻脚。

很快，我发现要抬着一具沉重的担架并且要保持只高于草地几英寸实在是太难做到了。这种非常规的动作要求我的右手举着担架往前抬，我的左手则用来把自己往前拖，这动作完全是扭曲的。

回到南岸可是很麻烦的事情。谢天谢地，仅仅是几分钟时间，一阵浓雾奇迹般地出现了，覆盖了整个区域，让发动机的声音也被包裹起来，能见度只有几英尺远。我们顺利地渡了回来，上岸后立刻把受伤的人抬到岸堤，然后送入电站里的急救站。在我们把伤者放到水泥地上时，他已经没有知觉了，电站里只有一个裸露的灯泡发出惨淡的光。我转身离开，也不知道他有多大机会活下来。"

尽管萨普·塔克在65年之后都不确定，但是他和作者都相信那位受伤的上尉应该是威斯利·哈里斯。哈里斯因为在这场战斗中的英勇表现，获得了优异服役十字勋章，授勋词这样写道："哈里斯上尉是第82空降师第307空降工兵营C连指挥官，1944年9月20日在荷兰的一次战斗中，他面对敌军猛烈的炮火毫不犹豫，亲自指挥冲锋艇的装运和强渡行动，帮助第504伞兵团成功渡过瓦尔河，建立了至关重要的奈梅亨桥头堡。第一拨部队在渡河过程中遭到敌军机枪和火炮的集中射击，哈里斯上尉的背部和手臂都受了伤，但他继续指挥渡河作战，确

第13章 使命完成

保船只尽快卸下人员。在回到南岸后,他拒绝后撤治疗,继续指挥第二拨渡河。

当他率领第二拨部队渡河时,他旁边的一个浮舟被击沉,尽管哈里斯上尉自己已经受伤,他还是跳下去帮助三名落水士兵爬上别的船。哈里斯之后又返回南岸指挥第三拨渡河,由于失血过多而昏倒。哈里斯的英勇行为和专业能力极大地促进了任务的成功完成,他充分体现了美国陆军的优良传统和最高水平。"

G连的作战官汉纳中尉在到达北岸后,迅速将1排和2排聚拢起来,前往铁路岸堤。和他一起的还有2排排长斯蒂夫·赛叶贝(Steve Seyebe)中尉和1排副排长詹姆斯·普赛尔(James Pursell)少尉。他们的任务是清除通往阿纳姆的公路和朝北铁路的交叉区域。"普赛尔和我走在队伍的前面,我不清楚托马斯上尉当时所处的位置。托马斯也许在指挥G连的部分部队在进攻荷兰法院城堡。

在接近交叉点的地带,我们突然受到来自铁路方向猛烈的轻武器射击,那条铁路是横跨在公路之上的。我们整队人马被压制在公路南侧一条宽阔的壕沟里。

我们的处境非常危险,完全被敌军火力压制得无法动弹。忽然间,我们听到坦克从大桥方向开过来的声音,他们的机枪开始怒吼。不仅是我一个人以为这是德军的坦克。忽然间,两辆坦克出现在我们前面的公路上,我们没认出这是英军的坦克,直接用加蒙手雷把领头那辆坦克的履带给炸断了。这样两辆坦克都无法动弹了。领头坦克的车长打开舱盖吼道:'扬基佬!不要射击!'这样大家才停下手中的武器。铁路方向的射击一停止,我们立刻朝那边扑去,结果在那里发现很多德军尸体,那些在英军坦克攻击下幸存的德军都已逃走。"

托马斯上尉的G连在强渡瓦尔河的战斗总结里写道:"我们一口气冲过450码(411米)长的一片开阔地。全连在一条抬升的公路旁以排为单位集结起来。除了已经投入进攻的两个连之外,营里的其他部队都集结在那里。G连随后穿过公路,由于公路仍然处在敌军机枪的火力封锁之下,我们是一个一个跑过去的,公路对面的房屋都已被炮火点燃。

解围阿纳姆

在穿过公路后,本连沿着从奈梅亨大桥延伸出来的公路前进,直到被德军设置在铁路旁的阵地所阻拦。一场手雷战爆发了,双方互相投掷手雷。德国佬在那里的规模不小。

2排排长赛叶贝中尉在朝德军阵地的突击中阵亡。我们在那时从营里传来的无线电里得知铁路桥已经被拿下。很快就得到消息,英军坦克已经通过大桥。这时本连已经被德军三面包围,随着夜幕的降临,我们的弹药也快打完。忽然间,我们听到枪声大作,一辆坦克朝我们方向冲来。我们一开始想这应该是那些过河的英军坦克,结果坦克却用机枪对我们猛烈射击,同时还用75毫米坦克炮轰击我们右侧的果园,我们想那这肯定是德军坦克了。

2排的排副威廉·萨克斯(William Sachse)上士朝坦克底下投去一枚加蒙手雷,其在坦克正下方爆炸了。坦克停了下来,舱盖打开,一个纯正的英国口音表明这是英军坦克。真是戏剧化的结尾,随着夜晚的到来,我们的处境已经非常危急。坦克停在那里,其中一辆被击毁。当塔克上校和谢利(Shelley)上尉开着吉普过来的时候,我们正在和英军坦克手交流战况。英军指挥官和塔克上校开了一个会,在附近的各连指挥官,包括托马斯上尉都被召集过去进行简报。

本连被集中起来,沿着公路朝奈梅亨大桥前进。我们得知英军步兵开始过河,他们会来接替我们。路旁的一座大房子燃着熊熊大火,把四周都照亮了。我们继续往下走,看到路上有辆被击毁的英军坦克。德军战俘正穿过大桥,被押送往燃烧着的奈梅亨。当时的景象让人难以忘怀,当他们经过我们身边时,能看到镇上大火把他们脸庞照亮的样子。我们连又被派到伦特镇外的公路,我们刚从那里回来。我们布置了防御阵地和岗哨,剩下的人赶紧享受难得的美觉。"

汉纳和其他那些在伦特的伞兵们并不知道英军坦克也差点在瓦尔河大桥北端朝I连进攻。当时布瑞斯上尉带着H连和I连的混合部队刚到达那里。黑德贝格一等兵带着一些人正准备切断大桥上的爆炸引线。他们是第一批到达公路桥的伞兵:"当坦克开上桥的时候,我和哈尔二等兵和雷德二等兵在一起。坦克停在我们面前,一个人打开舱盖嚷着:'那个人是德军间谍。'我立刻呼喊是友军,但他不断问:'你

第13章 使命完成

的指挥官在哪里？'一副质疑的口吻。我说：'我真不知道。'然后他说：'他是间谍，开火！'我被吓得半死，幸亏他们并没有真正开火。他们直接开了过去，把我们留在原地目瞪口呆。没过一会，布瑞斯上尉就到了。"

布瑞斯上尉之前带着17个人从大桥底下摸上去，德军完全没有料到。被俘虏的德军被关到大桥的桥墩附近。布瑞斯顺着水泥楼梯爬上桥，成为第一个到达的军官。桥梁梁柱后还有一些德军在顽抗，这时候英军坦克过来了。

第一批过河的4辆谢尔曼坦克隶属英军第2近卫步兵营第1中队，由25岁的彼得·卡灵顿（Peter Carrington）上尉指挥，他是第1中队的副队长。彼得·罗宾森（Peter Robinson）中士回忆："卡灵顿当时和我们中队待在距离大桥很近的一处护堤上，他收到命令，要率领罗宾森的第1小队突破大桥。我们并不知道在过桥时会碰到什么情况。中队长约翰·特洛特（John Trotter）少校告诉我绝对不要因为任何情况而停下来。罗宾森的坦克开在最前面，在接近大桥南端的坡道时被德军击中，所幸除了电台损坏，其他没什么问题。"没有电台就无法指挥，他爬出坦克，跑到后面跟着的由杰克·比灵汉姆（Jack Billingham）中士的坦克上。"你赶紧给我出来。"罗宾森对比灵汉姆吼道，他接手了那辆坦克，命令其他车辆跟上。而原来的第三辆由西里尔·佩西（Cyril Pacey）中士指挥的谢尔曼已经驶过他们，开到最前面去了，后面依次是罗宾森的坦克、比灵汉姆的坦克和"岩石"·奈特（"Rocky" Knight）中士的坦克。卡灵顿和他们保持着通讯联系。

佩西中士的坦克在北端混凝土障碍的后面停了下来，将火力倾泻在所有看得见的目标上，罗宾森中士继续前进，开到伦特附近的铁路线的另外一侧。在路上，比灵汉姆的坦克被一门德军88毫米高射炮报销，最后面奈特的坦克同样也被击中，奈特装死待在车里，其他四散逃出的乘员都被德军俘虏。当晚，奈特趁黑逃到伦特那边找到两名美军伞兵帮忙，回去把自己的坦克居然启动起来。佩西的坦克后来也上前，和罗宾森的坦克会合。

"当我到达北端后，"卡灵顿上尉后来写道，"还有些德军藏在

解围阿纳姆

桥上，他们也装备有类似巴祖卡的火箭筒。我待在那里等到后续坦克的到达，然后前进去支援罗宾森，他周围已经聚集了一些美军。由于天已经黑了，布瑞斯上尉并不能搞清楚在奈梅亨和阿纳姆之间到底有多少德军设防。他报告说在渡河时遭遇了德军猛烈的火力，但是并不知道后来德军逃向哪里。他的很多表述都有些夸张。因此我的命令是部队原地驻守，等待后续援军。"

卡灵顿上尉后来获得军事十字勋章，授勋词里说道："1944年9月20日，该名军官奉命率领坦克部队要完好地夺下奈梅亨大桥。部队果断地进攻占领了大桥，然后继续沿着主路推进，并巩固了战果。听说敌军渗透入前锋部队和大桥之间后，该名军官主动指挥自己的坦克也穿过大桥，在交火后将敌军驱离，然后防守住大桥直到另外一辆坦克赶来支援。他随后前进与先遣部队会合。由于他的忠于职守和主动精神，部队在这危急时刻顺利占领了大桥北端。"

根据布瑞斯上尉的回忆，第5辆谢尔曼坦克过桥后，通过德军的路障后停在那里驻防，以确保后续装甲部队可以顺利通过瓦尔河。那辆坦克的指挥官是卡灵顿上尉。他打开舱盖后，和布瑞斯交谈。"你为什么停在这里？"布瑞斯问。卡灵顿解释他发现前方有一门88毫米高射炮，这可以轻易消灭他的坦克编队。布瑞斯说他可以派布兰肯西普少尉、里夫斯中尉他们带伞兵协同作战。但是卡灵顿明确拒绝："我必须要得到命令。"当里夫斯和布瑞斯拿着手枪威胁说如果他不前进，他们就要朝他射击后，他直接关上舱盖，躲进了坦克。

这时候简直是度日如年，他们就在那里没有采取任何行动。美军开始清除桥上躲藏的德军，当哈尔二等兵招呼从桥钢梁上爬下来的一名党卫军军官投降时发生了悲剧。H连的詹姆斯·穆萨一等兵回忆当时的情景："我们沿着桥的两边搜索德军，他们躲在钢梁上向我们射击，数量不少。有些德国人被南边攻过来的我军所逼迫逃往我们的方向，我们把他们放到很近的距离再开火。有些人会转身又往南岸逃去，有些人则举手投降。仍然有些德军藏身在钢梁后面，我们招呼他们下来投降。哈尔二等兵爬上钢梁去劝降，一名党卫军军官打中了他的胸口。我们愤怒地朝那名德军开火，他中弹后坠入河中。大约四十

第13章 使命完成

名德军向我们投降。里夫斯中尉命令扬二等兵和我把他们带到北岸去寻找H连。我们碰到卡佩尔上尉后,他接手了这些战俘。"

布瑞斯上尉将部队分为两组:罗杰斯少尉带着八名士兵在桥北通往阿纳姆的公路上设立了路障。布兰肯西普少尉带着另外八名I连的士兵占领了大桥东面的一处20毫米火炮阵地,在那里设立了另外一处路障。"我们朝公路桥走去,德军守军如鸟兽散,"蒂森下士回忆,"我猜他们也精疲力竭了,想赶紧逃命。我们把大部分德国人都俘虏了,除了一名军官躲在梁上不肯下来。我们有个在英国加入部队的小伙子(哈尔二等兵),准备爬上去抓捕那名德军。结果在他爬上去后,被德军党卫军少尉开枪打死。在这场战斗中,我们的新兵死得比老兵多得多,有些新人都来不及认识。他们还没来得及学会隐蔽就被打死了。不管怎么说,那名少尉被我们击中后,落入河里。"

"大桥附近有一座掩体。我把机枪安放在那里。河对岸的奈梅亨陷入一片火海。当晚我看到一支德军巡逻队经过,城市燃烧的火光使得这支部队清晰地暴露在我们面前。我正准备射击时,布兰肯西普少尉走过来说让他来,然后一阵扫射。几名德军举着白旗过来投降,其他的就躺在那里,死了。"

那些没被机枪打死的德军逃到瓦尔河河边,但那里无处藏身,城市的火光把这里都照亮了。"在我们占领公路桥后,"3营情报官卡迈克尔中尉回忆,"我们回头看,河里诡异地倒映着燃烧的奈梅亨,这也照亮了北岸。我当时和营里会说德语的托恩斯约斯特(Toensjost)二等兵在岸边巡逻。我们看到有人股德军躲藏在河边的洼地里,我让托恩斯约斯特向他们劝降。他成功地劝说一人过来,我们说服他回去看看能否鼓动其他人过来投降。

这名德军很快回来,说他无法劝说其他人一起来降。于此期间,我叫来了60毫米迫击炮组,带着两三发炮弹。那会儿几乎所有人都用完了弹药。这门迫击炮也丢失了地板和撑脚,只剩下炮管。即使这样,我让托恩斯约斯特威胁那群德军,如果他们不投降就准备去见上帝吧。

他们依然不予理睬,我们用手握住迫击炮炮管,放入一枚炮弹。

解围阿纳姆

这枚炮弹落在河滩上爆炸,引起一片哭喊声。托恩斯约斯特趁机又对他们喊话,终于我们抓获了115名俘虏,他们纷纷走上公路。看起来他们是都上来投降了,我也没有再去仔细检查有没有躲藏的德军。根据他们身上的迷彩服,我判断这些都是德军的伞兵部队,我知道他们的军官在制服外面并没有特别的标志。

我问这群俘虏,里面是否有军官,我相信里面肯定有不止一名军官,但没人承认。我命令他们按照士官的军衔高低来投降,一名上士走了出来。我让他指挥这群俘虏排队。他们骨子里的普鲁士精神立刻发挥了作用,很快整齐列队完毕。

在这个过程中,我都不敢把手从我那挺点45口径冲锋枪扳机上松开。直到这些德军俘虏在一名士官的率领下列队,我才放心下来,毕竟眼前这么多人都没被搜查过,既然他们那么顺从地列队,我相信已经控制住了,这才关上机枪的保险。但我没想到的是冲锋枪的弹夹里混进了沙子,当关上保险时,反而激发了里面的一颗子弹。

这枚子弹击中了那位上士的靴子鞋跟。这让我大吃一惊,那位上士也被吓坏了,他以为我对他列队的情况很不满意,立刻再次命令所有俘虏立正,他们这次动作更为迅速。我们赶紧把这些人押到大桥北口旁的一个混凝土坑里。我让他们一个一个跳进去,当然前面跳下去的人会帮助后面的人。我让一个士兵看守这群俘虏,他们想要逃出来也没那么容易。

后来他们被转交给英军第3爱尔兰近卫营,我们营收到一个移交接收单。后来当英军宣称是他们俘虏这些德军时,库克和塔克上校就有这单子作为证据,在上级面前粉碎了英军的谎言。"

3营的士兵逐渐都聚拢到桥边,这里面包括库克少校、基普上尉和卡佩尔上尉。后者开始搜寻炸桥引线:"那里有些线路,不过都是通讯线。我在北岸没有发现炸药。那里有一个碉堡,我进去查看了一下,不过我记得里面已经有自己人在。"

曼德勒中尉和他的3营爆破班也在搜寻是否有爆炸物,根据哈里斯一等兵的回忆,他们看到引线后就放弃了拆除:"当我们看到引线和炸药包的数量后,立刻明白仅凭我们一个班是不可能很快完成的。我们把

第13章 使命完成

一些线路和引爆器给拆了，拆除炸药的活就留给后面的工兵营吧。"

英军坦克和3营会合后，并没有前往阿纳姆。基普上尉回忆："我们麻烦还是不少。数量不少的德国佬在大桥两端被占领时困在桥的中间，他们想通过钢梁顶上逃走。并且对在桥上通过的我军部队和车辆开火。因此我们在一片黑暗中搜寻并消灭他们。天亮后，我们这些夺下大桥的人眼前是一幅凄凉的场景。在桥梁的钢架上扭曲着大约200名德军的尸体。

这才算把大桥完全控制了。我们希望有部队可以接上来，继续往外拓展桥头堡，但事实却不是这样。英军接手了大桥附近的防御，我们负责往北进攻，建立外围防御圈。我们虽然精疲力竭，但是在21时，依然开拔，我们知道等待自己的是那些狂热的纳粹，他们一定为丢失大桥而暴怒不已。我们连在黑暗中继续和抵抗的德军交火，终于在经过一番苦战后，于2时到达指定的防线位置。"

I连于23时离开堤岸公路，前往东面的伦特堡。部队成两列纵队前进，在途中遭遇敌军20毫米火炮和机枪的袭击。2排走在前面21岁的温弗雷德·史密斯下士被机枪击中后，当场阵亡。他是第504伞兵团在当天最后一名牺牲的士兵。布瑞斯带着他的连后退了一段距离，转为防守。

2营人事官彻斯特·加里森中尉在营作战日志里写道："除了敌人零星的射击之外，这座大桥于20时正式被我军占领。"F连将阵地和二十五名德军战俘转交给英军后，他们从赫拉弗出发，克服一些狙击手的骚扰后，于17时30分来到营集结地。F连3排在华生少尉的率领下到了铁路桥上，他们小队只有几个步枪班和一个轻机枪组，发现一大群德军士兵站在铁轨上。华生注意到人群里有两三名德军军官，华生命令把机枪架起来，朝他们吼道不投降就射击了。其中一名军官回答"好的"，他能明白华生的英语。这群德军按照要求排成四列纵队，然后被押往团部。这群俘虏有二百多人，我们花了整晚时间对他们进行审讯。

加文将军在渡河开始前不久就离开了电站，去视察了比克和莫克的情况，当时德军在那两地发动了反攻。大约21时，加文将军带着他的无线电员来到公路桥北，与塔克、库克和一位英军高级军官商讨下

解围阿纳姆

一步的计划。

"一辆英军乘用车开过来，走出一位英军指挥官，"3营的人事官皮特少尉回忆，"我想那应该是一位军长。加文说：'我们可以放一些人在坦克后面，另外坦克再搭载一些人，让我们出发去阿纳姆。'我想距离应该是20英里（32公里）左右，不是特别远。英军指挥官说：'我们的坦克在晚上不能行动。'加文说：'你们的坦克晚上不能开？如果我们等到天亮的话，德国人肯定会补上这个缺口。'英国人：'那也不能让坦克在晚上行动。'加文：'如果我们的士兵在阿纳姆，我们会在晚上也派出坦克。我们会在晚上出动任何部队去那里。'那个人说：'我们不会。我们会在早上出发。'"

在战争结束很多年后，近卫装甲师的老兵仍然坚称那片在莱茵河和瓦尔河之间的地带不适合坦克作战，敌军在阿纳姆和奈梅亨之间的力量还是比较强大。他们的第1近卫步兵师依旧被欧林战斗群所缠住。在9月早些时候，英军第11装甲师从法国的塞纳河朝比利时安特卫普的突击非常迅速，简直是按照时刻表一样。但是9月20日的晚上，这个英国近卫装甲师却有着完全不同的表现。当晚，第2爱尔兰近卫师的坦克被从电站旁的阵地里撤出，后退到马斯——瓦尔运河旁的马尔登附近。

在每天结束的时候，近卫装甲师的师部都会对当天的局势进行总结，并制定第二天的目标。按照规定，这些报告都会很快销毁，避免落入敌军手里的可能性。对于研究者来说，幸运的是关于强渡瓦尔河期间的资料留了下来，并且被本书作者所获得。这份报告也是在本书中第一次被公布，这给了我们重新审视阿兰·阿戴尔（Alan Adair）少将的决定以新的角度，并且对9月20日的敌情有了更准确的描述。

"在经过前天本军对奈梅亨的进攻以及美军强渡瓦尔河，从北端对奈梅亨附近的公路桥的攻击后，大桥于当晚被完好无损地拿下。大约一百名战俘被抓获，另有报告称还有两百多名俘虏在被押送过来的路上。尽管还没有充足的时间对这些战俘做甄别，但是从对其中两人的审讯来看，他们都是来自于党卫军第9装甲掷弹兵团（党卫军第9装甲师此刻只下辖一个装甲掷弹兵团），分别属于该团下设的第5连和第7连，看起来防守奈梅亨大桥的德军大部分为党卫军，但是来自很多不

第13章 使命完成

同的单位。

还有很多琐碎的信息显得更为复杂。这些战俘在前一天都还在防御阿纳姆的桥梁。他们表示当时的战斗非常残酷，他们部队遭受了重大伤亡。但是奈梅亨附近的战斗由于有我军火炮的参与而显得更为艰难，他们用的词是难以忍受。其中一人说他所在的班有12个人，其中8人被炮弹炸死。由于镇里面的土地坚硬，他们无法挖掘散兵坑，使得火炮对他们的杀伤力更为恐怖。

他们还表示我们在前晚的进攻差点就要成功，大部分德军已经通过大桥准备逃走，最后由于桥北的党卫军上尉拿着手枪把他们逼了回来，并表示会有300名党卫军会在第二天来支援他们，其中150名来自阿纳姆。

阿纳姆那边的情况并不清楚。公路桥还没被炸毁，一份报告称那里的大桥被我们的伞兵顽强地守住了。而我们在早些时候已经有了悲观的看法。我们剩下的伞兵聚集在6978区域，遭受到德军凶猛地反扑，敌军还用上了一些坦克。浮桥的中段被拆除，漂浮到北岸。

在阿纳姆的故军大部分据说是党卫军，尽管具体的数字还不清楚。毫无疑问，这些德军来自很多个党卫军部队，和奈梅亨的情况相似。据报告说，这些德军有坦克的支援，具体的型号和数量并不清楚。之前情报说阿纳姆附近的德军数量并不多，而且没有严密组织起来，应该是拼凑了很多小规模的部队。但是，这里面的装甲部队给我们的伞兵造成了很大麻烦。接下来的问题就是德军准备了多少部队来增援这一区域。

一旦德军意识到奈梅亨大桥已经失守，那么所有的部队都会集结到北边的阿纳姆附近。很明显，奈梅亨和阿纳姆为这一地区的关键节点，他们会不惜一切代价进行反扑，很有可能会调集一些装甲部队过来。当然了，由于德国的运输体系已经被摧毁，他们有多少部队可以前来也是有疑问的。因此他们也许主要是依靠本地的驻军。

因此敌军的主攻方向应该是来自帝国森林（Reichswald），那里是天然的隐蔽集结地。莫克和比克已经受到敌军营级单位的进攻，并伴随有坦克，我们估计会有更为激烈的战斗发生。在该地区已经识别

解围阿纳姆

出德军第1051掷弹兵团8连和第1052掷弹兵团3连和4连的番号。同时，德军必然会增援阿纳姆，即使我们能够占领那里，也会遭遇越来越多的德军反攻，能否守住将成为一个大问题。"

德军第406国防动员师第6团2营的齐格上尉所写下的瓦尔河战斗报告也是首次发表："一早我们连就收到命令，前往防守铁路桥边的滩头。敌军对我们进行猛烈的炮火袭击。损失还可以忍受，我们的防护比较充分。弹药车都被妥善地藏到岸堤下面。按照梅里兹少校的命令，我们在上午派了连里一半的人手，也就是九十一人去防守铁路桥和公路桥之间的街道，并布置了路障。

刚到下午，我们在桥上就看到敌军在西边两公里处用划桨的船准备渡过瓦尔河，目的无疑是准备从后方攻击桥头堡。在桥上的所有武器都集中起来朝他们的渡河点进行射击。敌军持续的空袭和炮火几乎消灭了我们所有的火炮。在桥上对那些移动目标很难打准，因此敌军成功上岸了。很快，我们发现之前埋设在大桥南端外围的地雷阻止了敌军坦克部队发动进攻的企图。

下午晚些时候，我们得知公路桥落入敌军手里。考虑到当时的形势，梅里茨少校来到铁路桥的办公室，召集伦格上尉、泽鲁斯上尉、齐格上尉和柯尼斯曼少尉进行讨论，最后决定抽调一百五十人去防守铁路桥的北端。齐格和泽鲁斯留下各自部队里上了年纪的人把守大桥南端，泽鲁斯带着其余五十人负责防守新的北端桥头堡的中央。齐格上尉负责左翼，柯尼斯曼少尉负责右翼，他们各有50人。他们过桥时比较顺利，只有1人受伤。有些人在路上脱离了队伍。我们尝试重新建立防线的努力碰到一些困难，因为敌军已经不断加强进攻大桥的力量。令我们意外的是之前于9月17日由不同部队休假人员在威塞尔拼凑起来的威塞尔战斗群（号称营级）已经在大桥北端构筑了防御阵地，这点是之前讨论时并不知道的情况。因此我们加入了他们的队伍，负责防守右翼。由于敌军已经占领岸堤，开始向大桥进行射击，威塞尔战斗群在大桥北端发动了一次反击，结果遭受了惨重的损失。敌军成功奇袭了大桥守军，并且纵火阻拦了桥上的通道，这样切断了我军在奈梅亨残余部队的退路。

第13章 使命完成

所有军官被集合到威塞尔战斗群的指挥部。夜幕很快降临，敌军有一辆装甲车已经从公路桥到了北岸，正朝我们的指挥部进行射击。"

德军遭受重大损失，他们在伦特附近的阵地岌岌可危。他们的部队左侧被罗伊·汉纳的G连威胁，右侧被英军的装甲部队威胁。猛烈的火力打散了齐格上尉和柯尼斯曼少尉的部队，由于战线已经难以区分，两人边打边来到伦特——贝梅尔大街，在这里聚拢了一些部队。由于天已经完全黑了，他们也没办法继续搜集部队，因此他们决定前往哈同上校设置在贝梅尔的指挥部。在那里他们奉命等天一亮，就率领所有能找到的部队去解救威塞尔战斗群。

齐格上尉回忆："天亮后，我们只碰到两名军官和两名士兵，因此对威塞尔战斗群的救援也无从谈起。在我们返回贝梅尔的路上又陆陆续续碰到四十人。由于我们从9月17日开始就一直没有休整过，所以哈同上校同意我们后撤。结果我们在朵嫩堡（Doornenburg）被党卫军第10装甲师的哈梅尔（Harmel）党卫队旅队长拦下来，他询问了前方的局势后，把我们编入他的部队，负责警戒和看守战俘的任务，同时抓紧时间休息。"

22岁的党卫军一级突击队中队长（上尉）卡尔——海因茨·欧林是党卫军第21装甲掷弹兵团下面的一位营长，负责防守公路桥。从9月19日开始，欧林战斗群就在不停地应付盟军对大桥南端的冲击。在9月20日22时30分，欧林意识到局势已经没有希望了。他带着剩下的60名官兵准备突围——这里面来自自己营、伞兵和赫尔曼·戈林师。他们在瓦尔河南岸找到了几艘小艇，在公路桥下面成功过了河。欧林党卫军一级突击队中队长后来因此获得骑士十字勋章："当优势敌军围拢过来后，部队奉命突围。为了掩护主力撤退，我们尽可能地坚守到最后一刻。尽管我们已经被包围，但是我带着战斗群的人员携带所有武器成功逃离。作为战术行动的一部分，我们沿着岸堤朝西先走了一段，然后再朝东在大桥底下成功渡河，最后回到本方防线。"

欧林党卫军一级突击队中队长在诺曼底参加过战斗，并且之前还参加过东线的战斗。当被问及哪支敌军部队迫使他撤退时，欧林回答："在奈梅亨的美军伞兵（第505伞兵团）和英军部队并不是让我放

解围阿纳姆

弃阵地的原因。后来由于另外一支美军伞兵部队（第504伞兵团）成功渡河后，我知道局势无可挽回了。"但盟军付出的代价也颇为惨重：八名工兵阵亡，二十七人受伤；二十二名3营士兵在那天阵亡或者失踪，七十八人受伤。1营有两人阵亡，数人受伤，包括好几名A连的士兵。总共有四十八名伞兵在强渡瓦尔河战役中阵亡。

第80空降防空营B连巴斯蒂克少尉那排到达赫拉弗的情景，照片摄于1944年9月18日。

第14章

★★★

岛 区

伦特、奥斯特豪特、奈梅亨，1944.9.21—23

所谓岛区（Island）特指马斯河与莱茵河之间的地区。

9月20日的那个晚上，库克少校命令G连和I连在天亮后继续往北和东北方向推进，扩大桥头堡。哈里森少校的1营同时在铁路岸堤的西侧进行同样的尝试，往北和西北方向扩张。战斗计划于9时开始。布瑞斯于8时55分通过无线电联系库克，要求提供炮火支援他部队的进攻。库克手里并没有什么炮兵，只能把3营的81毫米迫击炮派给他。9时过了没多久，当麦克克莱恩中尉沿着前一晚I连的前进路线行动时，他的排遭遇了伏击。"麦克克莱恩中尉把我们带到了错误的路上，"约翰·霍瓦提斯（John Horwatis）等兵回忆，"I连几个小时前在同样的地方遭遇了伏击。一枚迫击炮炮弹朝我们落下来，大家四散躲避。结果尼古拉斯·艾斯坡西多躺在了路边的阴沟里。他的裤子被撕裂，臀部血肉模糊。我知道他撑不住了。当我们把他从沟里拉出来时，他还醒着。最后他死在了急救站。在我印象里，当时还有另外一人受伤。"

另外一名伤者其实是迈伦·本德洛克（Myron Bundrock）一等兵，他虽然受伤了，但是活了下来。9时10分，I连再次朝伦特堡前进，他们得到了几辆坦克的支援。加尔文·坎普贝尔中尉在前一天的渡河中已经受伤，他右侧大腿被一枚20毫米炮弹的碎片击中，结果在

解围阿纳姆

这天的战斗中，一枚机枪子弹在穿透格拉迪·罗宾斯中士的脑袋后钻进了坎普贝尔的脖子。坎普贝尔的副排长是约瑟夫·舍尔克（Joseph Shirk）少尉，他立刻接过指挥，命令用机枪和巴祖卡火箭筒反击。在对方的机枪被敲掉后，他们的20毫米防空炮继续射击，打死了3营营部直属连的沃伦·约翰斯顿（Warren Johnston）二等兵，打伤了舍尔克少尉。布瑞斯把该连撤下来，命令布兰肯西普的1排从左侧迂回攻击德军阵地。

库克少校来到I连的阵地，查看战况。他找到布瑞斯和1排的时候，正碰上他们被德军机枪火力打得抬不起头。库克向布瑞斯询问情况。"我想我已经不用向你解释了吧？"布瑞斯指着德军火力点。

西摩·弗洛克斯下士回忆："我们在一家有历史的酿酒厂里设立了指挥部，重整了部队。连里的士兵三三两两都聚了过来，我们就着清爽的啤酒把午餐给吃了。我们在那里找到不少不错的补给，伙食非常丰盛。最棒的是我们这些烟鬼还发现了一些德国雪茄。我逍遥地吐出一个美式烟圈。我们运气不错：伤亡不算多，也就是50%。"

塔贝尔中士坐在H连的指挥部里："我们把指挥部放在靠近奈梅亨大桥东北处一栋房子的地下室里。我带着那台SCR-300型电台在一楼。连里的文员哈罗德·谢尔顿一等兵就坐在我的边上，房间对着窗户的另外一侧站着道格拉斯·莱希一等兵、詹姆斯·罗瑟一等兵和唐纳德·齐默曼中士。谢尔顿和我在整理伤亡清单。我与各排联系，谢尔顿把我听到的名字记录下来。我们开始遭到敌军火炮或者迫击炮炮弹的袭击，越来越靠近指挥部。科格特上士叫我把电台搬下地下室，他说看起来德军盯上我们了。

电台处在我和谢尔顿的中间。我左侧是一扇对着院子的大窗户。当我弯下腰去举起电台时，谢尔顿也弯腰帮忙。我们俩的脑袋挨在一起。这时一枚炮弹落在了院子里，弹片透过窗子四处横飞，莱希、罗瑟和齐默曼都被划伤，而谢尔顿的脑袋被击中，当场送命。实际上我是离窗口最近的人，但居然我是那个一点伤都没受的幸运儿。这件事情最让人痛苦的莫过于我还要把谢尔顿的名字加上刚才他在写的伤亡清单里，而那也就是几秒钟之前的事情。我后来也记不清楚那天是怎

第14章 岛 区

么过的了。当我走进地下室，上尉让救护兵给我打了一针。我就在楼梯上坐着睡着了。"

齐默曼中士的回忆："我在第二天早上找到了H连指挥部的那栋房子。塔贝尔已经先到了。我问他有没有东西吃，他说有一些德式面包。这种包裹着葡萄干的面包非常美味。结果就在那时，一枚迫击炮炮弹从窗户外飞了进来。我站在谢尔顿的后面，他当时正在记录伤亡清单，结果就被打死了。我的屁股被弹片击中，他们告诉我急救站的位置，让我赶紧去治疗。"

I连的柯蒂斯·奥多姆上士也在炮击中受伤，不过简单包扎后就没问题了。他在北岸的房屋之间搜查时，找到了一辆崭新的1937年的福特——马尔蒙·哈灵顿半履带车。他们仔细检查了一下德军有没有留下什么诡雷，没问题后就开走了。

奥多姆和齐默曼帮助在炮击中受伤的A连的邓恩，邓恩回忆："我被送回南岸，住进了奈梅亨的一座普通医院里，我在那里滞留了三四天，因为通往比利时和法国的通道被德军切断了。我在医院里受到了很好的照料，护士还送给我一幅手绘的荷兰男孩的夹板画。"

当托马斯上尉在7时起来时，大部分G连的士兵们在到处找东西吃，他们对自己的配给早餐并不满意。"在铁路轨道和附近的空地上横七竖八躺着不少德军尸体。在一栋房屋的床上，我们发现了一名受了重伤的德军士兵，营医夏皮罗上尉赶来帮忙。那名德军的腹部受了重伤，由于没有人给他急救，他忍着剧痛在床上躺了一个晚上。夏皮罗上尉告诉那个德国人再等一下，马上会有救护车来把他送到医院，但他私下告诉一位同伴，这个人活不了多久了。

大约一个小时后，德军又开始炮击，大部分人都躲入了散兵坑。11时30分命令传来，我们连要在13时发动进攻。战斗计划设置了三条目标线，前面两条很顺利地到达了。I连在我们的右侧。连指挥部在大约16时找了一座屋子安顿下来。我们要求营部调派H连的一个排来帮助我们填补1排和2排之间的缝隙。营副很快带着人和弹药来到我们这里帮忙，另外的补给也在17时送到。

天渐渐黑了，发现在G连的右翼和I连的左翼之间有一条150码

解围阿纳姆

（137米）的空隙。2排排长唐纳德·格雷贝中尉带人去堵住缺口。那里距离德军阵地只有20码（18米）远。敌军不时会扔枚手雷过来。到了深夜时，营部传达命令，部队将在7时撤回第一条目标线。所以当晚剩下的时间，大家忙着把下午运送上来的弹药和补给再运回去。受伤的人和死者的尸体也先后撤了。"

2排的一位班长杰克·霍华德中士就在阵亡名单中。"最让我感动的事，"库克少校评论，"是在那几天很多士官跑到我跟前，眼里含着热泪向我敬礼、握手，然后走开。我一直没搞明白这是怎么回事，后来一位军官给我解释，很多士官一直背地里说我从来不在前线和他们一起作战，但经过这次战役，他们完全认可了我，这就是他们表达自己情感的方式。从那天开始，我在营里再也没有碰到任何纪律问题了。在八周的战斗中，我只有一起上军事法庭的案子（是个新人），在第504伞兵团里是违纪最少的营。"

天快亮的时候，A连1排在布列德少尉的率领下朝奥斯特豪特前进，走的砂石路位于岸堤的北面，两边各有一条深沟。由于雾气很重，他们躲过了德军的监视，进展不错。当雾气散去后，"我发现走进的果园里周围都是德军，"布列德回忆，"那是一个德军20毫米高射炮小队。我们立刻跳入沟里，朝他们射击。他们也大吃一惊。我们在干掉一些敌人后，剩下的敌人举手投降，战斗中我们把那些敌人的高射炮都摧毁了。很快，英军的坦克沿着公路开了过来。他们四处胡乱开火，我们只有先躲在坑里不出去。后来命令要求我们就在那里防守，直到晚上被英军第43师换防。"

2排的克拉克中士回忆大家对3排排长罗伯特·库里尔（Robert Currier）中尉的阵亡都很难过："我们出发前往奥斯特豪特，那里的德军起码得到了一辆坦克的支援，挡住了我军去路。我们在路旁的坑道里和德军交火。我听说库里尔中尉在他的散兵坑里误传话被机枪扫成两截。他不是我排里的，库里尔是个活跃的年轻人，大家都很喜欢他。当听说库里尔被打死后，大家都有些难过。我们看到德军坦克在移动，但除了几只巴祖卡火箭筒，我们也没有火炮来对付它们。而且后来连部把巴祖卡发射组要过去了。"

第14章 岛区

在奥斯特豪特的南部外围，C连的巴祖卡火箭筒射手约翰·陶瓦鲁（John Towle）二等兵在对抗德军步坦协同进攻时表现英勇，后来被追授国会荣誉勋章。陶瓦鲁冲出散兵坑，在敌军密集的火力里冲过空地，冷静地挑选好角度发射出火箭弹。其中一枚火箭弹消灭了九名德军，后来在攻击半履带装甲车的时候被一枚迫击炮炮弹打死。他的授勋词这样写道："他于1944年9月21日在荷兰奥斯特豪特的战斗中把责任看得高于自己的安危，采取了果敢的行动。陶瓦鲁所在的步枪连负责防御刚刚夺下的奈梅亨桥头堡西侧，一支大约一百人的德军在两辆坦克和一辆半履带车的支援下发动了强大的攻势。

陶瓦鲁意识到如果敌军形成突破，那么不仅是他所在的连会遭遇毁灭性打击，整个桥头堡很可能会再度落入敌军之手。没有任何人下达命令，他决然跳出自己的散兵坑，迎着敌军猛烈的火力，来到暴露的公路上，在非常近的距离上朝那两辆坦克开火。它们的装甲裙板成功地挡住了火箭弹的袭击，随后这两辆坦克因为遭到袭击而后撤。

虽然自己仍旧暴露在敌军面前，陶瓦鲁二等兵还是继续对附近的一座躲藏有九名德军的房屋发动进攻，只用一枚火箭弹就报销了这个火力支撑点和里面的德军。迅速装填了新的火箭弹后，陶瓦鲁二等兵仍然不畏个人安危，继续冲锋，进攻剩下的那辆半履带装甲车。

当他单膝跪地准备瞄准射击时，一枚迫击炮炮弹在附近爆炸，陶瓦鲁二等兵受了致命伤。以生命为代价，陶瓦鲁英勇地挽救了很多战友的生命，可以说是凭借一人之力粉碎了敌军的反击。"

艾尔伯特·魏宁汉姆（Elbert Winningham）二等兵是连部的一名机枪手，他看到了陶瓦鲁二等兵牺牲时的情景："我的好兄弟和我一起在路边的坑道里操纵一挺点30口径机枪和德军交火。我们看到陶瓦鲁的助手詹姆斯·基利梅尔（James Killimayer）从路上失魂落魄地跑回来。我们把他拉进身旁，抱住他的手，让他冷静下来。他开始吃土，我阻止他的时候，手指差点被他咬断。

那里出现了两辆虎式坦克，我们看到它们时隐时现。陶瓦鲁冷静地拿巴祖卡把它们接连干掉了。然后他过来问我要烟，我给了他一根，帮他点燃。当他走出去没多远，一枚迫击炮炮弹在附近爆炸，弹

解围阿纳姆

片切入了他的喉咙。"

A连的威廉·"比尔"·罗斯维尔（William "Bill" Rothweiler）下士和他的机枪小组将那辆德军半履带装甲车上的乘员一个一个干掉，安格斯·吉尔（Angus Giles）二等兵给他们提供掩护，两人因为这次行动均获得铜星勋章。塔克上校现在开始担忧德军的装甲威胁了，因为在9月21日的7时20分，有荷兰民众通报说在埃尔斯特（Elst）发现有21辆德军坦克正朝伦特方向驶去。7时55分又得到有三辆虎式坦克正朝伦特方向前进的情报。

大约在11时，塔克来到1营营部和哈里森少校讨论战场态势。他表达了对德军坦克出现在伦特以北的担忧，命令哈里森派一些巡逻队出去探明德军坦克所在的准确地点。塔克于11时21分离开1营。

哈里森少校在12时给邓肯上尉打电话，后者所指挥的A连阵地位于1营的最前方。哈里森告诉邓肯德军的坦克出现在阿纳姆和奈梅亨之间的地点，大约在埃尔斯特附近。邓肯按照命令派出战斗经验最为丰富的3排中的三名伞兵去侦察德军坦克。负责这支巡逻队指挥的是欧文·谢弗（Ervin Shaffer）一等兵，他背着一只巴祖卡火箭筒，带上自己的副炮手亚瑟·巴特斯（Arthur Bates）二等兵。谢弗回忆当时的情景："我奉命带了两个人就上路了。我估计德军坦克应该正向阿纳姆驶去。我手里有巴祖卡火箭筒，这可以对付德军的坦克和装甲侦察车。我们走出了大约20分钟后，收到命令让我们返回连部，说是英军坦克已经从奈梅亨赶过来了，准备发动装甲攻势。因此我们往后撤到英军坦克边上。结果它们没开出去多远就有一辆坦克履带被地雷炸坏了，英军的整个队列都停了下来。

当双方开始交火后，装甲部队让我们注意隐蔽。我们的制服上都有橙色的布条，这样美军或者英军的飞机可以识别我们是盟军。有些人把这些橙色布条举到头顶挥舞，结果英军坦克开始朝我们射击。有人怒吼道：'我们怎么办？我们还击么？我们打回去！'回答：'不许开火！'大约过了3分钟后，英军停止了对我们射击。"

A连2排的路易斯·马里诺（Louis Marino）二等兵也记得那些别在制服上的黄色布条。好几名士兵挥舞这些布条提醒英军第2爱尔

第14章 岛 区

兰近卫师的坦克他们是美军。马里诺和克拉伦斯·福尔曼（Clarence Fuhrman）一等兵操纵一挺点30机枪，防守那条从奈梅亨通往阿纳姆的公路。当他看到那些英军坦克全速驶往阿纳姆的时候，就知道他们会碰到麻烦："我在机枪的边上，看到有三个德国兵摸上来埋设了一枚地雷。我想射击时居然发现枪被冻住了，无法开火。我告诉副射手去向邓肯上尉报告德军在公路拐弯的地方埋设了地雷。邓肯上尉告诉我的副射手，'那名英军少校自以为什么都知道，我们让他去，看他能不能发现地雷吧。'好吧，上尉就是这么决定的。那辆可怜的坦克带着英军闯了过去，一声巨响。我不知道确切的数目，但是起码有一两个人被炸飞。"

荷兰人本·波曼在B连1排的理查德·史密斯少尉身边担任翻译："我们在奥斯特豪特附近的森林处停了下来，开始构筑阵地，这个非常有必要。当我们肩并肩地坐在新的散兵坑旁休息时，一枚德国手榴弹砸中了我们头顶右侧的树枝。我们两个人赶紧跳下坑里隐蔽，史密斯动作快点，我趴在了他的身上。

当射击停止时，我发现史密斯受了重伤。我只是右膝有点轻伤。我们两个人被送到英军的中转医院。史密斯被后撤到英国接受治疗，我两天后被送到之前躲藏的地方养伤，大概过了几周就可以正常走路了。"

B连的埃米利奥·帕培尔（Emilio Papale）一等兵也在战斗中被炸碎的树枝弄成重伤，第二天就牺牲了。根据团医罗根少校的说法："当大桥被牢固地控制在我们手里后，团医疗队就没有敌军的威胁了，除了敌军飞机偶尔会来扫射一下。我记得一位荷兰老人被飞机打伤，最后把他的右腿截肢到大腿根部。

我记得这件事情的原因是当时伤者居然没怎么流血。我们给伤者打了吗啡后，很快给他把腿包扎好。我记得他后来被救护车送到了后方的荷兰医院。根本没法判断普通人怎么面对这么严重的创伤，这个人的血管对于重创的应激反应是个很好的例子。我们必须赶在大出血之前把他尽快送往医院。我们后来也不知道这个人怎么样了。但是根据我们自己伞兵的经验，他们被送到后方去后，这种程度的受伤会非

解围阿纳姆

常麻烦。"

D连排长汉茨·德鲁纳少尉回忆:"德军仍旧不时地朝奈梅亨大桥炮击。我们连要返回南岸,所以只能掐准德军的炮击间隔。德国人是非常准时的,他们会朝大桥先发射一发炮弹,然后两分钟再来一发。我们就利用两发炮弹之间的时间过桥。我记得这么清楚是因为当时我担任类似交警的职责,指挥本连过桥。"

9月22日上午,第504伞兵团慢慢被英军第231步兵旅所替防。I连在早上还打退了一次德军的反扑。"我们得到了几辆英军自行火炮和炮兵的支援,"基普上尉回忆,"我们又前进了1 000码(914米),我们每一步的前进都要经过激烈的战斗。德国佬占尽了优势。他们控制了果园、水沟、农场和其他那些战术要点。但是到了下午,我们终于攻到了目标线,然后坚守在那里,打退了好多次进攻。我们弹药经常用尽,每小时都需要补充。

当晚22时,团长把库克少校召集到团部去。我和他一起去的,团长告诉我们第二天早上6时会有新的部队来替防。替防这个词其实并不准确,因为他们认为大桥附近的阵地已经够了,所以我们这天其实是白打了。

现在的战况很微妙。我们要从目前的阵地上撤离,而纳粹一旦发现我们的举动,必然会贴上来。我们的连能够安全退回大桥边的安全区域么?我们得不到任何人的掩护。

那天晚上,我们连的指挥官们觉得先把伤员后撤,以及那些非战斗人员,其他人留到第二天天亮再慢慢撤回去。这必须要经过精密计算。排与排之间要轮流掩护撤退。

我们担心的情况还是发生了。当纳粹意识到我们的行动后,他们就展开了追击。长话短说,我们部队终于顺利到达了英军把手的大桥附近的安全区域。我们走过这座巨大的桥梁时,感觉之前在上面的血战已经是很久之前的事情了,实际上才过去两天。我们把大桥完全交给了英军。我们占领了大桥,任务完成了,我们将会有新的使命。"

3营的后撤于7时20分完成。他们通过公路桥回到奈梅亨,英军在那里准备好车辆把他们运到第82空降师在德科斯瓦尔德

第14章 岛区

(Dekkerswald)的集结地,他们可以在那片森林附近休整一番。托马斯上尉记录:"G连于7时从阵地撤离,当时雾气很大。该连回到前一天的目标线。确实要感谢大雾,这让该连避免了很多可能的伤亡。在那里连队集合后,朝伦特行军,也就是昨天出发的地点。该连在11时30分通过奈梅亨大桥。桥上仍然横着前几天被打死在那里的德军的尸体。该连被装上英军卡车后,送往奈梅亨西南5英里(8公里)处的地区休整。该连下午到达后,分配到的宿营地挨着第508伞兵团。"A连的巴尔蒂诺下士记得在他们通过奈梅亨大桥时注意到一具动作很奇怪的德军尸体:"他的手臂举在半空中,像是朝着阿纳姆方向。"

在奥斯(Oss)缴获的德军补给在下午发放到部队。之前他们能享用的只有冰冷的K口粮,以及荷兰民众赠送的食物和从果园里采摘的果子。营部直属连的哈维·舒尔茨(Harvey Schultz)二等兵由于伤重不治而亡。"我们连在集结地待了一天,"托马斯上尉在第二天写道,"营里召集所有的上士以上人员去整理这段时间的晨报,我们的原始材料在渡河时都丢失了。大约14时,塔克上校来营里训话,对他们在渡河时的英勇表现大加赞扬。"

近卫装甲师的日志上写道:"在我们昨晚攻克大桥后,相信德军会疯狂反扑。今天的情况证实了我们的猜测。到了晚上,在河的南北两岸都非常平静。奈梅亨已经被彻底梳理过一遍,所有的狙击手都被清除了。(之前有些德军藏在大桥的钢梁上,不时朝下面经过的车辆开冷枪。)

不过在白天,敌军还是非常活跃。今早德军对桥头堡北部发动了一次强力反击,不过被我们成功击退,敌军还尝试从东南方向发动进攻,想切断我们回大桥的路线。不过在莫克7252地区和惠勒7858地区,他们的进攻都被粉碎了。

大约在中午的时候,我们的装甲部队从桥头堡出击,不过很快发现那边的情况不适宜坦克作战。逐渐抬升的地形使得敌军不多的几门反坦克火炮以逸待劳,可以很好地打击我们的坦克,使得我们被不断消耗。

到了晚上,一条稳固的防线构筑起来。明天会有更多部队过来增

解围阿纳姆

A连的弗雷德·巴尔蒂诺下士,他于1944年10月2日的一次炮击中负伤。

第14章 岛 区

援，到时候我们的装甲部队再协同推进。在阿纳姆的伞兵部队今天获得了大量空投补给，他们的阵地获得了极大的巩固，但是整体形势还不容乐观。现在最迫切的就是建立一条通往南部的补给线。"

阿纳姆附近的莱茵河大桥上的真实情况与这个战斗报告上缩写的真是大相径庭。9月21日早晨，英军伞兵被迫投降，德军完全恢复了对阿纳姆地区的控制。五天后，在莱茵河以北的英军第1伞兵师的幸存者都被撤回。如果英军坦克在瓦尔河强渡那天朝阿纳姆进发，也许就会改变英军伞兵的命运，使得他们完成任务。

第15章

★ ★ ★

并非"田园漫步"

荷德边境，1944.9.24—27

  塔克上校于9月24日10时55分在他的团部召集各营指挥官开会，给大家布置接下来的任务。加文将军命令由第325滑翔机空降团和第504伞兵团去替防第505、第508伞兵团的防区。威廉·普拉特（William Pratt）上尉的第80防空营的C连和D连于11时30分被划拨给塔克，这样第504伞兵团就多了八门57毫米反坦克炮。增强后的第504伞兵团需要去解救罗伊·林德奎斯特（Roy Lindquist）上校的第508伞兵团，第508伞兵团正在防守一条长达7英里（11公里）的防线，从奈梅亨以东、瓦尔河畔的艾尔勒孔一直到惠勒班（Wylerbaan）的某个位置，后者是一条赫罗斯比克东北方向的一条大路。要想用一个伞兵团去把守这么长的战线是非常困难的。从第508伞兵团传来的信息非常少，所以我们需要配备强力的前锋才能进发。

  那天16时，第504伞兵团3营第一个进入阵地，接手了第508伞兵团2营的防区。该营负责惠勒班公路一段路程为2英里（3.2公里）的区域，同时警戒公路以东的弗森达尔、格罗恩达尔、登霍威尔和霍威尔村的安全。H连会在赫罗斯比克保持和第325滑翔机空降团的联络。维勒姆斯少校的2营将会替换在艾尔勒孔和比克之间的第508伞兵团3营，他们能获得希尔伍德森林义勇骑兵队（Sherwood Forest Yeomanry）坦克部队的支

解围阿纳姆

援。哈里森少校的1营负责把守中路，替换驻守在比克的第508伞兵团3营，他们会注意保护第508伞兵团3营的左翼。罗根少校把团野战医院也设立在这里，团指挥部位于贝格恩达尔。

那天早上，D连的格拉德·赫尔福德一等兵在前往教堂做祷告的路上被炮弹击中阵亡。回到奈梅亨以东野战医院的A连邓恩少尉在自己的日记里写下："大家晚上挤在一张床上，睡在我旁边的是第505伞兵团的普锐斯内尔少尉。感觉还可以，就是左胸还有些痛。没有后撤的原因是退路被德国佬切断了。"

12时20分，威廉姆斯上校发布命令开放使用60毫米迫击炮弹药。81毫米迫击炮排在支持3营和1营进行瓦尔河强渡时用尽了弹药。第80防空营的C连和D连分别被配属给第504伞兵团1营和2营，帮助他们进行防空或者反坦克作战。托马斯上尉报告："G连于16时出发，替换了第508伞兵团A连。G连直接进入了原来A连的阵地。晚上派出巡逻队进行警戒。"

"当阿纳姆任务明显失败后，我们得到命令进行防御。"第376空降野战炮兵营联络官弗朗克·博伊德上尉回忆，"我所在的第504伞兵团在惠勒湖以东的高地建立了一条防线。团指挥部在贝格恩达尔待了七周时间。团部选择了南北向大街东面的一幢结实的屋子，后院有一座钢铁材质的瞭望塔。大概有50英尺（16米）高，上面的平台足够容纳好几个人。我们主要居住在一间宽敞的水泥地下室里。这个房间的屋顶是由H型的钢材，或者就是铁轨制作的，明显是个防空隐蔽所。"

9月24日的23时，F连是他们营里第一个到达前沿阵地的，他们替下了第508伞兵团2营的一个连。维勒姆斯少校回忆："整个替防的过程还是比较顺利的，9月25日至28日之间除了巡逻也没有什么意外，我们设置了一些路障，建立了一道外围警戒线。原先支援第508伞兵团的14辆英军坦克继续陪我们到了25日。一般来说坦克部队会在晚上后撤到安全的地方，但第508伞兵团成功说服他们晚上也留在阵地侧翼上，给道路的交会点提供防御支撑。他们在晚上并不需要开火。我们本身从第80防空营得到了四门57毫米火炮。"

E连的卡尔·毛罗少尉回忆："第508伞兵团在之前的作战里消

第15章 并非"田园漫步"

灭了一些德军,其中在F连的防区有4具尸体,在E连的防区有14具尸体。瓦德·麦金泰尔(Wade McIntyre)上尉是我从北非和英格兰就结交的老友,他在团部负责清理尸体的工作,包括敌我双方的,但这次他没有出现,没有人知道去哪里找他,这种情况也很常见。"

"E连将指挥部前移到最前沿的砖厂,那里有好多高耸的砖窑。有些荷兰平民觉得藏在这里比在自己的防空地下室掩体里要更安全。这样我们负责的2营左翼就覆盖了瓦尔河这侧高高的岸堤。营部在E连后面几百码处的一个苹果园里,他们找到了一座宽敞的屋子,大部分工作人员则聚集在旁边的一座谷仓里工作。"

9月24日至25日的晚上在H连的阵地上出现了零星的狙击骚扰。因此他们派了几组巡逻队检查惠勒班公路东面的民居。登霍威尔农场是一座庞大的建筑群,由于它们处在一块稍高的地块上,可以很好地监控周围一大片区域的情况。唐纳德·格雷柏(Donald Graeber)少尉带着他2排步枪班的十七名伞兵去占领了那座农场。G连在9月25日的日志里这样记录:"本连继续使用第508伞兵团留下的阵地,将连部转移到公路旁200码(182米)的树林边。在白天的时候,德军会不时地朝我们发射火炮或者迫击炮的炮弹。一辆机动88毫米火炮在向1排打了几发炮弹后被我们摧毁。不少德国佬的飞机在下午出现在天空,朝我们阵地进行扫射。

那天下午几发小口径的50毫米迫击炮炮弹落在了我们迫击炮排的边上,好几人受伤。托马斯上尉参加了营里的一个会议,他收到命令将率领2排进攻登霍威尔森林,时间定在21时。晚上并没有看到那里有多少火光,并不清楚行动是否成功。"

德国空军对第504伞兵团的阵地进行扫射,采取一击即跑的战术,他们的主要目标是奈梅亨的公路桥。哈里森少校命令A、B、C三连各派一个侦察队在夜幕降临前外出活动。威廉·梅尔曼中尉带着3排的二十名士兵来到弗森达尔农场,他们于2时51分汇报在那里没有发现德军的踪迹,然后完成了新前哨的设置。A连的一位少尉带着三名士兵去到惠勒班。2时50分,他们汇报那个镇上没有发现德军车辆,不过有一些德军步兵驻守。C连的两名军官带着二十名士兵占据了一座山

解围阿纳姆

脊,布置了前哨。

在同一个晚上,德军小队袭击了H连所在的一栋房屋。残余德军从窗户里扔进来的一枚手榴弹炸死了道恩·莱斯（Daun Rice）中士,他是连里的一位老兵了。道恩·莱斯还有一个哥哥在2排,叫做威廉·莱斯（William Rice）。和莱斯在同一个哨所的约翰·贝耶二等兵则毫发无损。

格雷柏少尉和他的巡逻队在回来的路上迷路了,最后于2时30分来到G连连部。托马斯上尉给他在地图上重新理了方向,又派他回去,并给他的队伍增加了一个点30口径机枪组合两名步枪兵。格雷柏派了五个人先去侦察一下登霍威尔农场北面的那片树林,当得到报告说那里没有敌情后,他把大部分人手两两一组布置在树林边上,点30口径机枪被放置在最东面那个拐角,四个人在排指挥点。一切平安,他于4时30分发射了一枚绿色信号弹,表明自己已经占领目标区域。

3营的情报官卡迈克尔中尉负责审讯战俘,他得知了格雷柏少尉在遭遇微弱的抵抗后拿下目标。H连欧内斯特·墨菲（Ernest Murphy）少尉指挥的一支巡逻队没有遭遇什么情况,特奥多·芬克拜纳中士率领的另外一支巡逻队捕获了一名德军军官。芬克拜纳回忆："我们穿过铁路铁轨后,来到一座农舍的后门,那里堆放着一些农产品和垃圾。他们行动产生了一些声音,一名德军军官打开门对他们发布命令。显然以为是自己人。"

卡迈克尔中尉回忆："5时30分,H连的巡逻队返回到我们的阵地,报告他们抓获了一名德军上尉,当时他应该是走出房子准备上厕所。他们在夜幕里没有发出声音就把他控制住,在其他德军没有发现的情况下把他带了回来。我到的时候正好赶上他们回来。H连的官兵已经发现正是这名德军军官派出的侦察队杀死了我们的道恩·莱斯。"

莱斯的死讯让大家对这个德军战俘愤怒不已。不仅传说是这名上尉派出了侦察队,根据芬克拜纳的说法,"这名德军军官口袋里还有一枚第82空降师的徽章。"卡迈克尔中尉费了好大的劲才让那些H连的官兵冷静下来,终于救下了那个德国人："我们的人已经拿出降落伞的尼龙绳缠住了他的脖子,拼命用力绞紧绳子,还有人扇他耳光,

第15章　并非"田园漫步"

并殴打他。我相信如果不是我的介入，他们肯定会当场打死那个可怜人的。我把他们都推开，接管了这名战俘，他可是很有价值的情报来源，有了他可以一两天不用巡逻了。"

卡迈克尔中尉带着这名德军军官来到3营营部，库克少校也参与了对他的审讯。"福雷斯塔尔（Forestal）少尉不让士兵杀死这名战俘，"库克回忆，"我听说这名军官不肯说话。我知道他懂英语后，我告诉他有两分钟时间考虑，如果再不配合，我会打死他，反正他对我也没用了。团里和师里都想要他，但我可以告诉他们这名战俘不肯交代。

两分钟过后，我夸张地拔出自己的点45口径手枪，站在战俘两边的作战官基普上尉和情报官卡迈克尔同时让开。我在那一刻看到这个人眼里露出一丝恐惧，然后他就开始回答问题了，果然提供了很有价值的情报。

他解释从之前的情况来看他必死无疑，那还要交代干吗？但他总算明白了我的意思，所以他愿意配合审讯。他们老说我们不懂怎么应对战俘！"那名军官告诉库克他属于德军第58步兵营，并将德军部队的布防情况和盘托出。库克对结果很满意，他于6时给团部打电话，报告马上会把这名德军军官送过去。

在天亮前，格雷柏少尉的2排在登霍威尔的阵地发现被德军渗透。一名德军士兵出现在亨瑞·霍夫曼中士的面前，要他投降。霍夫曼拔出手枪朝对方射击，这样暴露了整个排的位置。到天亮时，大约十一名德军闯了进来。 交火后，格雷柏少尉受了重伤，一枚子弹击中了他的眼睛。霍夫曼给他打了一针吗啡。

该排和G连连部没有无线电联系，形势变得混乱起来。通过尖叫和枪声，大家都明白那里出现了德军。除了格雷柏少尉之外，还有两名士兵受伤，霍夫曼中士接过了指挥权。所有的渗入者都被打死，但情况仍有些混乱，连长托马斯上尉回忆："2排在晚上钻入了德军阵地中，因此在天亮的时候遭遇了周围德军的猛烈进攻，完全被压制住。他们的武器因为湿润粘上了泥泞，好些都无法使用。排长受了重伤，被抬到公路上，那里有一辆英军坦克接应他们。"

解围阿纳姆

　　库克少校得到了四辆中型坦克，他把这些坦克派去支援I连2排的伯纳德·卡纳普（Bernard Karnap）少尉，后者刚刚接任对该排的指挥。卡纳普的十七名士兵分两个队列沿着公路从惠勒班朝登霍威尔农场前进，他们在10时15分和坦克会合。尽管这条路还不到1英里（1.6公里）长，但是由于对德军装甲部队的担忧，他们两次中断了前进。

　　德军此时攻占了登霍威尔农场的三栋屋子。卡纳普的排分成两组：他自己带着两辆坦克和一个班来到北面，利昂·鲍尔温（Leon Baldwin）上士带着另外一个班沿着东南方向的公路包抄。为了将德国人驱赶出去，一辆坦克朝房屋发射了12枚高爆弹，结果其中一枚炮弹引起树枝横飞，G连2排的救护兵艾纳·法拉克（Einar Flack）二等兵不幸遇难。尽管房屋被打得都是洞，但是仍然伫立在那里。防守的德军躲到房屋后面，最后带着三名伤员逃走了。大约12时，卡纳普少尉带着他的排抓获了七名俘虏。

　　清理登霍威尔树林可不是什么田园漫步。库克少校在14时带着基普上尉来到登霍威尔农场视察战况。卡纳普少尉汇报他们遇到的抵抗比预期的要强，他们用无线电通知托马斯上尉派普瑟尔少尉带七名1排的士兵和三辆英军坦克前往登霍威尔。普瑟尔的人于14时45分到达，他看到卡纳普少尉和十一名士兵押着二十八名战俘从农场北面的果园前往2排的指挥点，那里也遭遇了德军的炮火袭击。普瑟尔在果园里又找到七名G连的士兵，我们把他们安顿在东北方向，并给他们配给了机枪。

　　英军坦克在接近森林的时候，忽然遭到88毫米火炮的射击，最后面那辆被击毁。卡纳普少尉调整了坦克的位置，让它们后撤到农场，在那里对树林里的德军开火。坦克机枪手不断射击，直到卡壳才停下来。坦克一共打了大约1 000发机枪子弹才在15时55分撤走。

　　卡纳普少尉组织农场周围的防御，普瑟尔少尉排萨克瑟上士和九个人到背面的果园里去警戒。同时，库克和基普来到3营营部，报告塔克上校情况不太乐观。德军的一个营部被攻克，剩下的部队很明显手里还有些重武器。德军的损失估计在一百五十人左右。除了法拉克二等兵被友军火力误杀之外，还有两名格雷柏少尉排里的士兵被打死，

第15章 并非"田园漫步"

数人受伤。

16时30分，一名士兵向普瑟尔少尉报告萨克瑟上士和另外七名士兵被炮弹击伤。普瑟尔带着救护兵罗杰·查宾（Roger Chapin）一等兵去找到那些伤员，不过查宾几乎立刻就被机枪火力打中，使得伤者变成八人。普瑟尔只有先帮助他们后撤，将前哨收回农场。

托马斯要求支援，库克派了I连1排的罗伯特·罗杰斯（Robert Rogers）少尉带两个班前去增援卡纳普少尉和普瑟尔少尉。西姆斯那个八人的班被并入普瑟尔少尉的排，乔治·哈姆（George Ham）中士的九人班被加入卡纳普少尉那队。托马斯命令普瑟尔派一个传令兵G连指挥部，因为汉纳中尉奉命接过登霍威尔农场的指挥权，因此传令兵把他于23时带到农场："我和传令兵直接去农场。当我们到的时候，一枚炮弹在边上爆炸。我们两个人赶紧趴在地上，一枚弹片把他的脑袋整个切掉。我站起来说，'我们走吧。'到这时我才意识到他死了。生死真是一瞬间。"

敌军的侦察兵和火炮持续袭击登霍威尔。24时，汉纳中尉呼叫炮兵对他认为是德军集结的区域进行轰击。1时30分，当他返回检查H连阵地时，威廉·普利斯顿（William Preston）中尉被友军火力误杀。根据普利斯顿好友卡迈克尔少尉回忆他这个人有点"听不进别人的话"。他回忆发生在普雷斯顿和一名在英国加入H连的新兵之间的事。那名士兵负责站岗，在普雷斯顿走进自己的指挥部时，他也指出了普雷斯顿没有回礼。这件事情带来的后果就是他有好几次被编入夜间巡逻队。他最后变成了一位优秀的战士，在后来的战斗里表现勇敢。

卡佩尔上尉指派西姆斯继任普雷斯顿担任作战官。西姆斯参加过第504伞兵团的各次战役，两次担任临时连长。指挥1排的任务就落到了约瑟夫·福雷斯塔尔少尉的身上，他之前担任西姆斯的副排长。2排的排长仍然是里夫斯中尉。只有H连3排还剩下两名军官，即梅格拉斯中尉和墨菲中尉。

6时，G连抓到一位德军逃兵，随即迅速把他送到营部。在7时45分被派到弗森塔尔去的五名士兵于9时25分回来报告没有发现德军迹象。9时25分，卡迈克尔中尉向团情报官格勒姆上尉通报G连抓获的俘

解围阿纳姆

虏声称在经过克拉嫩堡（Kranenburg）时，见到过六辆四号坦克，那就靠着惠勒班这座边境城市，而且那边有不少德军重炮正在集结。

在炮兵朝登霍威尔以东区域进行炮击后，G连发动了一次小规模进攻，抓获了三名俘虏。荷兰民众报告在德国国境内的崔福利希镇附近发现大约有50辆德军坦克。库克少校对部队进行了重新编组，命令布瑞斯上尉率领I连所有剩下的部队进入阵地，将G连从防守登霍威尔的任务中解放出来。空出来的G连被托马斯用来朝登霍威尔北面的地区拓展，在路上布设地雷，防止德军从北面侧翼攻过来。这些行动在11时完成。

布瑞斯现在手里一共有八十五人，包括营部直属连的十五名机枪手的增援。他们悄悄摸进了树林，结果还是立刻听到炮弹呼啸而来，发生爆炸的声音。周围的树冠变成团团火焰，地面晃动得如同地震一般。从半夜直到5时，德国人倾泻了我见过有史以来最猛烈的火力。在树林里碰到爆炸是致命的。因为那些炮弹在头顶爆炸后，会使得树干炸裂后四处飞溅，对树林里的人来说这是一场死亡之雨。

那天晚上早些时候，炮火同样光顾了1营的阵地。A连的克拉克中士中了好几枚弹片，使得他告别了在战场上的日子："1营营部直属连给了我们一个机枪班。我们在2 000码（1 829米）的距离上朝一门德军迫击炮射击，但事实上这已在有效射程之外，我们也召唤不到火炮对它攻击。我和机枪手维尔农·苏尔特中士正在讨论怎么办时，那门迫击炮朝我们发射了一枚炮弹，在爆炸后，我问苏尔特怎么样了，结果没有回答。他刚才就在我的右侧肩后，可当我回头却发现他不见了踪影。德军又朝我们发射了大约十枚迫击炮炮弹，最后一枚终于打到了我。

我听到炮弹飞过来的声音，赶紧脸朝地趴着，我的手伸在身体前面。我看到炮弹穿过树枝，落在旁边25—30英尺（7.6—9.1米）之外。随着爆炸，碎片四处横飞，我想：'这下完蛋了。'当碎块纷纷落下时，我感到身体被砸中了，我看了下四周，'好像没死。'就在这时，什么东西击中了我的左手，像被人用铁锤砸了一下。

剧痛让我明白我还有知觉！我想自己应该还活着，赶紧爬进一个散兵坑，里面已经窝了两名战友。他们问怎么回事，我回道，'这

第15章　并非"田园漫步"

帮畜生打到我了。'一枚弹片穿过我的左臂。我的右臂里也有一枚弹片，这边流血比左边还厉害。当我开始往外爬的时候，我想用左手支撑，结果脸直接摔在地上。我这才发现左边的胳膊和手肘已经折了。我只有退回散兵坑，约翰·伊索姆和安迪·斯达令把我的衣袖割下来，帮我包扎好手臂。

这就终结了我战斗的日子。我走回连部，大约有半英里的样子，我发现邓肯上尉正在和斯达令通电话。天已经完全黑了，我说现在没必要再开火了，即使他们知道目标范围在哪里，也很难确定子弹射击的始发点。上尉觉得有道理，他和团部进行了汇报。

当他结束汇报后，他说：'我对你的伤感到难过，他们向我保证明天会对德军阵地进行空袭。'连里帮我从团里要了辆车来。我决定一边往营部走，一边等吉普车。结果有两条路，我们走岔开了，当我们快走到营部的时候，吉普车从后面追了上来。我把左手塞进皮带里，每走一步都感觉到断了的骨头互相摩擦。我虽然只走了一英里，但感觉就像走了十几英里一般。

当我走进营部时，第一个碰到的就是米尔顿·奈特中士，他是我很好的朋友。我问营医泽克尔上尉在哪里，一个声音响起，'在这儿。'我走过拐角，对营医泽克尔上尉笑道，'好吧，医生，我这次中大奖了。'他把衣袖包扎带解开，给我打上绷带。他看着我摇了摇头。我是在19时被击中的，到了23时，我才躺在一家荷兰医院的手术台上，我们的人征用了医院的一部分地方。我到现在还记得头顶那些不锈钢材质的手术灯。

当我离开时，我问几点了。护士回答1时20分。第二天早上我醒来时正躺在医院大厅的一具担架上。我从腰部到脖子都被石膏给糊上了，我的左手放置在胸口，只有手指露在石膏外面。整个石膏在晚上已经凝固，我的手臂感觉像冰一样。

和我一样从昨晚被送来的伤员现在被装上救护车，朝南送去。公路被炮火阻断，我们这样停了四五次。我们在下午被送到布鲁塞尔，晚上住进了一家英国医院。他们真是依靠有限的条件提供了最好的治疗。但是不知道怎么搞的，非常准时的每过半小时，就有人过来和我

解围阿纳姆

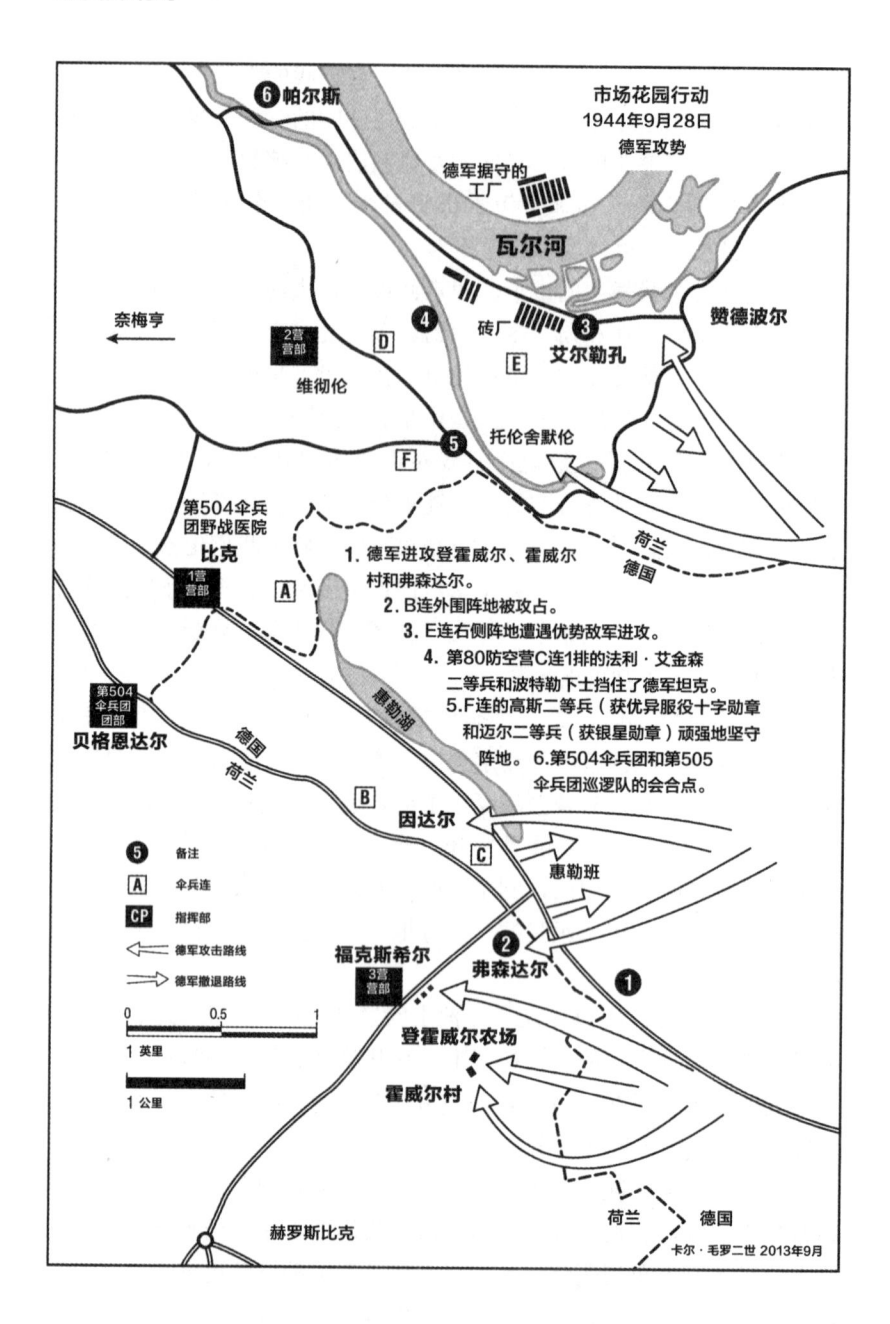

市场花园行动
1944年9月28日
德军攻势

- ⑥ 帕尔斯
- 德军据守的工厂
- 瓦尔河
- → 奈梅亨
- 2营营部
- ④ D
- 砖厂
- ③ 赞德波尔
- 维彻伦
- E 艾尔勒孔
- F ⑤ 托伦舍默伦
- 荷兰 / 德国
- 第504伞兵团野战医院
- 比克
- 1营营部
- A
- 1. 德军进攻登霍威尔、霍威尔村和弗森达尔。
- 2. B连外围阵地被攻占。
- 3. E连右侧阵地遭遇优势敌军进攻。
- 4. 第80防空营C连1排的法利·艾金森二等兵和波特勒下士挡住了德军坦克。
- 5. F连的高斯二等兵（获优异服役十字勋章）和迈尔二等兵（获银星勋章）顽强地坚守阵地。
- 6. 第504伞兵团和第505伞兵团巡逻队的会合点。
- 第504伞兵团团部
- 贝格恩达尔
- 德国 / 荷兰
- 惠勒湖
- B 因达尔
- C 惠勒班
- 图例：
  - ⑤ 备注
  - A 伞兵连
  - CP 指挥部
  - ⇐ 德军攻击路线
  - ⇒ 德军撤退路线
- 0 0.5 1 英里 / 1 公里
- 福克斯希尔
- 3营营部
- ② 弗森达尔 ①
- 登霍威尔农场
- 霍威尔村
- 赫罗斯比克
- 荷兰 / 德国
- 卡尔·毛罗二世 2013年9月

第15章　并非"田园漫步"

聊天，我都没怎么能睡着。第二天我和另外一些箱子被装上一架加拿大的C-47运输机飞回英国。5时的时候，我被送进了布尔福德医院，那里距离牛津大约50英里（80公里）远。我是在9月27日受伤的，也是第一批被后撤的士兵。我一共做了27天的牵引治疗。"

团部的瓦德·麦金泰尔上尉也被弹片所伤。当他在英国的第97总医院休养时，他写了一封讲述攻克贝格恩达尔过程的邮件："我爬上边境的一座小山丘，去查看德军的火炮。我可以清楚地看到纳粹德国的领土，他们当然也清楚地看到了我。炮弹落在我的边上，弹片射进了我的后背，发现情况不对后，我立刻蹒跚地朝荷兰那侧退去，躲入一个弹坑里寻找隐蔽。我的助手弗雷德·万斯中尉被炸得飞了起来，不过奇迹般地没有被弹片击中。我招呼了一下，他就过来帮我。救护兵后来把我送到急救站，进行了手术。我被先送到布鲁塞尔的医院，然后飞回英国。"万斯中尉接任了麦金泰尔上尉处理尸体的职责。在一周的战斗后，塔克损失了好几名基层军官。他此刻完全没想到在之后的几周，这个数量会翻倍。

第16章

★★★

惠勒班公路之战

荷德边境，1944.9.28—10.2

9月21日，英军在布莱切利公园的情报破译机构截获了一封经过加密的重要电文：阿道夫·希特勒于9月20日秘密命令将数支党卫军部队从东线调拨给B集团军群。瓦尔特·莫德尔（Walther Model）陆军元帅新获得了第180和第190步兵师，他们正从德国的其他地区赶来。

五天后的另外一份电文表明了B集团军群进行了重组。所有荷兰—比利时边境到岛区（马斯河和莱茵河之间的岛状区域）之间的德军部队划归第15集团军，岛区以东的德军部队划归库尔特·司徒登特（Kurt Student）上将指挥的第1伞兵集团军，后者包括党卫军第2装甲军、第2伞兵军、第86军。德军的目标非常明确，即重新确立他们在荷兰的主动权。司徒登特和莫德尔决定对瓦格宁根、阿纳姆和克雷夫（Cleve）三个点发动进攻，要把盟军赶回马斯河南岸的赫拉弗。德国人相信抵挡住盟军对阿纳姆进攻的关键在于重新夺回岛区和奈梅亨。反攻的时间定于9月28日清晨，德军为了保密，甚至都没有给这次行动起一个代号。

由于轰炸和荷兰铁路工人的罢工，德军的集结受到了一定程度的延迟，来自丹麦地区的第363国民掷弹兵师比预计时间晚一天到达瓦格宁根地区。因为同样的问题，乘坐铁路从德国亚琛前往阿纳姆的第

解围阿纳姆

9和第116装甲师也花费了比预期多得多的时间。因此党卫军第2装甲军从阿纳姆发起的进攻被推迟到10月1日。这也使得德军第2伞兵军成为唯一一支在9月28日发动反攻的部队。该部下辖第180和第190步兵师、第108装甲旅、第741装甲歼击营（装备45辆追猎者和38辆坦克歼击车）、第4空降炮兵团、由党卫军第1装甲师部队构成的一个战斗群，另外再加上好几个小规模的炮兵和步兵营。

塔克的部队对于德军的计划一无所知，但他们在9月27日晚上也受到了警告。9月28日4时45分，德军对登霍威尔农场发起了恐怖的炮轰，随后目标扩大到整个惠勒班公路。进攻的范围是从北面的艾尔勒孔到南面的赫罗斯比克，方向正是第504伞兵团的右翼。I连的戴维·斯坦福下士和达瑞尔·格鲁姆斯二等兵被一枚大口径炮弹击中。"当我们的阵地被敌军炮击时，我的散兵坑就在斯坦福下士的边上，"詹姆斯·瓦莱斯二等兵回忆，"他当时和格鲁姆斯二等兵在一个散兵坑里。当我撤退时，看到斯坦福下士脸朝下倒在那里，不清楚他是受伤了，死了还是活着。"威廉·哈恩二等兵和里维斯·斯帕尔丁下士看到在德军炮击开始后，斯坦福跑到格鲁姆斯的那个散兵坑里躲避，结果炮弹紧跟着就砸了进去。两人都被炸得鲜血淋漓，没有生还的希望，斯坦福的尸体也没有收回来。

"在炮击中，"布瑞斯上尉回忆，"罗伯特·迪尤（Robert Dew）中士和我在一条战壕里，他被弹片划破了胸口，布兰肯西普少尉也受到了脑震荡。迪尤是个魁梧、安静的人，他躺在我身旁痉挛，情况不太妙。两名救护兵带着担架跑过来。'把中士抬上你们的担架，把他从这儿带走！'他们点了点头，专业地把他抬上担架。正当他们把他从战壕里抬出去，穿过树丛时，德军坦克的一梭子7.92毫米机枪弹正好击中担架，迪尤当场被打死。"

德军步兵在最少三辆坦克的支援下，攻占了I连在登霍威尔农场设置的外围防线。罗伯特·黑德贝格一等兵被俘，德军看守让他背负着受伤的戴维·高特尼（David Gautney）一等兵。当他们走过一片田野时，德军看守忽然指着高特尼叫着："Kaputt！Kaputt！"（德语里坏了的意思），他的意思是高特尼快死了，强迫黑德贝格放下他，随后把黑德

第16章 惠勒班公路之战

贝格带入一座村庄，那里还有另外几名美军战俘，包括蒂森下士。

根据高特尼的死亡材料来看，他那天是死在附近贝德堡（Bedburg）的医院里。蒂森下士回忆9月28日早晨时的情景："德国佬在坦克和大炮的支援下发动了进攻。他们把我们炸了个七荤八素。当炮弹在树冠处爆炸时，引起无数的碎木朝下飞射。我们的散兵坑形同虚设。屋角离我大约50码（45.7米）远。德军部队一直尝试绕过那处屋角。我们还应付得来。好些德军尝试冲过来，都被我们撂倒。

他们之后决定用炮火对着树顶开炮。当炮弹击中树冠的时候，弹片和树枝纷纷落下。这就让我们无处躲藏。我们的机枪被砸中，反弹力把我和副机枪手瓦伦蒂诺·柯特兹二等兵给摔了出去。我抬头看到几名看起来只有十二三岁的小孩套着德军制服冲过来。我脑袋里特别荒诞地想对他们来一句'你好，同志！'我无处可躲了。

正当我挣扎着要爬起来时，我看到鲍德温上士隐蔽在一棵树后拼命用他的M-1步枪开火。他不时转换位置，装填后再开火。如此往复了好几次。我不知道多少德国佬被打倒，数不过来了。一辆德军坦克开过来，用机枪把他打死。我记得几天前和中士还聊过天。他刚得到消息他的一个兄弟阵亡了。我认为他当时的英勇行为足以为他赢得最高荣誉的勋章，但我想在当时那种混乱情况下，我是唯一一个幸存下来的见证人吧。

我们被带到距离农场1英里（1.6公里）外的一幢类似谷仓的建筑里。在被审讯了一个小时的时候，德国翻译说我是个傻瓜，什么都不知道。我觉得士官和士兵当然都是傻瓜。否则他们就应该待在家里，让那些聪明的军官和大人物来打这场愚蠢的战争！

在这结束后，我们被带上卡车继续往后运，也许坐了五小时的车。然后我们被送进一栋房子。我想是在等第二天的火车，晚上就睡在水泥地上。在黑暗中，我看到一个影子挪到我身边。原来是柯特兹二等兵，他是墨西哥美国人，在英国加入的部队。他一直带着把吉他，有空就拨弄一下。他告诉我他不喜欢德国佬和这里，想要逃离。我告诉他我已经观察过，周围有看守和狼狗，我们一点机会都没有。我想还是要阻拦他一下，我自己还没从被俘前的震伤中缓过劲来。"

解围阿纳姆

在德军这次进攻中被俘的还有3排救护兵斯坦利·克里斯托弗森二等兵、艾尔伯特·艾希格一等兵、罗伯特·科尔曼二等兵、威廉·明克二等兵。其他战俘还包括3营营部直属连的几名士兵。

不过需要说明的是鲍德温上士后来被追授了银星勋章:"在天亮的时候,估计一个营的德军在坦克和大炮的支援下对该连阵地发动了进攻。鲍德温上士看到一名德军士兵在他左侧十几码外杀死了他的副机枪手,然后匍匐躲入机枪旁的散兵坑里。他没有任何犹豫,也没顾及自己的安危,就从散兵坑里冲出来,直接去和那名德军拼刺刀,完全不管大股涌上来的德军。在杀死那名德军后,他又举枪朝其他德军射击。在敌军的密集火力中,他无畏地大量杀伤敌军。

看到该连的局势无法维持下去,连长命令部队退回主要防线之后。鲍德温上士押送四十五名战俘后撤。突然间,一辆德国坦克朝他们冲去,拦在了鲍德温和战俘之间,使他没有退路。在这之后,鲍德温上士丢失了行踪。鲍德温上士在面对个人安危时,表现出沉着冷静的勇气,牺牲自己来帮助战友,他的行为激励了周围的同伴。"

布瑞斯上尉在战斗中看到诺曼·海登(Norman Heiden)一等兵举起巴祖卡火箭筒朝一辆虎式坦克开火,结果火箭弹从坦克装甲上弹开,就好像网球一样。坦克继续往前开,从他身上碾压过去。布瑞斯于6时30分向库克少校申请撤退到惠勒班公路。

库克在二十多年后回忆:"我那营在强渡瓦尔河时有一百三十二名或者一百三十四名人员伤亡,因此是第504伞兵团三个营里实力最弱的营。李奇微并没有给我们增援的计划。英军则认为增援是美国人自己的问题。如果我们要靠被削弱的力量作战,那么就应该给予和我们实力相称的任务。加文命令要在登霍威尔森林处建立逐次抵抗的阵地。

树林确实占据非常重要的位置,我们一开始用了一个排的兵力尝试冲锋失败了,最后投入了我的预备连,其实真的需要一个营的实力才行。塔克打赌树林里的德军不超过7个人,我赢下了这5美元。我们抓获的第一批战俘就有19人,我把他们都送去了团部。G连有一个排在睡觉时被俘。加文和塔克都想夺下树林,他们允许我使用预备连,但还需要他们的二次确认。我个人并不同意这一作战计划,但如果要打

第16章　惠勒班公路之战

的话，我希望是一鼓作气，而不是分批投入部队，慢慢消耗。

27日夜间，当我快崩溃的时候，塔克过来看我，'我表现得很愚蠢'（他的原话），接下来他扭头就走。我找了一把椅子坐下休息，结果很快睡着了，醒来时已经躺在床垫上了。我不记得他们抬动过我。28日早晨的德军炮击把我惊醒，很快我们就得到了撤退的许可。

两名从1942年起就待在英国的航空部队负责弹药的后勤官不太相信我们投了那么多炸弹后还能遭遇敌军强烈的抵抗，因此他们申请了三天的前线调查，搭着一架C-47运输机过来了。他们想看前线实战，所以他们被送到荷兰的第82空降师。后勤人员建议他们来第504伞兵团，而第504伞兵团则建议他们去3营考察。

我把他们送到树林里的I连那里，他们中的一人受了轻伤，和I连一起退了出来。他们临回美国前，特意向我表示感谢。他们看到了足够多的信息。他们没有意识到这也是第504伞兵团遇到的最猛烈炮击。自然，在他们赞扬我们的顽强时，我们并不想泼冷水，所以也没多和他们说什么。他们表示这次经历很有价值，他们已经满足了自己的探险欲，如果可能，他们会开心地坐在英国，远离前线。

我们永远不知道那位受伤的军官是否会获得一枚紫心勋章，但是我觉得他们要想和其他那些在英国空军基地的战友聊前线状况时会有多么窘迫。我打赌别人会把他们说的事实当作是吹牛皮。谁会相信他们哦？"

布瑞斯上尉是在惠勒班公路防线上遇到这两位军官的，他回忆："那名少尉在晚上被弹片擦破了脖子，另外那名眼神清澈的上尉扶着他蹒跚而行。我在一门57毫米反坦克炮前拦下了他们。我正准备说话时，德军火炮开始射击，原来一辆虎式坦克从森林里冒了出来。炮弹没有打中它。虎式坦克根据炮口火焰发现了反坦克炮，它没有失手。57毫米火炮变成了一堆废铁，三名炮手当场毙命。

当我们走到急救站旁边的时候，一枚迫击炮炮弹正好从屋顶钻进去爆炸了。我赶紧冲进去救人，我看到排长查尔斯·斯奈德少尉躺在地上没有知觉。我半膝跪地把他的头枕在我大腿上，安慰他说：'你会没事的，查理。'他发出一阵呜咽，然后就断气了。他并不是直接

解围阿纳姆

被弹片杀死的，而是被爆炸引起的震荡波所伤。我有点难以接受这一现实，查理是我最好的朋友之一。"

战争部并不会把士兵牺牲过程中的所有细节都通报给家属。团爆破排排长威廉·曼德勒中尉不断被人问起I连雷纳德·比蒂下士阵亡时的情景："他们一群人被困在登霍威尔树林里，我知道这些是因为我当时也在场。当我们被迫撤离时，有几位战友没能一起离开，他就是其中之一。但我觉得他也有可能被俘虏了。"

9月28日在登霍威尔树林之战，我们有十四人被俘，十六名士兵和一名军官阵亡或者失踪。高特尼一等兵在统计里被算了两次。奇怪的是这些数字在正式报告里都被归入9月27日。

H连3排的梅格拉斯中尉回忆："我那个排防守的位置在I连的右翼。敌军先实施了猛烈的炮火，随后德军步兵在坦克伴随下冲出树林，直奔我们而来。当他们走近后，我们一齐开火，此时德军的炮弹依然不断落在我们阵地上。有时候炮弹会砸在树上爆炸，弹片纷纷飞入下方的散兵坑里。"

梅格拉斯排里的詹姆斯·穆萨（James Musa）一等兵的右腿被弹片击中，鲜血直喷。由于周围没有救护兵，梅格拉斯决定亲自把穆萨送到急救站，他指派厄内斯特·墨菲少尉担任代理排长。梅格拉斯顺利地把穆萨送过去，等他回来的时候大衣上全是血迹。卡佩尔上尉推荐授予他铜星勋章，但这被威廉姆斯上校拒绝了，后者负责团里的授勋审核工作。威廉姆斯同意这一行动是英勇的，但梅格拉斯中尉的岗位应该是和自己的排在一起，而不是去往急救站。

在登霍威尔农场的南面，约瑟夫·福雷斯塔尔少尉的1排被德军包围。福雷斯塔尔将自己的指挥部设立在一座农屋里，部队阵地就围绕在周围一圈。由于福雷斯塔尔刚刚在前一天才被调入1排，对里面的士兵并不太熟悉，所以实际指挥的责任落在了副排长戴维·罗森克朗茨上士身上。由于之前空降和渡河中遭受的损失没有补充，这个排已经实力大减，只剩下二十名左右的士兵和几名士官。

一辆德军坦克将机枪手劳伦斯·邓乐普二等兵背后的谷仓打燃："少尉疯狂地摇动野战电话，我相信电话线已经被打断了。G连和I连

第16章 惠勒班公路之战

的援军帮助我们打退了德军。我记得芬克拜纳说,'我们要在天黑后退回主阵地。'

大约4时,我决定试试运气。我紧贴着地面,沿着昨晚出来的路线往回走。我还没走开100码(91.44米),就看到50码(45.7米)外有两名魁梧的德军士兵在盯着我看。我立刻飞速转身逃了回去,他们还没来得及采取行动。我找了个地方隐蔽起来,紧张地朝德军所在的方向望去。"

忽然罗森克朗茨上士从邓乐普身边跑过去。似乎他还没明白自己被包围了。芬克拜纳急得嚷起来:"罗西!罗西!趴下!"邓乐普也同样发出警告,但罗森克朗茨似乎没有听到。"我听到德军的冲锋枪一阵扫射,罗西就在我前面几十码的地方倒下了。我相信他被打死了。如果我尝试靠近他,自己也会被打死。"罗森克朗茨在房屋前的一棵树旁被打死,战友只回收了他的狗牌。约翰·巴尔德萨二等兵也在战斗中阵亡。芬克拜纳这时候承担的责任是将排里剩下的人员带回H连。

G连1排的阵地位于登霍威尔北面三栋屋子前面,他们的遭遇最为糟糕。23岁的1班班长克拉伦斯·希特沃(Clarence Heatwole)中士看到德军朝他们阵地冲了过来。来自俄克拉荷马州的希特沃是一名在英国加入G连的新人。他当时和自己的排长麦克克劳夫少尉在一起。24岁的麦克克劳夫在安齐奥加入部队后就一直担任1排排长。根据希特沃的回忆,尽管他们排位于阵地的最前沿,也没有装备无线电等通讯器材。

1排指挥部、希特沃的班以及斯蒂芬·道格拉斯中士的迫击炮班都被德军 下了攻破,人员被俘。麦克克劳夫少尉想躲在屋子里,但德军朝里面扔了一枚手雷,荷兰房主妻子的脸被火烧伤。为了不再拖累他们,麦克克劳夫走出来投降了。

战俘被装上卡车送往杜塞尔多夫(Duesseldorf)进行审问,随后被送往不同的战俘营。麦克克劳夫少尉被送到64号军官营(Oflag),在那里碰到不少之前受伤被俘的第504伞兵团军官。"所有的士官被送到奥得河畔的屈西林(Kustrin)Ⅲ C战俘营,"希特沃回忆,"苏军于1945年1月到达那里,把我们解放了。然后长途行军到苏联的后方区域。实际上我们到了敖德萨,上船后运往埃及的塞得

解围阿纳姆

港。从那里返回美国。"

在G连以北几百码的地方有一个B连2排的十人步枪班,由约翰·克罗格中士指挥。克罗格当时忙着在农场旁边的谷仓里煮咖啡,忽然间他听到了外面传来德军的叫喊声。他让会说德语的亨瑞·霍恩一等兵出去查看一下,原来德军已经包围住房子,要求他们投降。

霍恩向克罗格报告德军要求他们出去投降。"让我们先喝完这杯咖啡吧。"克罗格回答。话音未落,一枚铁拳火箭弹已经打了进来,把墙砸出一个大洞。克罗格和他的人匆忙逃出浓烟滚滚的谷仓,被德军俘虏了。只有两名当时没在谷仓里的士兵成为幸运儿。这样1营在德军的反攻中被俘一名军官和三十八名士兵。B连2排的步枪班在后面几周里用新兵重建起来。

在麦克克劳夫少尉那个倒霉排后面的是G连主力,他们也开始与德军交火。连长托马斯上尉回忆:"德国佬于5时用火炮和迫击炮对我们阵地进行袭击,到了6时30分,火力变得更加猛烈,随后德军步兵在坦克的掩护下攻了上来。他们突破了I连的阵地,但被我们阻挡住。两辆英军坦克从指挥部对面的公路上下来,对树林里的德军开火。"

当88毫米炮弹开始落在连部附近时,连部往右转移了一段距离。大约20时,G连得到命令将由第508伞兵团E连来换防。"大约21时30分,我们连移交了阵地后,回到后方休整,那里的厨房提供了热咖啡。士兵们搭起帐篷,开始睡觉。"

9月27日整天,德国空军都在对瓦尔河上的铁路桥和公路桥进行轰炸,不过没有成功。德军派出两名蛙人侦察一番后,决定由理查德·普林茨霍恩(Richard Prinzhorn)中尉指挥的第65海军突击队来实施破坏,时间定在9月29日4时。普林茨霍恩带着十一名手下携带两枚水雷从河里接近公路桥。到了桥下后,他们分为两组,其中四个人的一组继续前往铁路桥,成功把桥中段炸断。但是另外八个人的那组则在公路桥下成功引爆了一半的炸药,将大桥桥面炸开了长80英尺(24米)的口子。包括普林茨霍恩中尉在内的十名蛙人在当晚被我军俘获。

驻守在奈梅亨附近的英军得到了充足的补给,而第504伞兵团则经常缺少食物、汽油和其他物品。3营I连的柯蒂斯·奥多姆上士和H连的

第16章 惠勒班公路之战

唐纳德·齐默曼中士开着一辆"解放"来的汽车去搜刮补给品。"我们是在伦特的一个车库里找到这车的，用了差不多一周时间，"齐默曼回忆，"奥多姆用它来拉补给，送伤员，转运战俘。他会假装和英军驾驶员攀谈，我则在后面偷偷地把英军汽油桶搬过来，这样我们也没缺油。"

9月28日，两人听到铁路桥传来爆炸声，据说他们营遇到了德军反击。他们马上想要回到部队参战，之前所受的伤也好得差不多了。他们回到3营在德克斯森林的集结地，那里也是师部所在地。齐默曼这时才听说罗森克朗茨上士以及巴尔德萨的死讯。

9月29日，"G连在9时方才起床，炊事员做好了早饭等他们。存放私人物品的尼龙袋被送了过来，大家更换了干净的衣服，还可以坐车去奈梅亨洗热水澡。那天白天大家都闲逛休息。到了晚上，我们连被派出去巡逻。"

同样在那天早上，麦克克劳夫少尉1排的幸存人员也回来了，由詹姆斯·普瑟尔少尉率领。那个排只剩下16名伞兵。

福雷斯塔尔少尉在那天也惹了个大麻烦，他竟然开着加文将军的吉普车去兜风。根据曼德勒少尉的说法，他们看到一辆吉普车停在那里，无人看管，这不符合将军的管理规定。"因此我们就开着这车去了奈梅亨。一路上，看到我们的人都忙不迭地敬礼。在开了一会之后，我们才注意到吉普车前面画着两颗将星。我们开的竟然是将军的吉普！我们立刻低调地把车开出城，在返回团里的路上把吉普'遗失'在前线地带。将军花了点时间才找到罪魁祸首。他自己命令不允许把车辆停着无人看守，所以我们被放了。但是乔伊后来一直被分配去巡逻，而我在第二周加入了爆破排，跑到敌军战线后设置了2 200个诡雷！所以在战争期间真的要多当心啊！"

齐默曼中士的故事讲得有点不同："福雷斯塔尔少尉和我用干净的汽油桶去奈梅亨打了红酒回来。我们走到师部的时候，福雷斯塔尔少尉说，'我累了。''我也是。'我答道。我们看到那边停着几辆吉普，福雷斯塔尔说，'上车。'我们把桶扔进车里，然后开走了。当我们把车停到自己营地时，发现卡佩尔上尉一脸怒气地看着我们。

解围阿纳姆

'你们他妈的在干吗？'他问。'我们什么也没做错啊。'福雷斯塔尔少尉回答。卡佩尔说，'你知道那是谁的吉普么？'我们耸了耸肩膀表示不知道，他继续说，'回头看看车头。'那里有两颗白色的将星。我立刻把车开回去，停好。然后走回营地。"

9月30日的晚上，梅格拉斯中尉被分配了一项令人无法轻松的任务，组织一次战斗巡逻，抓德军舌头来探明他们的目的。这简直就是自杀性的任务，德军在那里有相当数量的部队。那天后半夜，梅格拉斯带着他排里的二十四名士兵穿过惠勒湖上的行人桥到了对岸。行动中他们抓获了六名德军。约翰·富勒中士在战斗中受伤，后来获得银星勋章。梅格拉斯由于那晚的行动获得了优异服役十字勋章。"第504伞兵团H连的排长梅格拉斯中尉奉命于1944年9月30日率领部队去进行侦察和抓俘虏的任务。在到达德军岗哨附近后，他独自一人匍匐过去，杀死两名哨兵和一个机枪阵地里的机枪手。他随后渗透入德军防线，仅自己就抓获三人，杀死两人以上。攻克并摧毁德军宿营地两栋房屋。这次英勇的行动让该区域的德军惶惶不安。

在完成了任务后，梅格拉斯中尉带着他的排在迫击炮炮火的追击中撤离德军阵地。他亲自背着一名伤员，用单手操纵汤普森冲锋枪回击追上来的德军。梅格拉斯中尉展现出来的卓越的英雄主义和优秀的领导力使得这次作战成功地杀伤了敌人，获得了重要的信息，迫使德军放弃了原先的进攻计划。"

那天晚上在本方战线后方巡逻，齐默曼中士碰到了麻烦："我带着自己那个步枪班走着，现在只剩下六个人，我们注意到旁边有一栋宏大的房子，上面还有一个圆塔，像是城堡一样，最顶上那层的灯光全亮着。那对敌军来说简直就是个灯塔，我们吼道'把灯关了！'没人理我们。我因此命令开火，把窗户和灯都打破了。

当我们回到H连营地时，卡佩尔上尉说，'我有个地方给你们。'我们被送到了前线的一个哨所。原来我们开火的目标是I连的连部。我们哪知道那是指挥部啊，旁边又没有吉普或者指示牌。由于是我下的开火命令，因而被降职为二等兵。

我们的阵地上可以俯瞰一片小山谷。有一天晚上，我们看到一

第16章 惠勒班公路之战

枚V-2导弹升上天空，看起来像是从距离我们20英里（32公里）外的地方发射的。在夜幕中可以很清楚地看到它的飞行轨迹。我们把这一发现报告给连部，然后他们让我们去营部汇报，然后又不断升级到团部、师部，最后报到英军第2集团军的司令部。他们详细询问了这个V-2导弹发射点的距离和方向。这让我们整个晚上都忙着在地图上拿着指南针推算位置。我最后到了三四点的时候才上床睡觉。第二天一早我们被几百架轰炸机的轰鸣声所惊醒。他们把我们指出的位置给炸了个底朝天。整个天空被我们的轰炸机群所遮盖，这让我们非常自豪。我们是在最前沿的小人物，但是我们促成了这次轰炸。

大概三天后，加文将军和三名军官来到我们这里，他们腰上别着点45口径手枪。加文跳进我们的掩体，拿着野战望远镜观察那个山谷。我就在边上，给他讲解我们呼叫轰炸的地点。德国人肯定也发现了他的到来，忽然间就落过来五六枚迫击炮炮弹。他躲入我的散兵坑，我在他上面。过了一会，加文问我，'你还准备站起来么？''等它结束。'我回答。炮击结束后，他和那几名军官又继续去视察别的地带。这次因为把灯打灭而受罚的经历也给我带来了不小的收获。"

大轰炸进行的时间是10月2日早晨，英国皇家空军轰炸了克雷夫，这里不仅仅是V-2的导弹发射场，同样还是德军第2伞兵军的指挥部所在地。亚当·科莫萨上尉在他从艾尔勒孔到贝格恩达尔团部的路上也看到了轰炸机的壮观场景，"轰炸机编队从头顶飞过，他们要去轰炸德国一座叫做克雷夫的小镇，编队一眼望不到头，遮云蔽日。这太让人振奋了。这也是英军轰炸机部队许久以来第一次参加昼间轰炸。过去他们只会单独执行夜间轰炸任务，由美军承担危险性较高的白昼轰炸。

正当我抬头张望接近中的轰炸机时，德国大炮发射了一枚炮弹，在空中爆炸，冒出浓浓黄烟。我想万一英军会被误导这就是轰炸目标指示弹，他们要开始投弹就麻烦了。所幸他们清楚地知道目标是克雷夫，继续飞行没有理睬德国人的诡计。

当英军将他们成百上千吨的炸药投到可怜的克雷夫时，我注意到

解围阿纳姆

一种奇怪的现象。巨大的爆炸引起了气流的波动,我看到明显有一道波光从天空扩散开。我想,在这种程度的轰炸后,没有任何人可以幸存。这是典型的杀鸡用牛刀。"

曾在10月1日被报告失踪的H连的亨斯理二等兵在10月11日晚上回到3营营部报到,称他被德军俘虏了10天之久。同一天,G连3排的查尔斯·德鲁(Charles Drew)奉中尉命再进行一次战斗巡逻。目标仍然是惠勒湖附近的德军。德鲁中尉有预感自己要被打死,这差点变成真的。21时15分,他的巡逻队被敌军机枪火力封锁,五人受伤。除了别的伤口外,德鲁的脑袋还被子弹擦过,掉了半个耳朵。他受的重伤使得他在医院里躺了好几个月,但他再也没恢复到之前的状态。

10月2日4时,大约12枚德军炮弹落在3营营部边上。一枚炮弹杀死了阿方索·科尼茨科一等兵,同在营部直属连的伯尼·罗伯茨回忆:

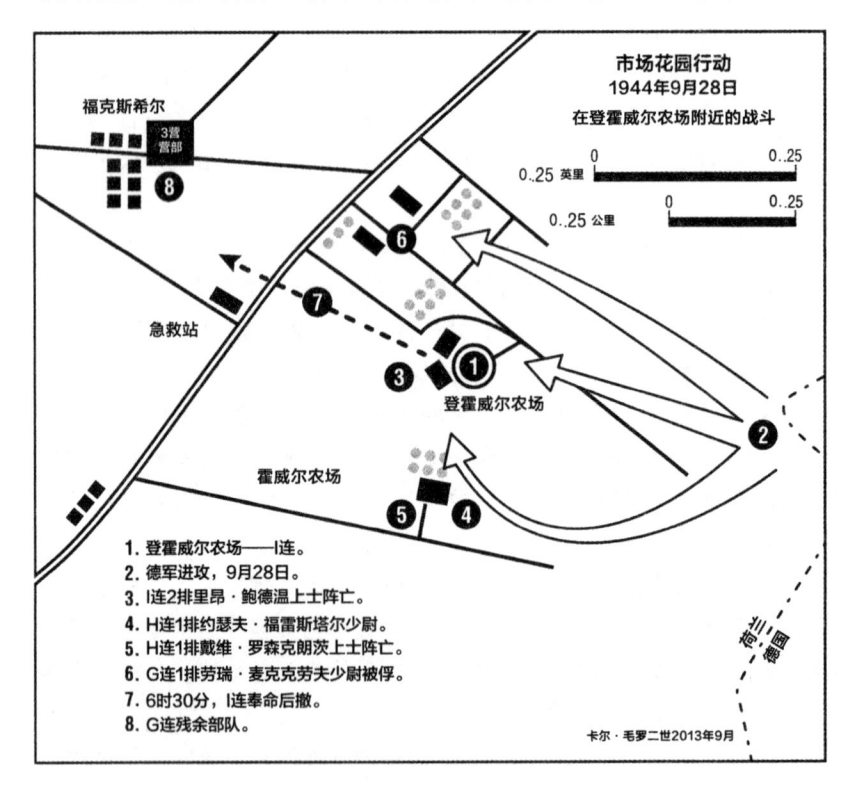

市场花园行动
1944年9月28日
在登霍威尔农场附近的战斗

1. 登霍威尔农场——I连。
2. 德军进攻,9月28日。
3. I连2排里昂·鲍德温上士阵亡。
4. H连1排约瑟夫·福雷斯塔尔少尉。
5. H连1排戴维·罗森克朗茨上士阵亡。
6. G连1排劳瑞·麦克克劳夫少尉被俘。
7. 6时30分,I连奉命后撤。
8. G连残余部队。

卡尔·毛罗二世2013年9月

第16章 惠勒班公路之战

"阿方索和我不是一个班,但他和我班里的一位好友走得很近。所以我也算认识他。在陆军里会组成很亲密的团体,你习惯和那些人一直裹在一起。"德军炮兵在那个晚上一直关照3营的防区:在6时35分的报告里已经出现了二十人受伤,其中四人阵亡的信息。

在德军进攻时被遗留下来的多米尼克·默西亚一等兵成功地从登霍威尔农场溜回了美军防线:"我的那个散兵坑在农舍的前面,没有人通知我第二天一早要撤退。我没有得到那个命令,当我往散兵坑外面望去时,发现一个人都没有,他们都走了。很快,德军夺下了农场。有几个德国士兵就在我的散兵坑边上,我都能听到他们讲话的声音,我尽量一动不动地躺在自己的坑里,拿一块迷彩布盖住脑袋。他们肯定以为我已经死了。

我在自己的那个散兵坑里躺了一天,怕得不敢挪动,一直等到晚上德军散了才溜出来。我在天黑后思想挣扎了好几个小时,才决定尝试返回本方防线。我大概走了1英里(1.6公里)被人截住用英语盘问。我那时候不知道最新的口令,因此说了前一天的口令并且大喊,'不要开枪!我迷路了!'我被带到那个连的连部。我不知道这是哪支部队,反正不是H连。我和他们一起待了几天,才找到H连的位置。"

第17章

★★★

艾尔勒孔之战

荷德边境，1944.9.28—10.4

在北边的艾尔勒孔镇，E连也遭到了德军猛烈的炮兵火力。1排的卡尔·莫罗少尉回忆："9月28日，一个周四的早晨，我们的阵地于5时遭遇火炮和迫击炮的轰击。这种程度的炮火准备后一般都会有敌军的进攻。E连还遭遇到敌军自行火炮跨越瓦尔河的射击。一枚重型炮弹炸毁了我们的电话线，如同往常一样，我们的电话兵又要暴露在炮击的危险中去修补旧线或者布放新线，我们还有无线电设备和步话机可以预防万一。"

2营在1营的后面，维勒姆斯少校在营部得到了德军反攻的预警。"9月28日5时，敌军火炮和迫击炮发动了猛烈的炮袭，大部分都是88毫米火炮。6时，支援我们的坦克汇报他们在右翼干掉了一辆自行火炮或者是四号坦克。6时10分，两辆德军坦克带着步兵突破了我们位于788627地点的路障。6时15分，报告这两辆坦克被摧毁，一辆被我方的坦克，一辆被57毫米反坦克炮解决。

6时58分，本方坦克部队报告消灭了四辆敌方坦克，两辆在E连左翼，两辆在我们右翼前的F连阵地。范·波克上尉报告在他的阵地前有大约两三百名德军步兵在进攻。大约一百人在F连阵地前面。这些敌军里包括装备着火焰喷射器的工兵部队，不过他们根本接近不到可以开

解围阿纳姆

火的距离。

　　德军步兵被压制在阵地前面无法前进，凭借炮兵、迫击炮和机枪消灭他们只是个时间问题。我们最后俘虏了二十三人，两百人或死或伤。我们清点后发现击毁了八辆德军坦克，左右两翼各四辆，还有一辆装甲车被摧毁。"

　　1排位于2排的右翼，在F连的左侧，他们也观察到了德军对位于艾尔勒孔的3排阵地的进攻。莫罗少尉回忆："敌军步兵的攻击重点位于E连，最直接的受力点就是'黑猩猩'·汤普森（Jocko Thompson）中尉的3排。那时黑猩猩在我（1排）的左侧，范·波克上尉的连部就在汤普森的正后方，营部和急救站在更后方。

　　敌军全力攻击我左侧的黑猩猩排，部分去攻击我右侧的F连，这让我的1排无所事事，只有保护好两侧部队的侧翼。我们主要也是唯一的保护就是散兵坑。帕特里克·科林斯中尉就像消失了一样，我在整个战斗期间都不记得看到过他。

　　黑猩猩的手下非常勇敢，他们匍匐去占领之前在阵地前挖的散兵坑，那是在晚上当作监听岗使用的。他们是典型的空降兵作风，最好的防守策略就是进攻。

　　我看到敌军如果继续这么全力冲击3排阵地，真有可能被突破，所以我去范·波克的指挥部问我们1排是不是要增援他们。这时黑猩猩也在那里和连长商量应对办法。克莱恩少尉和几个连部的工作人员正在指挥重型迫击炮对于逼近的德军进行轰击。几辆支援我们的英军坦克也加入了对进攻德军步兵和坦克的火力压制。我们后面还有一些火炮的支援。黑猩猩说他们暂时还不需要我们的帮助，稳守我们自己的阵地就是对他们最好的帮助。

　　我去到附近的一个谷仓里。最危险的时刻已经过去，大概经过一个小时的战斗，3排在迫击炮和坦克的协助下守住了阵地。我记得当时一共有四辆英军坦克被分给范·波克指挥。我在谷仓往外望去，有一辆德军的小型坦克就瘫痪在阵地前沿，战斗确实非常激烈。

　　我走回连部，正好几名救护兵吃力地抬着一具担架进来，上面是个年轻的没有生命的躯体。年轻、帅气、勇敢的亚瑟·勒万多斯基

第17章　艾尔勒孔之战

下士在战斗中身亡了！这是黑猩猩排里的。你能怎么办？只有忍住眼泪，干自己的活去。你忍不住会想：我会碰到什么结果呢？我是下一个？E连的肯尼斯·平尼一等兵也在那天受了重伤，很快牺牲了。

接近中午的时候，战斗基本平息了。几名已经非常靠近3排阵地的德军忽然站了起来，扔掉手中的武器，用德语喊着什么。我估计意思应该是，'我投降。'然后他们身后的德军也都站起，挥舞着白旗朝我们走过来。

当黑猩猩吼着，'把你们的伤员搀扶过来！'并朝他们挥手赶回去，他们有点迷惘。他们当然听不懂英语。后面那些德军看到前面这些战友被赶回去，也开始朝后跑。我急得叫了起来，'天哪，不要！不要！'他们一跑就会变成我们士兵的活靶子，在他们逃出我们视野之前难免挨一两枪。这次误会到底造成多少伤亡谁也不知道。

投降的德军被押往连部。我们都惊讶于这些人里面很多都看起来那么幼小。他们惊恐异常，他们不知道我们会怎么对待他们。我们的做法让我再次思考战争的愚蠢。我们对待他们一视同仁，立刻找救护兵来治疗他们的伤员。我们的士兵把自己的补给分给他们，比如巧克力和美国香烟，他们也把他们的东西分享给我们，有些人把自己的手表和其他私人物品也要给我们，认为这是惯例，我们明确拒绝了。"

范·波克上尉回忆有些受伤的德军战俘对于美军救护兵要给他们打吗啡针非常不安："在我们治疗他们伤口或者打吗啡针之前，我要先说服他们的救护兵我们并不是要给他们打毒药。之前当他们知道我们是美军伞兵后，他们相信肯定要被我们杀死。我不会说德语，那名德军救护兵不会说英语，但我们居然是用法语交谈的。"

E连得到第80防空营C连1排的4门57毫米反坦克炮的支援，该部是由马歇尔·斯塔克（Marshall Stark）中尉指挥的。他在9月28日的作战日志里写道："从4时40分一直到5时50分，猛烈的炮火落在第504伞兵团2营的阵地上。我的排负责支援他们。在弹幕还没散尽时，德军步兵已经在几辆坦克（主要是三号和四号坦克）的支援下攻上来了。"

斯塔克的1排里有一位来自印第安纳州的19岁士兵是雷蒙·法雷（Raymond Fary）一等兵。他的炮和另外一门炮属于1班，布置在柯克

解围阿纳姆

德克（Kerkdijk），那是一条朝东的主路。2班布置在靠近E连3排的砖厂附近。"天亮前是我值班。当破晓时，一门德军88毫米火炮开始朝我们射击。我立刻跳入散兵坑躲避不断飞来的炮弹，持续了大约30分钟。后来主要是迫击炮炮弹。

当迫击炮火力变弱后，一名伞兵过来通报有辆德军坦克从树林里冒出来，直奔村子而去。我们注意到这辆坦克沿着岸堤开得不快，我立刻找到旁边散兵坑里的罗兰德·波特勒下士和罗伯特·阿金森来帮忙。我们奔向散兵坑后方的57毫米火炮。在我们跑过去的路上，德军坦克的机枪手在朝岸堤两侧扫射。我一直没想明白他为什么没有朝我们射击。"

三名炮手很快移除火炮上的伪装网和前面挡着的沙袋，敌军的坦克已经开到了距离我们150码（137米）以内。当法雷装填好火炮时，坦克已经到了70码（64米）的距离，不知道什么原因，它没有朝这个美军炮组开火："我把一枚穿甲弹塞入炮膛，然后和阿金森压到驻锄上。"波特勒下士开火了，炮弹击中了坦克的主动轮。坦克猛地卡在原地，德军步兵见势不妙纷纷逃走。没有坦克的保护感觉不安全。

就在波特勒下士朝坦克开火的时候，他的排长斯塔克中尉也奔向了柯克德克的另外那门火炮。其他的炮手仍然躲在散兵坑里，他们的炮长在前一天的战斗中阵亡后。斯塔克中尉独自装弹、瞄准、开火，然后再次装填、开火。德军坦克乘员发现撑不住了，开始逃离坦克。这给了旁边的点50机枪绝妙的靶子机会。一轮扫射下来，德军坦克乘员非死即伤。

很快，斯塔克中尉发现另外一辆德军坦克躲在几百码外的一处灌木后在开火。"我通过望远镜仔细查看了那处灌木丛，什么也看不到。只能根据开火时的烟雾来估算坦克的位置，我朝那个地方发射了三枚穿甲弹。坦克再也没有开炮了，然后有人影在灌木丛中晃动，我又朝那里发射了一枚高爆弹。"

那天上午战斗结束后，美军开始清理战场，斯塔克中尉前去灌木丛查看。在那里居然有三辆四号坦克被击毁了。其中两辆在他开火的目标位置。汤普森少尉告诉斯塔克，不管是谁打的，消灭掉这些坦克

第17章　艾尔勒孔之战

太了不起了。

第80防空营很好地解决了大量德军坦克出现造成的危机，他们还派了一名军官带A连和B连去到瓦尔河以北，帮助第505伞兵团防守奈梅亨以东的阵地。A连连长诺曼·尼尔森（Norman Nelson）上尉也记得C连损失了两门火炮。其中有一门是通报给汤普森中尉后放弃在砖厂的。斯塔克的排里有三人在德军的反击中受伤。E连的损失为两死六伤。

除了英军的坦克和57毫米火炮之外，E连还得到了2营营部直属连克莱恩中尉的机枪组支援。指挥他们的是来自克利夫兰的约瑟夫·居瑟克（Joseph Jusek）下士，他后来获得优异服役十字勋章。"当大约两连德军步兵在火炮、迫击炮和五辆坦克的支援下朝E连右侧阵地发动猛攻时，居瑟克下士负责指挥一个轻机枪组。尽管猛烈的炮火落在他的阵地上，居瑟克下士依然不顾个人安危，在炮火中指挥机枪组有效地杀伤了逼近的敌军步兵。

敌军坦克也开上来支援步兵进攻，其中一辆坦克开到了距离居瑟克下士阵地前200码（183米）的地方。它发射的第一枚炮弹就在居瑟克的阵地旁爆炸，这让机枪组里的三名成员丧失了战斗力，居瑟克下士自己的脸上和肩膀也受了重伤。

尽管非常疼痛，居瑟克下士拒绝撤退，顽强地继续对敌射击。他在阵地上又坚持了两个小时不停歇的战斗。由于他无私的战斗精神和卓越的忠于职守，周围的战友都被极大地鼓舞，这足以体现美国陆军的优良传统。"

F连还有四名其他点30机枪手在那天获得勋章。约瑟夫·克斯一等兵和罗伯特·麦尔一等兵在向德军步兵扫射时被德军坦克的火力击伤。麦尔后来获得银星勋章："在德军开始强力反击时，机枪手麦尔一等兵和他的副机枪手一起把机枪从隐蔽的地方搬到角度更好但没有防护的地点。麦尔一等兵在那里独自操纵机枪，将进攻的德军压制住。

当一辆坦克在100码（91.4米）外对他进行近距离攻击时，麦尔仍然继续开火。一枚炮弹击伤了麦尔一等兵和他的副班长，机枪也发生故障无法使用。麦尔立刻去排除问题，再次投入战斗。他不顾自己肩膀和腿部受伤的疼痛，拒绝后撤治疗，他继续朝进攻的德军开火。另

解围阿纳姆

外一枚炮弹打死了他的副机枪手，麦尔没有退缩，继续战斗，最后反坦克火力把德军坦克击毁。他英勇的忠于职守和冷静的决心成功地帮助他所在的连打退了德军试图接近奈梅亨大桥的尝试。"

克斯一等兵在战斗中阵亡，他后来被追授优异服役十字勋章。亨瑞·科维罗一等兵回忆："克斯被飞溅的树枝击伤。我和另外三人把他抬回了营部。"他的授勋词这样写道："出于表彰他于1944年9月28日在荷兰维彻伦对德军战斗中所表现出的英勇行为。敌军在坦克的掩护下对他所在连的阵地发动猛烈的进攻，克斯一等兵作为步枪班副班长指挥班里的轻机枪从隐蔽所转移到一个射角更好的地点朝蜂拥而来的敌军进行射击，但后面那个地点是没有防护的。

在一条半弹带打完后，一辆德军坦克开到了100码（91.44米）内的距离内朝他们的机枪开炮，第三发炮弹打上了克斯一等兵和他的机枪手。尽管克斯受了重伤，他还是用自己的汤普森冲锋枪对敌人射击。

德军坦克继续不断开火，克斯一等兵又坚持作战了15分钟，然后被另外一枚炮弹打成致命伤。他超群的无畏行动以及面对死亡的坦然态度极大地鼓舞了遭受惨重损失的战友。他是在宾夕法尼亚州的麦吉思波特市（McKeesport）参军的。"

杜安·悉德（Duane Sydow）一等兵因为成功阻止了德军工兵排除反坦克雷场而获得了银星勋章："悉德一等兵是一位机枪手，他所在的地点可以覆盖一片反坦克雷场，当时一个连的德军在坦克和自行火炮的支援下对他所在连的阵地进攻。悉德立刻注意到一群在坦克边上的步兵正在为其开道。他的机枪火力引起了德军坦克火炮的射击，悉德一等兵的手臂、肩膀和脖子多处受伤。为了自己的职责，悉德拒绝后撤治疗，继续坚守阵地与敌军交战。

又一枚炮弹的爆炸把他的机枪炸坏，但悉德一等兵没有脱离自己的阵地，继续用步枪朝德军排雷的工兵射击。他卓然的勇气和无私的尽职行为给敌军造成重大伤亡，帮助本方部队打退了敌军的进攻。悉德一等兵直到敌军进攻彻底失败后，才退到后方接受治疗。"

第四位获勋的F连机枪手是奥斯卡·拉德纳（Oscar Ladner）一等兵，他获得的也是银星勋章："拉德纳在防线的最前方，当敌军坦克

第17章 艾尔勒孔之战

和自行火炮在步兵支援下对他们发起进攻时,拉德纳一等兵为了更好地向敌军射击,将自己暴露在敌军面前。在敌军猛烈的火力面前,一枚子弹击穿了他的面颊,导致他短暂失明。拉德纳一等兵忍受着剧痛继续射击,大量杀伤敌军。

在战斗的关键时刻,拉德纳一等兵又被炮弹弹片击中。他再次拒绝后撤治疗,他克服伤口的疼痛继续战斗,完全不顾及自身的安危。他不断的火力输出以及无畏的精神帮助本方部队打退了德军的进攻。"

2营营副切斯特·加里森(Chester Garrison)中尉在当天的战争日志里描述了这天的战斗:"敌军的火炮、自行火炮和迫击炮从5时开始对我们阵地轰击,随后他们发动总攻。E连遭遇到河对岸的德军炮火袭击。所有的电话线路都被切断,我们只能依靠无线电通讯。一辆敌军轻型坦克偷偷摸到了F连的前面,最后被英军坦克及时消灭。第二辆坦克在同一区域被一门57毫米火炮击毁。

敌军步兵攻击的主要方向放在了E连阵地,双方的轻武器交火非常激烈。估计敌军遭受了一百三十人左右的伤亡,大部分死亡。我们的81毫米迫击炮尤其有效。所有连的弹药都几乎耗尽。战斗在快到中午时结束。

一个荷兰人在E连阵地被抓获,他试图穿越我们的防线前往德军一侧,我们把他送往团部。营里有四人阵亡,每个连一人,大约二十五人受伤,包括理查德·斯文森少尉和斯图亚特·麦克卡什少尉(F连)。二十四名德军向E连投降。他们也厌倦了战争。我们的对手基本上是由三级新兵构成,既没有经过训练,也不适合前线作战。

敌军的飞机投下磷光标示弹,他们又准备轰炸大桥了。一架飞机坠毁在D连阵地上,没有美军受伤。"

这架德军飞机是被D连1排的机枪击落的。根据魏吉二等兵的说法,这架侦察机每天都会飞过他们排所在的砖厂,然后德军就开始炮击。那名飞行员飞得很低,他们甚至可以看到他嘲笑的面容。这种每天都来的挑衅和炮击使得1排策划要给敌人一个意外惊喜。他们安排了一名伞兵负责支撑一挺点30口径机枪,其他人也准备好自己的武器。当那架德军飞机再次飞过来的时候,他们一起开火。然后他们就看到这架飞

解围阿纳姆

机冒着烟坠毁了。这也是德军飞机最后一次在他们阵地上盘旋。

也是在9月28日那个清晨,爱德华·贝克一等兵在自己的散兵坑里被落入的一枚炮弹炸死。他的排长恩内斯特·布朗中尉就在附近:"我们的阵地在一块6英尺(1.8米)高的岸堤上。我一开始在一座小丘下挖散兵坑,不过很快换了一个视角更好的地方挖。我的通讯兵贝克到得比较晚,他问我是否可以接手那个我最先挖的坑。我说当然可以。那天晚上一枚炮弹直接落入了贝克的散兵坑,他立刻阵亡了。"2营营部直属连的雷蒙·梅尔斯一等兵也在那天阵亡。

德军第4空降炮兵营1连的海因茨·布里斯少尉回忆耶克尔战斗群在9月27日晚上接收到命令时的情景:"战斗在第二天早上7时开始,朝艾尔勒孔砖厂方向突破。当炮火还在继续时,我们组成两个攻击组。当我们通过两条岸堤间的泥泞道路时,敌军发现了我们,并用各种武器朝我们射击。泥泞的地面使得敌军炮弹的爆炸威力减弱。本方的火炮、坦克和迫击炮则继续攻击艾尔勒孔公路那侧,将敌方的阵地笼罩在炮火之中。这让我们得以继续前进。在遭受一些损失后,我们到达了艾尔勒孔砖厂的边上,那里的美军伞兵(在汤普森中尉的指挥下)拼命顽抗。我们的坦克帮忙解决了问题。我们在近身战之后成功夺下并守住了砖厂。

当我们在夺取砖厂的时候,坦克支援步兵继续向艾尔勒孔镇前进,并攻入其西部。我们的损失也很大:有些坦克瘫痪了。很久没有出现过的德国空军再次翱翔在天空,这让大家很振奋。他们很好地支援了我们的战斗,不断对美军进行轰炸和扫射。当天下午非常特别,双方忽然宣布停火,利用间隙来照顾自己的伤者收殓死者。大家都很有默契。从我们的阵地上可以看到美军医护兵搬走尸体,照顾伤员,然后用装甲救护车把他们运走。这里不是仅有战斗和死亡,还有人性和关怀。当天晚上我们被换防,回到惠勒,我们在村子西边找了个地窖休息。"

菲利普·纳德勒(Philip Nadler)二等兵使用加兰德步枪,他对当天救护兵的评价很好:"如果你用右手装填加兰德步枪时不小心,枪栓可能擦伤你的拇指,而如果你用左手装填,那问题会更大。我的拇

第17章　艾尔勒孔之战

指在战斗中就被挂掉一块肉。根本没有时间去注意。只有忙着装填新的弹夹，继续开火。由于拇指问题，我每次战斗后都要去找救护兵，因此和排里的救护兵弗雷德·施勒成为了好朋友，他来自新泽西州的帕特森。他喜欢玩吉他，唱《冷泉》。他说我们在战后还可以经常聚聚，我们的家乡只隔着7—8英里（11.2—12.8公里）远。

当士兵被击中后，他或者他的战友会呼唤救护兵。施勒从不犹豫，不管什么情况都会立刻冲上去。当士兵受伤时，你是不能迂回跑动的，只有弯着腰赶紧过去。那也意味着施勒要离开自己安全的散兵坑去救人。有人应该让陆军出一个规定，那些轻伤的人就不要乱叫救护兵了。很多次他冒死去救的人只是受了些不用下火线的小伤。小的割伤、擦伤，甚至只是他们自己以为被打到了。哦，我当然知道有些人是在高度紧张中的。大吼'救护兵！'会让他们放松一些，并对疼痛的感觉更轻些。但我还是呼吁那些人先认真看看自己是不是需要急救，再喊也不迟。我好几次都是自己走到急救站，而不是呼喊'救护兵！'

我脑海里一直有他背着救护包，抬着折叠担架的形象。他看起来有些忧郁，但人很好，我看到他心情就会很好。我们没有等到战后的重聚。他后来在转到E连后很快就受了致命伤。那应该是在突出部战役中遭遇的。"

9月28日，一支强力的德军部队从因达尔（Im Thal）朝C连2排的外围据点发动袭击。威廉·里德中士由于英勇的行为获得铜星勋章："步枪班班长里德中士和他的班被德军四挺机枪的猛烈火力所压制。在激烈的近战中，里德中士不顾个人安危，率领他那个班突破敌军的封锁，从侧面包抄了敌人。在他的卓越领导下，消灭了敌军的一挺机枪，战斗中几名士兵受伤。

在转移伤员的时候，一股七名德军突然出现，里德中士带着另外一人和德军缠斗了30分钟，直到耗光弹药。他英勇地杀死杀伤四名德军，这也使得本方的所有伤兵可以顺利撤回防线之后。"

9月29日，D连的乔治·莫瑟巴赫二等兵在一座谷仓里被德军火炮打死。第二天E连3排遭遇了一枚迫击炮炮弹的袭击，汤普森中尉的腿部被弹片击伤，他被包扎好之后，送到E连连部休息，莫罗少尉接替了

解围阿纳姆

排长一职。

　　特德·巴亨海默一等兵被推荐参加一个公共活动,很可能就是在那天,不过事情并不顺利。威廉姆斯上校回忆巴亨海默奉命去师部参加一个军官的活动。当他离开第504伞兵团团部时,他挑了一个中尉的头盔佩戴,而不是他自己的头盔。当他戴着头盔出现在师部时,他被赶了回去,要求第504伞兵团重新考虑人选。可是这个问题还没解决,他就被德国人俘虏了。就是因为那顶错拿的头盔,他被德军误以为是一名军官,而不是本来的身份——士兵。

　　10月1日的夜间,德军开始对A连阵地进行大规模炮击,且一直持续到第二天早上。1排的布列德是少尉在连部,那里可以鸟瞰惠勒湖的北部。他和连里的作战军士诺曼·特什和另外四名军官在讨论作战计划,一枚120毫米迫击炮炮弹就在门外爆炸。"屋子里的五人全部受伤,后勤军士克拉伦斯·威廉姆斯在自己的散兵坑里阵亡。我毫发无损,回到自己的排里,从那时一直到离开荷兰,我都没有再去过连部。我发现使用电话或者无线电要安全得多。"

　　莫林少尉的2排阵地靠着连部,因此他们也遭到了炮击。2班的巴尔蒂诺和丹尼·布里斯科一等兵都受伤了:"那天我的好朋友丹尼·布里斯科有事进了城,我则待在自己的散兵坑里,一群英军的炮兵观测员来了我们这里。很快德军的迫击炮炮弹就落在附近,有一枚落在了我身旁几英尺的地方。

　　我转移到树林里时,正好丹尼回来了。他说,'怎么了,弗雷迪?你看起来苍白得就像个鬼魂一样。'我说,'一枚迫击炮炮弹差点打中我。'就在那时,又有一枚炮弹落在我俩附近。我说,'让我们离开这个鬼地方。'我们朝后方几百码处的连部跑去。

　　我们大概跑了20英尺(6米)远。我大概跑在丹尼前面8英尺(2.4米)的地方,然后我们就被爆炸击昏了。当我醒过来时,感觉后背有个6英寸(15厘米)宽的口子。一枚迫击炮炮弹就落在我俩中间。我背后大概九处受伤,脑袋上也有一个伤口(我没戴头盔)。我的左前臂也开了个口子。我的左手掌过了六个月才康复到可以展开的程度。丹尼的左眼受伤失明。

第17章 艾尔勒孔之战

我的好朋友古斯比过来帮助我，我记得我问他我背后是否有一个大洞。'没有，没那么糟。'他说。他们把我送到急救站，给我的伤口绑上绷带，然后用吉普把我送到奈梅亨。我在那里接受初步治疗后，又被送到更后方的野战医院，做手术把弹片取了出来。我后来和丹尼失去了联系，他被送到布鲁塞尔去了。我搭乘飞机去了英国，在那里待到1月17日，最后乘坐'伊丽莎白女王'号返回美国。"

10月3日早晨，81毫米迫击炮排的指挥官埃德蒙·克莱恩中尉注意到E连在艾尔勒孔的阵地前时而有德军迫击炮炮弹落下，因此他派E连的莫罗少尉去向范·波克上尉报告他们已经准备好使用81毫米迫击炮进行回击了。莫罗先和汤普森中尉商量了一下再去向范·波克上尉报告。"我在10时回到克莱恩的迫击炮阵地，"莫罗回忆，"他一直没有开火，避免暴露我们的位置。现在其实也对敌军的具体位置拿不准。像往常一样，我们需要将炮弹保留到能发挥最大作用的时候。

克莱恩在仔细小心地寻找他的目标。我们必须要对敌军的迫击炮射击做出回应，所幸他们都没有打中。我们找不到他们，我相信对方也没有发现我们。当克莱恩终于对目标有把握后，他命令'精准射击，'也就是说只发射几枚炮弹。一切重归平静。'我想我们把他们干掉了，'他说，'让我们告诉范去。'克莱恩和我走回连部。

在走进屋子前，我打开了配给里的一小罐奶酪。我脱下钢盔，开始吃奶酪，打开厨房的门找到在里面的范上尉。就在这时，一声巨响，电光石火间我被一阵气浪震翻在地。我还有神志，但是部分身体已经麻木。到处都是烟雾，满地木屑。

我从躺着的地方看不到范，不过能听到他用平常那种镇定的语气说：'卡尔，你能过来一下么？我需要帮忙。'我告诉他对不起，我也动不了。直到这会，我才意识到手里还有一块奶酪。我想，'干吗吃这东西？我要死了！'随手把奶酪扔到一边去。我看到克莱恩正在满是废墟的地面上爬着，赶紧让他停下，否则他的伤口会恶化。他没有听我的，似乎是震晕了。我语气坚定地对他说，'如果你不停下的话，我就要拿手枪打你了。'他还是没听我的，继续慢慢地爬着绕圈子。后来我听说他被腿伤困扰了一辈子。

解围阿纳姆

我以为是一枚炮弹,后来才知道是两枚80毫米迫击炮炮弹落进了那屋子。他们从厨房屋顶钻进去,掉入地下室。汤普森中尉和另外几个人一般在地下室睡觉。不过那天汤普森中尉正好不在。德国人完美地击中那里,仅仅是运气么?他们也许是看到厨房屋顶冒出的烟雾了吧。

一两分钟后,救援队从四面八方赶来了。一名救护兵照看克莱恩,一名来照顾我。他把我的手枪带和伞兵都会携带的装着吗啡和皮下注射器的盒子取下,给我注射了一针吗啡。他看到我的靴子都被炸碎了,想帮我取下来。结果我痛得鬼哭狼嚎,他只好停下来。我看不到几英尺外的厨房情况,更不知道地下室的悲剧。

大概三四分钟后,我看到汤普森中尉站在边上,努力对我挤出一个笑容,想让我宽心。'你这个幸运的家伙,'他说,'今晚你可以睡在干净、雪白的床单上了。'这是他的原话,一字不差。我一直没有忘记。他告诉我在爆炸前5分钟正好去3排指挥部喝咖啡了。

有人告诉我尼尔森少尉跑到半英里外的炮兵连去借来一辆吉普车。有人找到一扇被炸飞的门,架在吉普车上,然后让克莱恩趴在上面。我则坐在吉普车驾驶员后面的座位上。我负责抓稳克莱恩,他现在有点神志不清,甚至昏迷的状态了。我要确保门板和克莱恩不从吉普上飞出去,尤其是在转弯的时候。

司机带我们去营急救站。大部分路途都很颠簸。我自己都疼得不行,还要注意不停拉住克莱恩和门板不要滑下去。我流血的双脚不断在吉普的金属地板上被弹起,每次落下都是钻心般的疼。我知道人在战争期间会有超常的忍耐力,都是不知不觉的。

大约开了10分钟,我们到了急救站,我被放在地上的一具担架上,在我昏迷过去前,维勒姆斯少校来到我边上,'卡尔,你看起来比别人更了解当时的情况。你能告诉我吗?我听到范·波克的声音,但是看不到他。他听起来在开心地聊天。我想范应该比我更清楚当时发生了什么。我当时还不知道地下室死了那么多人。'"

范·波克上尉的右腿被迫截肢,左腿也跛了。之前在他边上的戈茨下士和罗曼下士也各截了一条腿。"我当时正在摸吗啡注射针,我

第17章 艾尔勒孔之战

听到他们中一人说,'我腿断了。'我回答,'我两条都断了。'我当时最关心的是向营里汇报。莫罗少尉,克莱恩少尉和尼尔森少尉都受了伤。尼尔森少尉虽然也受了伤,但是他依然第一个跑出去叫人来救援。后来在英国医院的时候,医生告诉我那种情况下走路都困难,不要说跑了。

我们用吉普车撤离,其中包括白天在岸堤公路上的路段,直接暴露在德军火炮前。我们在外面挂了一面红十字旗,德军没有朝我们射击。我在医院里住了两年。"

加里森少尉听到的版本是:"德军炮弹钻透屋顶,在桌子上爆炸,里面开会的所有人都受伤了,艾尔伯特·基钦中士刚刚离开房间。一听到这个情况,立刻从我的指挥部跑到急救站查看情况:有多少人,是哪些人受伤了,要怎么安排后继人选。吉普车来来回回,先把伤者运走,再收殓死者。我发现两位密友躺在地上。克莱恩的腿部受了重伤,他处在昏迷中。他后来在医院里待了一年,之后走路都要拄着拐杖。和他一起的还有范·波克。我在帮他盖毯子的时候,发现他的一条腿已经不在了。尽管还有别的伤痛,他还是表现得很淡定。他认出我来,把腕表解下让我保管。他很虚弱但很和善,真是有荷兰裔人特有的那种韧性。

基钦中士后来告诉我,在爆炸后范自己靠着墙坐起来。看到自己在不断流血后,他脱下皮带,当作止血带绑住大腿。当基钦上去帮忙时,他让基钦去帮助房间里的其他人。在基钦回来要帮范时,范让基钦用剪刀把粘连着大腿和脚的皮肤剪开。基钦感到太过恐怖而拒绝,直到范直接下命令,并用军事法庭来威胁他才执行。"

这次事件中一共十二人受伤,其中包括四名军官。约翰·莫里斯下士和罗密欧·哈默尔下士在那天由于伤重不治而亡。当天另有一名士兵——肯尼斯·汤姆森一等兵在吉普车上被迫击炮炮弹击中,当场阵亡。这样E连只剩下三名军官:科林斯少尉、夏普少尉、汤普森少尉。营里的作战官诺曼上尉被派到E连担任代理连长,汤普森少尉被任命为连作战官。令人难过的是23岁的基钦中士在第二天的战斗中阵亡。

10月4日,德军炮火又给E连3排造成了四人阵亡。沃森中尉回忆

解围阿纳姆

约瑟夫·史密斯（Joseph Smith）二等兵站在一个稻草棚里，一枚炮弹落了进来，弹片插入他的后背将他杀死。艾司莫·帕特里基（Esmer Partridge）上士在自己的散兵坑里被头顶上爆炸引发的树枝碎片杀死。2排2班的班长约翰·邓肯（John Duncan）中士也阵亡了。唐纳德·莫兰（Donald Morain）一等兵回忆邓肯中士："他刚接到妻子的来信，要求离婚。他问我怎么办，我能怎么告诉他？两天后，他被分配到另外一个排的阵地，他听说那些人喜欢待在屋子里。他知道德国人很容易把房屋当作目标，因此告诉他们赶紧出来。后来他也是在屋子里被炮弹打到的……"

2排的阿尔伯特·穆斯托（Albert Musto）二等兵和邓肯中士以及詹姆斯·里昂斯（James Lyons）二等兵和约瑟夫·史密斯（Joseph Smith）二等兵在那栋屋子里，一枚烟雾标示弹落在距离他们50码（45.7米）外的地方。"里昂斯看到炮弹爆炸后说，'我们应该出去。他们在瞄准我们！'我们一起朝史密斯和邓肯喊他们出来，史密斯叫着回应，'如果你要被打到，怎么都会被打到的。'里昂斯和我跑到后院挖好的掩体里。第二枚炮弹就命中了屋子，整个屋顶都塌了。后来我们把他们的尸体抬到十字路口，等待收殓队来安置。"

当天在德军进攻第504伞兵团阵地时被击毁的一辆五号"黑豹"坦克归属于德军第108装甲旅，指挥官是非洲军老兵弗里德里希·穆斯库鲁斯（Friedrich Musculus）中校。这支部队于1944年7月24日在德国的格拉芬沃尔（Graefenwohr）成立，下辖第2108装甲营（3个连的五号坦克和一个配备四号坦克歼击车的装甲猎歼连，加上高射炮）；第2108装甲掷弹兵营（五个陪伴半履带装甲车的重装步兵连）和几个小规模支持单位，比如工兵和炮兵。他们的首次战斗于9月19日在比利时的曼德菲尔德（Manderfeld）爆发，部队随即被抽调回去准备9月28日对盟军的反攻。在奈梅亨附近的战斗中受到一些损失，剩下的坦克在亚琛战役中损失殆尽，该旅于10月30日除名。

第504伞兵团的顽强阻击加上英军坦克和炮兵的支援使得德军第2伞兵军夺回奈梅亨的努力破产。盟军在经过一番苦战之后基本保住了岛区，参战的部队有英军第43和第50步兵师、第8装甲旅、美军第

第17章 艾尔勒孔之战

101空降师和第82空降师。根据作者对大量英军和德军的资料研究，发现德军对第504伞兵团防线发动的进攻是最为猛烈的，尽管针对岛区的一系列战斗都被认为是孤立、不协同的行动。但事后对德军反攻

瓦尔特·范·波克上尉（摄于1947年）带着他的E连被空投至马斯河大桥西南面的维尔普。在10月3日的战斗中，范·波克由于德军一枚炮弹击中E连在艾尔勒孔的连部而断了一条腿。

解围阿纳姆

似乎有故意淡化的怀疑，也许是为了保持盟国后方的士气导致的。当然也有很多见证人的回忆，包括德军高层的战争日志也是近年来才更被拿到研究的。

德军于1944年9月底至10月初的狂热反击使得盟军放弃了任何突破奈梅亨以东帝国森林的打算。英军第50步兵师在岛区对抗德军经验丰富的党卫军第2装甲军时遭遇惨重损失，随后其剩余部队被用来补充其他部队，核心人员返回英国重新组建该师。

艾森豪威尔将军也惊讶于德军反击的力度，因此命令蒙哥马利元帅优先清除舍尔德特河口以北和以东地区的德军。由于补给线已经从诺曼底牵扯过长，盟军必须加紧确保英军占领的安特卫普港可以投入运作，那里的港口设施基本完整。加拿大第2军奉命沿着河口清理荷兰的沿岸岛屿。这都意味着攻克阿纳姆的优先程度在下降。

这一策略的改变使得第504团伞兵和其他第82空降师的部队被困在前线阵地上。随着时间一周一周地过去，双方的战壕越挖越深，雷场越布越多，大家忙着布置诡雷预防偷袭。德军放弃了夺回奈梅亨的计划，盟军也在奈梅亨停止了进攻的战略，剩下的只有无止境的夜间巡逻，这也是前线部队的噩梦。

第18章

★★★

坚守防线

荷德边境，1944.10.5—11.4

　　1944年10月初，部队被要求进行更多的侦察任务。第504伞兵团有好几天都没有抓到俘虏了，塔克和那些营长们焦急地想得到更多关于德军行动的情报，特别是是否还会再度发起类似登霍威尔奇袭的计划。有传言说如果小规模侦察队抓不到"舌头"，那么一个班就会在第二天晚上被派出去。如果他们还是不成功，那么第三天晚上全排就要出动，一直到抓获为止。

　　戴维·惠蒂尔（David Whittier）一等兵对第504伞兵团当时的处境描述得很好："第504伞兵团负责把守贝格恩达尔附近被密林覆盖的高地，这里紧挨着荷兰与德国的边境，可以俯瞰周围低矮的平原，其往北延伸到阿纳姆，往东延伸到克雷夫。下莱茵河湍急的流水在我们左侧视野的尽头拐了个S形的弯。在我们旁边就是惠勒湖，这是一个狭长的浅湖，我们团80%的防线位于该湖西岸。

　　我们团剩下的20%的防线是一条通往德军防线的大路。每一次侦察都必须要从这一区域出发。每个晚上有五六支侦察队行动，前线的这一地段热闹得就像是圣诞节前的餐厅一样。每次侦察都会碰到更为严密的狙击，每次走出去的路程都更短，很快就陷入机枪、冲锋枪、地雷和铁丝网的重围中。

解围阿纳姆

简言之，敌军的防御越来越严密，我们的巡逻几乎没有漏洞可钻。每天晚上他们都出去，每天晚上回来的情况都是一样——碰到敌军、交火、战斗、伤亡，没有抓到战俘。一直循环，抓不到战俘，而战俘是我们那时最渴望得到的。敌军的防线如同夜晚的蘑菇般疯长，我们要想搞明白到底是怎么回事必须要抓一个德国佬来问问清楚。师部对抓"舌头"也越来越重视。所以捕获一名敌军士兵成为我们的A-1级重要任务。这个必须要尽快达成，否则我们在陆军里最强伞兵团的名声就要不保了。"

10月6日晚上，理查德森上尉的F连对惠勒班公路附近的树林地区进行了一次侦察行动。3排排长沃森中尉是从西西里岛战役期间加入部队的老兵，他的副排长罗伯特·赫内森（Robert Heneisen）少尉是在安齐奥战役中加入该排的。理查德·根策尔（Richard Gentzel）下士和威廉·桑多瓦（William Sandoval）二等兵担任前锋。3营战斗日志里记载："团里命令我们F连使用一个排占领这片森林，将德军防线逼迫后撤，这样使得本方的防线更为平整。""G连应该从右侧给予配合。我们排进入到这一地区，但事实证明敌军已构筑了坚固的战壕，并且有足够多的部队进行防御。在激烈交火后，本方出现五名士兵战损：四名阵亡，一名失踪。沃森中尉和赫内森少尉均受伤。"

沃森回忆："我走在前面，被一枚炮弹弹片击中了右腿，弄断了腿骨。但任务不能这么终止，我们正准备跳下这片森林右侧外围的一条堤坝，敌军的机枪突然响了起来。记得当时周围倒下一片。我看到人影从堤坝上穿过，但分不清楚是德军还是友军。我看到到处都是机枪火力点，他们是精锐德军（伞兵）。救护兵给我打了一针吗啡，我被他们送到布鲁塞尔，从那时开始我佩戴了几乎两年固定支架。"

2排的纳德勒二等兵从3排朋友那里听说桑多瓦先被打中，后来被刺刀刺死在树林里。"因为尸体没有收回，我们想知道他是否真的阵亡了。军方把他列入失踪人员名单。桑多瓦在英国就有些郁郁不乐，也许是因为思念家乡女朋友的事吧？他也不愿意和我们多说。当我们离开英国时，我把所有钱都存入了他的账户。（军队在战斗前会把你的钱保管起来，在后方支付。）如果你阵亡了，钱会汇给家属。我在

第18章　坚守防线

桑多瓦的账户里存了120美元。在荷兰战役结束后，我等于破产了，不过我很高兴这些钱给到了桑多瓦的家人。也许他们更需要这些钱。我是发自内心这么认为的。"

约翰·阿金斯（John Akins）一等兵接过了根策尔的班长职务，带领他们完成了任务，并因此获得了铜星勋章。"敌军猛烈的炮火将队伍打散，阿金斯一等兵以非凡的勇气带领士兵们在机枪和迫击炮火力的交织中，穿越雷场回到己方阵地。他不顾个人安危，还背回了两名伤员，他重整了班里的士兵，分配好阵地上的位置，指挥他们成功击退了敌军的反扑。"

加里森中尉的报告并不准确，赫内森少尉实际上是阵亡了，他被埋葬在艾尔勒孔附近的一座士兵公墓里，埋葬在那里的还有威廉·皮尔斯一等兵。威尔班克斯二等兵在当晚也伤重身亡，他先是被埋葬在当地，后来他的遗骸被转移回美国，安葬在他的家乡佐治亚州。

团部直到第二天，也就是10月7日才知道那晚的整体伤亡情况。根据2营的作战日志记载，F连到当天16时30分才稳定住防线。"德军为了报复，一整天都在发射猛烈的炮轰。F连连部很幸运地放置在一座坚固的地下室里，当房子的墙都被炸毁的时候，他们还安全无虞。塔克上校下午视察了战况。每个人都很关心前一晚战斗的损失。"

10月7日晚上，威廉·考克斯（William Cox）二等兵的散兵坑被发现是空的：德军侦察兵过来抓了一名C连士兵。四天后，尤金·柯克兰（Eugene Corcoran）二等兵又被掠走，他也是C连的，最后他被送到哈默斯坦的ⅡB号士兵战俘营。10月12日，敌军一发炮弹击中81毫米迫击炮排所在地。爱德华·科林斯（Edward Collins）下士、威廉·斯托姆（William Storm）下士和约瑟夫·汉密尔顿（Joseph Hamilton）一等兵当场被炸死，威廉·阿尔特姆斯（William Altemus）上士重伤，于第二天死在急救站。就在几分钟前，士兵们还在和艾伦·麦克克莱恩中尉开玩笑："在我的指挥部前，四名排里的士兵，包括副排长坐成一圈，他们搭起一个小火堆烤土豆吃。我们的阵地就在一片土豆田里，大家吃的东西也不多。我笑他们别变成土豆了。从他们的位置来看，德军不可能看到，甚至都不会怀疑到。但是仅仅几

解围阿纳姆

个小时后，他们四个都死了。仅仅就落下了一枚炮弹，正好落在他们中间。他们都是我的好朋友。"

F连的口令本在空降区丢失了，相信很可能是落入了德军手里。纳德勒二等兵回忆了他们应对的办法："我们尽量把这个问题变成一个对我们有利的方面。没有口令，我们依靠伏在地上听脚步声来判断来的是一个人还是一群人。我们发现可以通过人影来认出连里的每一个人来。一个人肩膀的下垂程度，脚的轻微跛行，他的身材和步法，喘息声，那两个人老黏在一起。我从来都没认错过。当我们人手紧张后，这变得更为重要。

在战役的后期，我们阵地上的空隙越来越大。我们必须要用频繁的巡逻来填补。慢慢走到下一处岗哨，和他们交接，返回来报告一切正常。想象一下你孤身一人在黑暗里想找同伴的心情。有几次我碰到了敌军的巡逻队，我躲在一旁观察，等他们回到自己那侧防线。如果出现几次，我们就会布置陷阱来迎接他们。

有一处地方，我们的阵地在抬升的一个坡上（你可以称作山）。从这座小坡上有一条路通往敌军方向。大约1 500码（1 372米）外有一个十字路口。我们在晚上会往那里派一个岗哨，在中途布置另外一个岗哨。白天两个人都待在中途那个有完备炸弹掩体的岗哨里。我们在两个岗哨里都配备了手摇式电话便于联系。我在那一区域进行了很多次巡逻。只要在岗哨范围内，大家就很安心。一旦越过那个十字路口，没走多远就会遭到敌军的射击。我们就像囚徒一样不断尝试。"

10月21日，几名来自英国阿什维尔（Aschwell）伞兵学校的补充军官加入部队：爱德华·舍贝莱恩（Edward Scheibelein）少尉、詹姆斯·阿尔曼德（James Allmand）少尉（毕业于新墨西哥军事学院）、里奥·范·德·伏特（Leo Van De Voort）中尉。范·德·伏特之前在第29步兵师服役，他作为B连一名排长参加了诺曼底战役，获得了优异服役十字勋章。他的连在D日最后只剩下40人，而他是唯一幸存的军官。尽管他自己受了伤，范·德·伏特仍然渴望战斗，他后来被挑选入伞兵部队，担任A连2排副排长。舍贝莱恩少尉被分配到F连2排担任副排长，阿尔曼德少尉担任G连3排排长。

第18章 坚守防线

在同一天，A连1排的副班长弗兰克·海德布林克下士来找布列德少尉，说有个计划可以抓到战俘。布列德回忆："他告诉我他已经观察了一段时间，清楚德军的位置。这样就有办法了。"布列德和81毫米迫击炮排排长商量了一下，他们这次行动会得到全力支持。大家商议好开火的时间。然后侦察队出发穿过雷场和惠勒班。

不过这些筹划没有实现，戴维·惠蒂尔写道："最后决定在黄昏前进行一次白天的侦察。之前所有在白天想要穿越敌线的行动都被认为等同自杀，但是在目前有点绝望的情况下，团里决定试一试，白天也有白天的优势，雷场可以更安全地通过。我们有各种武器的支援，这不是一般的突击，而是倾注全力的作战，唯一的目标就是抓获一名俘虏。

奈梅亨—克雷夫公路在我们这侧的惠勒湖，在湖的一端进入德军防线中，那里有着浓密的灌木丛。德军在我们最前沿岗哨外150码（137米）的地方构筑了路障，那是由一辆车辆的残骸和几根树木组成的，旁边还埋设了反坦克地雷。德军在路障周围挖好战壕，他们装备手枪、机枪和铁拳，后者是一种新型的火箭反坦克武器。

如果没有迫击炮清除障碍，没有炮兵直射武器的支援，突击队是不可能成功的。因此迫击炮的时间表如下：16时35分，81毫米迫击炮对着敌军前哨在5分钟内发射40枚高爆炮弹。然后延伸25码（23米）再发射40枚，如此重复至树林边缘。（为了确保射击的准确性，集中只使用一门迫击炮进行支援。）突击队会在17时15分行动，尽可能地跟着迫击炮的弹幕前进。1排的1门60毫米迫击炮会对藏在路边一栋房子里的机枪持续炮击，防止其对突击队造成威胁。

两个营的75毫米榴弹炮和一个营的105毫米榴弹炮，加上英军两个连的25磅火炮和5.5英寸火炮也会对附近区域所有德军炮兵的藏身之处进行火力压制，时间是从17时10分至17时40分。总共52门火炮会分配500枚炮弹来阻碍敌军的转移，确保突击队有30分钟的时间行动。另外英军还有两个团的25磅炮随时待命，确保切断树林里的德军和他们后方的联系。

布列德为了给他27人的排增强火力，还从其他连借来了一些自动

解围阿纳姆

武器。突击队离开时带着八把托米,三挺机枪和两支巴祖卡火箭筒,其他人使用M-1步枪。他们带着铁丝网钳子以便顺利通过前沿阵地,在雷场标示出安全通道。一名救护兵和他们一起行动。

在预定出发时间前三小时,海德布林克下士先溜出去查看了一下他们将要行动的区域。结果他发现有三名德军正在雷场布设新的地雷。他看清楚他们埋的地雷种类后,开枪打死了其中一人,然后返回连部报告情况。"

布列德带着这排人马,扛着机枪顺利通过雷场,进入树林,走在最前面的是海德布林克下士。"他的班最先出发,"布列德回忆,"另外两个步枪班跟在后面。我们让迫击炮班走在最后。他们用60毫米迫击炮给我们提供火力支援。他们可以在一分钟内投射出36发炮弹。我们几次在夜间穿过惠勒湖偷袭德军。那也是梅格拉斯之前抓获战俘的地方。

我们一共三个步枪班,每个班应该是九个人,另外还有一个六人或者七人的迫击炮班:一名中士带着一名炮手、一名副炮手、两名弹药搬运员,也许再加上一名下士,那次进攻我们的一共有二十七人。我们的炮兵开始朝惠勒湖开火,在我们出发前的这半小时揍得他们够呛。我们让迫击炮炮弹在前面开路,然后跟着它走。"

在回来后,布列德和海德布林克前往A连连部向邓肯上尉汇报,他们成功抓获了3名俘虏。哈里森少校焦急地想知道他们的结果,一辆吉普车被派到营部来接他们。当哈里森问到他们有多少伤亡的时候,布列德笑答一个没有。惠蒂尔写了一篇关于这次行动的报告刊登在《扬基杂志》上。

德军同样也想抓些俘虏。特德·巴亨海默一等兵在10月22日一次侦察行动中被德军俘虏。在乘坐火车前往在德国的战俘营的路上,巴亨海默成功跳车逃走,不过在同一天晚上又被德军抓到。这次是用卡车押送他,巴亨海默他知道如果被再次抓住,肯定会被送到盖世太保手里去,而他作为一个20世纪30年代移民到美国去的德国犹太人,肯定是凶多吉少。因此他在一个叫做哈德(Harde)的村子以北的地方再次跳车逃跑,警卫开枪打中了他的脖子,终结了这位团里德语最好的

第18章　坚守防线

侦察兵的生命。

师部渴望探明防守登霍威尔农场的德军是属于哪支部队的。塔克上校因此想方设法要从2营阵地对面抓些俘虏过来。10月24日晚上，这个任务落到了F连身上，此时担任代理连长的是威廉·斯威特（William Sweet）中尉。派出的侦察队包括营部直属连的几名会说德语的士兵。里奥·哈特一等兵回忆："那天下午我们找了些木炭把脸涂黑，检查了各自的武器，作了一个任务简报。任务很明确，偷袭对方的一个外围哨点，主动权在我们手里。"最近从D连调过来的万斯·哈尔（Vance Hall）少尉负责带2排开路，原先2排的排长马丁·米德雷顿（Martin Middleton）中尉被升为连作战官。

团部的亚当·科莫萨上尉回忆："这是我们在整个战争期间策划的最大规模的战斗侦察行动。作为团里负责计划和训练的军官，我来到前线观摩这次战斗。我对这次行动非常感兴趣，因为如果该连在今晚抓不到俘虏，明天晚上整个2营都会被派出去完成这项任务。没人希望看到那样。

我在行动开始之前，穿过防线，来到最外围的哨所。周围阴森、可怕。我们滑翔机的残骸像幽灵一样矗立在附近的无人地带。机身上的帆布蒙皮被德军全部扯下，也许他们拿去做帐篷使用的。在去的路上，我注意到一路野花盛开。之前被德军打死士兵的残肢在地上还偶有出现，这让人感到毛骨悚然。

我们的前哨距离主要防线有几百码远，非常靠近登霍威尔树林。我走近时，有个声音问我口令。我表明了身份后，就被放过去和那名哨兵共享一个散兵坑。在我等待炮兵对树林发动火力准备时，那名士兵仔细看了看我，问：'长官，你不是科莫萨上尉么？'我表示肯定，他说，'我是那名你在安齐奥海滩被下放到D连的士兵。'好吧，我们两个以这种形式重逢了，面面相觑。不过这名士兵似乎已经不太介意那个过节了。不管怎样，在这里有人相陪伴还是好的。我们一起静静地听着，等待炮击。"

在炮击开始前，哈尔的侦察队大约不受阻拦地前进了200码（182.88米）。忽然响起机枪射击的声音，里奥·哈特一等兵回忆：

解围阿纳姆

"子弹在我的腰部的高度从右往左扫过,我立刻跌倒。我以为自己被击中了,结果子弹卡在了我的M-1步枪上,让它报废了。"在这么一梭子子弹后,一切归为死寂。在里奥前面的是从营部直属连过来的巴祖卡火箭筒手马歇尔·科尼利乌斯(Marshall Cornelius)一等兵,他肯定被打中了。里奥听到科尼利乌斯呻吟:"妈妈,妈妈。"里奥自己也开始祈祷,"我无法表达当时的感受,敌军的炮弹开始落下来,最重要的事情就是找到掩体。"

哈特很快听到他的朋友蒙特布劳(Montbleau)的求救声,受伤的他躺在最靠近德军机枪火力点的地方。这是蒙特布劳的第一次战斗,他兴冲冲地跑在最前面,大嚷大叫,结果很快就中弹了。哈特把步枪交给哈尔,肚皮贴着地爬到了蒙特布劳边上。哈特驮着后者,慢慢爬了回来。蒙特布劳的脚后来被截肢,哈特的耳朵被一颗子弹擦破。

科莫萨上尉在前哨里看到英美两军的火炮朝登霍威尔树林开火,然后部队冲了进去,里面立刻响起了激烈的枪声和咒骂声。等一切平静时,伞兵们从树林里冲了回来,科莫萨回忆:"我听到有人说:'让我拿刺刀捅那个婊子养的。'另外一个人,我相信是毕晓普中士用他平时那严厉的口吻骂道:'瞧你个傻瓜!如果我们不把这个鬼家伙活着送到连部,那么明晚我们又要重来一遍。'从那时起,他们就用万分小心的态度把战俘送到指挥部去了。

这名战俘非常瘦弱,体重不超过90磅(41公斤),吓得浑身湿透。他就像是一只被遗弃在丛林里的小鸡。但他的身份非常复杂,他曾经是一名飞行员,当过伞兵,从一堆高等学府里毕业,包括一所纳粹党的党校。他怎么会沦为一名普通士兵?我没弄明白。

F连在这次行动力可谓损失不小。伤亡人员里就包括刚来的排长舍贝莱恩少尉。这是他的第一次也是最后一次战斗。在部队三三两两从树林里出来后,连长把士兵们按照平时早操时的队形整理起来,像是要去参加阅兵一般。我感觉他是想让部队通过这个来淡忘刚才战斗中的损失。

很快我发现德军开始回到树林,用机枪的怒吼来表达他们的愤怒。子弹的声音就像几百条鞭子在头顶甩动时所发出的那样。炮弹很

第18章 坚守防线

快也加入了。我只有紧贴着地面，像一条水母那样摊开。当炮击停止时，我返回了本方的阵地。当我接近一个机枪火力点时，我被拦下询问口令。在验证后，我被放了进来。我想那些士兵应该在想怎么会有傻瓜一个人在防线外闲逛。"

在那天的英勇事迹里面也有一些是营救战友的举动。比如D连的威利斯·克雷斯格一等兵由于主动救援F连的伤员而获得了铜星勋章。"当克雷斯格和另外两名同伴来到那名不能动的伤员边上时，一股敌军正从他们的右侧冲过来。克雷斯格一等兵顶着他们的火力冲上去，在距离敌人还有20码（18米）的时候，他扔出手雷并猛烈开火，他杀死了两名敌人，并迫使剩下的敌人逃走，然后冒着猛烈的迫击炮炮火和同伴们一起把所有伤员送回后方的安全地带。"

参加侦察队的还有纳德勒二等兵，他也帮助伤员后撤。四个人把伤员裹在一张床毯上抬着。在路上他们又看到别的伤员，只能又分开来帮忙，最后纳德勒一个人背着那名伤员走了最后一段路。可是当他把伤员放下来时，医生说那个人已经死了。纳德勒的连长对他说："纳德勒，1排肯定没有看到撤退的信号弹。你现在对这里的地形很熟悉。回去告诉那个排长把队伍带回来。不要有人掉队，你负责殿后，抓紧！还有一个小时就要天亮了。"

"当我抬着那张床毯时，把步枪交给别人拿了。现在我找不到武器了，不过没时间来谈论这种琐事了。我必须抓紧时间避免误事。我状态不错，只在十字路口停顿了一下，那里已经完全没人了。我真希望手上有把步枪。我朝右走一段路就能找到1排。由于时间紧迫，我无法采取谨慎的路线，因此决定直路行走，直到出现什么状况为止，或者我自己丧失了勇气再走下去。结果我好像走过了，情况变得很不妙。我在想难道整个排都被干掉了，才没找到他们？就在这时，我听到有人喊我名字。

我看到了少尉，告诉他撤退的命令。他之前看到了信号弹，但以为要等到第二颗才能撤退。在我看来他们可以立刻站起来撤退，结果在启程之前，他们又拖拖拉拉了15分钟。这群人里没有伤员，我们回到本方阵地上时，天已经亮了。在最后几十码的时候，敌军机枪开始

解围阿纳姆

朝我们射击。

我得到的命令是我要殿后。我如果不是走在最后面，肯定要被我的连长大骂一顿。我可不能让他得逞。我因此趴在地上，直到最后一个人走回阵地。然后我才站起来，跟上队伍。连长告诉我当看到我趴下时，以为我被打中了。我倒是想如果他真是那么以为的，为什么都没让人过去看看我。他也许在找救护兵。我反而很高兴他没派人过去，否则那个人倒是真有可能受伤。"

哈尔少尉因为近战中表现出来的领导精神而被授予勇气勋章（Certificate of Merit）。他们在攻克树林中的一处德军据点时打死打伤十五名德军，消灭了六挺机枪中的两挺。

美军方面一共3死7伤。除了舍贝莱恩少尉外，哈尔少尉也受伤了。这让F连在四周内有6名尉官伤亡。现在连里只剩下理查德森上尉、斯威特少尉、米德勒顿少尉、哈里斯少尉，受伤的麦克卡什少尉和哈尔少尉在后来返回部队。

科莫萨上尉的总结："只为了一名战俘，这个行动真是代价高昂。不管怎样，师部得到了他们想要的信息：我们面对的德军番号。我们的巡逻也可以按照正常需要来实施了。没有例外的，巡逻都在夜间进行，因为这片地区除了我们所占领的地段，全部都是平坦难以隐藏的地形。"

我们的阵地一直处在危险中。10月25日下午，A连1排的阵地被炮轰。维克多·雷特尔（Victor Rettell）二等兵头部中弹，当场身亡。两天后的中午，1营把阵地转交给3营，转换到奈梅亨以东的一片森林附近。A连3排的保罗·史汀生（Paul Stinson）二等兵悲剧地死了。

布列德少尉回忆："我们到达新地点时，包裹堆成一座小山一样。史汀生在找他的挎包，结果触发了一具铁拳火箭筒。这没有爆炸，不过尾管喷出的火焰把他烧伤了。我给他打了一针吗啡，救护兵来了又给他打了一针。他最后在我们怀抱中死去，不过不会感到疼痛。这一切发生得很快。

在短暂休息后，1营占据了从贝格恩达尔——惠勒班公路靠近福克斯希尔的一段作为防线。每天晚上，都有一个排会前出到弗森塔尔

第18章　坚守防线

担任预警哨。德军也会有类似的意图，因此每晚几乎都有一战。我们总是尽量早到，这样就可以躲到地下室去更为安全。在排和班之间通讯依靠SCR-536型无线电台。我更喜欢使用手摇式电话和各班联系。SCR-536型无线电台被放在比克的一座被选为连部的大酒店里。"

1944年10月30日，周一，布瑞斯上尉收到命令要再组织一个侦察队去抓"舌头"。他把任务交给了肯尼迪中尉，这是I连经验最丰富的排长。肯尼迪的3排在之前的瓦尔河强渡、登霍威尔树林之战，和10月27日的战斗巡逻中损失不小。因此在保持I连现有防线不被过度削弱的情况下，只抽调了少量人手来参与这次行动。

1排的威廉·怀特上士刚从英国千辛万苦赶过来，他已经从瓦尔河强渡所受的伤里康复出来。尽管他伤还没有完全好，他主动申请加入3排的战斗巡逻，并且向肯尼迪请缨担任先锋。

怀特手里的地图是路易斯·奥文上士标注好的，可以显示出I连上次巡逻中发现的德军火力点。肯尼迪、怀特带着另外三人前往因达尔抓"舌头"。大约一小时后，怀特踩上了一枚人员杀伤雷，几乎立刻又引爆了第二枚地雷。当麦克德尔莫下士和肯尼迪中尉上去把怀特拽回来的时候，肯尼迪又触发了一枚，他立刻受了重伤，麦克德尔莫的眼睛也被金属碎片炸失明。剩下的两个人抬着肯尼迪，引导着麦克德尔莫返回I连。

侦察的结果于21时30分上报，不过一开始没有告诉布瑞斯上尉关于怀特上士的死讯。1营的作战官戈特中尉和肯尼迪先交谈了一下，后者的左腿被炸飞了。他回忆："肯尼迪说要带着炸飞的腿回家。我估计救护兵给他打了太多吗啡，阻止他们去打第四针。"

布瑞斯上尉申请允许3排后撤，要找部队来替换这个损失了排长的单位。库克少校命令汉纳少尉指挥的G连2排来替换。汉纳出发前先来看望了一下肯尼迪："艾德非常不幸地踩上了地雷。我看到他躺在一具担架上，基钦上尉在照顾他。塔克上校也在那里，我记得还有戈特中尉，也许还有库克少校。艾德神志清楚，看起来并没有太多痛苦。他问我他的脚怎么样。我看了一下基钦，他摇摇头。我告诉艾德我觉得不是特别严重。但实际上腿和整个脚踝都完全不在了，只剩下一根

解围阿纳姆

骨头和肉粘在上面。

我带着我的手下在一名I连向导的后面通过雷场，来到那座屋子的残骸前。这个外围哨点的指挥部。士兵们在旁边树林边上挖了很多散兵坑。我们替换了I连，在这里待了一夜一天。我们在第二天晚上或者第三天晚上被替换。我们没有遭到敌军炮火袭击，也没有和敌军交火。

当我回去时，我听说肯尼迪在乘坐救护车前往医院的途中去世了。我那时和吉姆·戈特想的一样，肯定是吗啡打得太多了。我不记得有人会主动去巡逻，或者去外围哨点。我们仅仅是按照命令轮流去。"

眼睛失明的麦克德尔莫下士已经被包扎好，之前和肯尼迪中尉待在奈梅亨的同一个病房里。肯尼迪还开玩笑要看麦克德尔莫在下次舞会中的舞姿。肯尼迪在做了手术后，两个人被送往第24中转医院，结果肯尼迪于10月31日去世。麦克德尔莫后来治好了眼睛，又回到I连。他和奥文上士谈起过那次噩运连连的巡逻，以及和肯尼迪中尉的谈话。

里奥莱斯中士自愿要求和另外那两名士兵去回收怀特上士的尸体。其中一人拒绝前往，另外一人在出发时吓得直哆嗦。那次行动空手而归。晚上，里奥莱斯又召集了规模更大的一支巡逻队去，还是没有成功。

11月1日晚上，G连罗伯特·怀特（Robert Wright）少尉在率领部队巡逻时踩上地雷，当场被炸死。三天后，前线士兵开始参与新总统的投票选举。团爆破排的威廉·曼德勒中尉的看法很有代表性："这里的士兵没人关心谁在台上，他们只关心怎么打德国人，不能让德国过20年再来这么一出。换句话说，他们想要的总统可以彻底终结德国问题，确保美国参加某种国际组织，保持世界和平。

当我们和德国人谈话时（我们也不想多和他们有瓜葛），他们的第一句话肯定是，'噢，我不喜欢希特勒，是他逼我们的。'然后他们的第二句话几乎一定是，'我们有这么多一致的地方，美国为什么要对付元首？'所以那个'可怜的德国人民'的故事在我们这里没有市场，我希望后方也不要被蒙骗了。"

11月10日，H连的爱德华·凯利（Edward Kelly）一等兵在赫罗斯比克往惠勒班的路上受了重伤。他被一路送回了美国，并在医院里待

第18章 坚守防线

了六年，最后于1950年10月3日因伤情恶化死亡。就在凯利受伤两天后，加拿大第3步兵师第8步兵旅接替了第504伞兵团的防线。

旅长罗伯茨和他的手下于11月14日21时30分接过了3营的防线，而要替换A连的那个加拿大营还没赶到。邓肯上尉命令布列德少尉带一个加拿大排前往弗森达尔的外围哨点，A连已经撤离了那里。当他们靠近时，德军立刻开火了。布列德先躲进了旁边的树林，加拿大少尉给他的连长通报了情况，得到命令先撤回防守阵地。外围哨点被放弃了，布列德回到1营营部。他高兴地得知所有人都撤回来了，他搭顺风车回到自己的营，他们已经前往赫拉弗大桥的南面。"第二天早上，我们搭上卡车前往法国的兰斯（Reims），天开始下雪。在两天冻死人的旅程后，我们到了法国的西颂。"

2月8日加拿大第2步兵师在真实行动（Operation Veritable）中夺回了弗森达尔、格罗恩达尔、登霍威尔、霍威尔农场。

1945年9月17日，第504伞兵团和一些第82空降师其他单位的伞兵和滑翔机步兵乘坐卡车来到奈梅亨。到场的军官包括塔克上校、布列德中尉、加里森中尉和曼德勒中尉。曼德勒在10月6日出版的《螺旋桨滑流》杂志上写道："荷兰的赫拉弗和奈梅亨展现出美国南方式的好客。当第82空降师，包括第504伞兵团的30人代表团于上周回到一年前的空降作战地区时，荷兰民众从四面八方赶来，挤在奈梅亨大桥到市中心的街道两边，给他们的解放者最热烈的欢迎。早晨给第82空降师准备的仪式放在大桥上举行，詹姆斯·加文少将给荷兰地下抵抗组织领袖颁发奖状，给奈梅亨这座城市赠送了当时第82空降师在荷兰作战时使用的美国国旗。

下午的仪式在默伦霍克的第82空降师阵亡者墓地举行，荷兰的学童给每座坟墓送上了鲜花。加文将军、奈梅亨市长和赫罗斯比克橙色委员会向墓园的旗杆献上花圈。当第504伞兵团的成员出场后，引起了最为热烈的掌声。在荷兰作战中攻下的第一个目标就是赫拉弗大桥，这是欧洲最长的大跨径拱桥。第504伞兵团在降落2小时后就夺下了该桥。赫拉弗的市民在第504伞兵团的卡车经过时热情招手迎接。"

第504伞兵团和第82空降师的各部在二战里浴血奋战，解放荷兰的

解围阿纳姆

强渡瓦尔河的3营老兵于1944年11月在法国西颂营地（Sissone）的合影留念。中排最左边是H连的休·瓦里斯二等兵。第一排从左往右是克雷图斯·谢尔顿二等兵（H连）、刚被晋升为上士的勒罗伊·里奇蒙（H连），和霍恩中士（I连）。

第18章　坚守防线

功绩一直被当地民众所铭记。第504伞兵团在市场花园行动中的表现也很好地体现了荷兰和美国两国间的友谊、忠诚和互相尊重。

"在战后一年，"曼德勒中尉于1962年写道，"我们被邀请去荷兰赫拉弗再跳一次伞。我们营乘坐飞机去完成跳伞。地面上的民众都很投入，有些人甚至穿着跳伞服、靴子和其他装备。我特别记得还有一位金发美女也穿着跳伞服。

我们师的乐队也在那里，他们是乘卡车去的，我们在美军墓地上举行了纪念仪式。那里的状态保持得非常完美！那位金发美女和我们一起立正，听将军的讲话和乐队的演奏。后来她告诉我之前碰到我们的一位中士向她求婚，她也答应了。现在她站在这里，而中士躺在那片墓园里。"

后　记

1945.9—2014

　　整个第二次世界大战期间有大约6 000名官兵曾在第504伞兵团服役过，除此之外我们还不能忘记和他们一起浴血奋战过的第376空降野战炮兵营和第307空降工兵营C连的老兵们。哪怕只是给这些人的战后生活作一番简单介绍也会超过本书前文的长度。下面介绍只包括一些高级军官和已经去世的初级军官的战后生活。

　　到2014年3月时，幸存在世的最高阶军官（根据二战结束时的级别）是刘易斯·费恩（Lewis Fern）上尉（2营情报官）和莫法特·布瑞斯上尉（I连），两人均是九十多岁高龄了。整个第504伞兵团里共有23人获得优异服役十字勋章，其中尚健在的有约翰·格拉纳多斯（John Granados）、罗伊·汉纳、谢尔比·霍德（Shelby Hord）、詹姆斯·基尔南（James Kiernan）和詹姆斯·梅格拉斯。在诺曼底和荷兰战役期间获得优异服役十字勋章的人员名单列在附件A里。

　　大家在战后各奔东西，不少老兵选择留在美国陆军里继续发展。也有人去学习法律或者从政；有人进入了建筑公司或者成为建筑承包商；有人教授历史、艺术或者英语。但有一件事是共同的：他们从来不吹嘘自己在战争中的成就。相反，很多人对战争中的经历保持缄默，或者说尤为特别的是对他们的妻子和孩子绝口不提。在写作本书的过程中，我于2002年至2013年间联系了超过上百位老兵，那时距离二战结束已经有差不多60年了，我竟然是这些老兵在战后第一次敞开心扉，谈论二战的对象。

　　第504伞兵团老兵的这些谦逊品质无疑是传自他们团的"缔造

者"——西奥多·邓恩，第一任团长，也是第504伞兵团在战后第一位去世的高级军官。他于1950年12月14日在乔治亚州的哥伦布市去世，最后被埋葬在本宁堡的军人公墓中，C1区221号墓。令人惊奇的是在美国二战空降兵历史中没有一本书提到过他的名字。我第一次发现他的痕迹是从一份影印件里：《第504伞兵营——历史及图片回顾》（1942）（第504伞兵营是第504伞兵团的前身）。

邓恩上校在后来的战争里为西太平洋陆军运输总监服务。战争结束两年后，邓恩于1947年成为威斯康辛州的预备役军官团的高级讲师，他在这个岗位上一直干到1949年由于身体状况恶化而退休，最后的军衔为上校。

邓恩的继任者鲁本·塔克三世上校在他心爱的团里一直待到1946年5月10日，那也是该团到达北非三周年的纪念日。他后来被调到西点军校，担任第1学员团的指挥官，这个岗位一直持续到1948年8月19日。在此期间，他又添了两个儿子，格伦（1947）和司各特（1948），这时他一共有了四个儿子，第五个儿子克里斯托弗出生于1957年。

当塔克在西点军校工作时，他收到奈梅亨市长查尔斯·哈斯汀斯的一封邮件，请他帮忙回忆瓦尔河强渡和阻止德军炸桥的经过。塔克写了一份详细的说明给他，在末尾这样写道："我真心希望我写下的东西能对您和历史研究者有用，如果我还能提供帮助的话，会非常乐意效劳。"

在西点军校的工作结束后，塔克上校先后去过在麦斯威尔（Maxwell）空军基地的美国空军战争大学和在卡莱尔（Carlisle）的美国陆军战争大学，随后投奔在韩国的李奇微中将，担任第8集团军作战军官。他曾担任过比这个低得多的级别的类似职位，那就是第504伞兵团的前身第504伞兵营的作战官。李奇微熟悉塔克是一位经验丰富的战术专家。这份任命也解决了两人长久以来的一个死结，1944年夏李奇微认为塔克的能力无法胜任第82空降师的副师长或者参谋长职务。

在朝鲜服役了几年后，塔克被调往新泽西州的迪克斯堡（Fort

Dix），他成为那里的指挥官，随后又在1955年成为南卡罗来纳州查尔斯顿城堡的军事科技学院的教授。前第5集团军司令官马克·克拉克将军任命他为学兵队指挥官。一年后，已经晋升为准将的他被调入第101空降师担任副师长。他在这个职位上一直工作到1960年，然后被调到老挝负责一个秘密军事项目。

老挝的富米·诺萨万（Phoumi Nosavan）右翼政府在1960年成功夺权之后，使得当地的政治局势稳定了一段时间。之后塔克被晋升为少将。他的新职位是在华盛顿担任人事局步兵总监，他参加了1960年7月在布莱格堡第504步兵团第2空降战斗群的成立仪式。这个新的战斗群是用来替代原来的第503步兵团第2空降战斗群，后者刚被调往冲绳。塔克少将在1961年1月20日该部军官来参加肯尼迪总统的就职典礼时，安排他们参观了华盛顿的一些历史纪念地点。第二年，塔克少将被调到夏威夷的沙夫特堡（Fort Shafter）担任美军太平洋战区的作战军官。1963年，塔克少将28年的服役生涯终于结束，虽然退出现役，他仍然在预备役部队里发挥影响，并成为城堡学院的永久学兵队指挥官。

1967年10月1日，塔克将军的长子戴维·布鲁斯·塔克少校不幸在越南阵亡。在塔克将军生命的最后两年里，他知道科尼利厄斯·瑞恩正在写作《遥远的桥》，他也提供了一些材料，不过没有活着看到这本书的出版。

1970年1月6日，塔克将军在城堡学院散步的时候，忽然心脏病发作，他坐在一棵树下休息，随后长眠不醒。他当时只有58岁，鲁本·塔克三世于1月9日享以最高军事荣誉被安葬于南卡罗来纳州的博福特（Beaufort）国家公墓，20区61号墓。参加葬礼的将军们包括克拉克将军、约翰·托尔森三世中将（他曾在第503伞兵团服役）、约翰·雷克森准将（塔克之前团里的军官）。他的遗属海伦于1998年2月5日去世，两人合葬于同一个墓穴。他们的孩子布鲁斯（1939—1967）和格伦（1947—2010）都埋葬于同一处公墓。

鲁本·塔克的所有儿子都毕业于城堡学院：布鲁斯于1961年、杰夫于1964年、格伦于1973年以及克里斯托弗于1979年。克里斯托弗后晋升为准将，并于2009年9月被任命为美国陆军安全协助部的指挥官（US Army Security Assistance Command），该部门位于亚拉巴马州红石军械库。他于2011年退休。

3营营长朱利安·库克战后继续在第504伞兵团服役。1946年1月，他想说服罗伯特·布兰肯西普上尉和詹姆斯·梅格拉斯上尉留在美国陆军，不过没有成功。尽管他对他们的离去有些遗憾，不过这并不涉及个人恩怨。他后来被派到驻越南法军担任联络官，结果在那里患病，在不同的医院里辗转了八个月，这次意外使得他的仕途大受影响。他于1957年至1958年间担任第77特勤队的指挥官，后来又担任在弗吉尼亚州诺福克的大西洋战区参谋，20世纪60年代末，他被派驻到那不勒斯担任南欧盟军指挥部的参谋人员。1967年，他回过荷兰，重新探访当年的战场，他在1968年和科尼利厄斯·瑞恩有过相当多的交流。他之后不久退役，最后军衔为上校。

1977年6月，在《遥远的桥》出版发行以及瑞恩去世后，库克上校给凯瑟林·瑞恩写信想了解更多关于电影版《遥远的桥》的情况："到现在为止，这部电影的拍摄方没有联系过我，除了约·莱文那封1975年的公开信。一些媒体的记者或者作家给我打电话询问这部电影的情况。他们惊讶地发现我知道的也仅限于新闻上公开的那点东西。有一些被问到的问题让我严重怀疑我在这部电影里被塑造的形象会是怎样。"库克上校后来给威廉·布鲁尔（William Breuer）的《杰罗尼莫》（*Geronimo*）和克莱·布莱尔（Clay Blair）的《李奇微的伞兵们》（*Ridgway's Paratroopers*）提供过帮助，在署名时用了"亚伦·库克"这个战后改的新名字。

第504伞兵团3营于1957年除役，后于1968年7月短暂重组，不过于1969年12月15日再次除役。库克上校于1986年年初兴高采烈地得知该营要重建，他带着一帮I连的老兵前往布莱格堡参加4月的重组典礼。四年后的1990年6月19日，他以73岁高龄在故乡南卡罗来纳州的哥伦布市去世。他心爱的3营于2006年1月15日再次除役。

沃伦·威廉姆斯中校于1946年1月回到美国，这才第一次见到自己两岁大的女儿。作为一名职业军人，威廉姆斯后来又前往朝鲜服役，并成为亚拉巴马州鲁克堡（Fort Rucker）的美国陆军航空事故研究所的所长。他的部门负责研究航空事故，并制定预防措施。威廉姆斯于20世纪60年代以上校军衔退役，他为多本著作提供过咨询，包括前面提到过的瑞恩、布莱尔和布鲁尔的那几本书。他还和荷兰赫罗斯比克的解放博物馆的格拉德·图林神父保持书信往来，他为该馆于1997年出版的第82空降师荣誉榜提供了不少资料。距离他70岁生日还差一个月时，威廉姆斯上校于1986年5月11日去世。他以全套军事荣誉被安葬在阿灵顿国家公墓，65区4121号墓。尽管有关于他在安齐奥海滩获得过优异服役十字勋章的说法，但笔者并未找到确凿的证据。威廉姆斯是唯一一位参加过团里所有战役的营级以上军官，他于1943年4月就随部来到北非。

爱德华·维勒姆斯中校后来在军队里继续干着，于1955年3月11日被晋升为上校，担任西点军校人员和行政处的副处长。在差不多3年后，他离开了学院去了别的岗位。他最后于1972年退役，在军队共干了31年。那年春天，他和妻子在华盛顿州莱克伍德（Lakewood）安家。他于1976年9月22日以60岁的年纪去世。他被葬于北达科他州的法戈（Fargo）圣十字公墓。维勒姆斯从来没有和自己的父母或者亲属说过战时的经历，唯一一次例外是他之前在2营的副官切斯特·加里森中尉于1970年1月打电话来报告老长官塔克将军去世的消息，这下他的情感爆发了。加里森回忆平时不苟言笑的营长泣不成声。

团医伊凡·罗根少校战后回到他的家乡密歇根州，定居于萨吉诺（Saginaw）。戴着紫心勋章、勇气勋章和铜星勋章，罗根进入密歇根大学完成了三年的儿科深造。他于1947年娶了简·莫斯卡，两人共育有五名子女，他从1950年开始儿科门诊，一直到1985年退休为止。他长期和团里的屈尔牧师和那些救护兵保持联系。他于2010年11月28日以96岁高寿去世。他的遗体按照自己的愿望被火化。

德尔波特·屈尔牧师在陆军里一直待到1962年退休，时年55岁。然后他进入了陆军预备役部队，晋升为上校。他的职场第二春开始于在日本的传教活动，后来成为伊利诺伊州惠顿的新教使命团副总监。他于1946年结婚，与妻子德洛丽丝共育有五名子女。他与第504伞兵团老兵一直保持密切联系，他最后于2010年9月13日以93岁高龄去世。他接受过无数次访谈（包括本书），他还写作出版了一本战时回忆录《前线》。屈尔牧师被埋葬于伊利诺伊州埃尔伍德（Elwood）的亚伯拉罕·林肯国家公墓。

阿卜杜拉·扎克比少校在战后一度担任柏林指挥部的后勤副指挥官，后以中校军衔退伍。1960年，他开创了扎克比合伙人公司，把新的或者翻新后的重型设备卖往中东。扎克比回应了瑞恩于1968年的邮件征询，并从后者那里获得了威廉·艾迪生上尉和亚瑟·弗格森上尉的地址信息。他于1988年3月9日以88岁高龄去世在加利福尼亚州的蒙特利（Monterey）。

亨瑞·基普上尉在战后回到宾夕法尼亚州，定居于维拉诺瓦（Villanova）。他关于瓦尔河强渡的回忆被翻译成荷兰文，于1953年11月7日发表于荷兰报纸《格尔德兰》（*De Gelderlander*）。亨瑞·基普于1960年担任宾州医学院外科系的行政专员，并于1974年担任系主任助手。在瑞恩于1968年联系他后，他提供了一封1944年关于荷兰战役的邮件复印件，并送给瑞恩三张历史照片。亨瑞·基普于1983年7月11日在宾州大学附属医院进行一场心脏手术时去世，时年65岁。以他名字命名的亨瑞·基普基金会继续造福于费城艺术博物馆的藏品搜集。

卡尔·卡佩尔上尉同样留在军队里服役，成为本宁堡伞兵学校的讲师，他于1946年和赫曼·利特曼（Herman Littman）重逢，后者在西西里岛战役期间被俘。一年后，卡佩尔离开伞兵学校，进入步兵学院参加进阶军官课程，他于1948年以班级第一的成绩毕业。他42页的关于H连在荷兰战役前五天的作战记录还保存在本宁堡的多诺万图书馆里。

卡佩尔先后在朝鲜和越南服役，被晋升为上校。他对瑞恩研究市场花园行动的贡献是最大的。在1970年左右退休后，他从弗吉尼亚州的斯普林菲尔德（Springfield）搬到了北卡罗来纳州的休伯特（Hubert），他于1984年9月19日在那里去世，时年67岁，正好是瓦尔河强渡40周年的前一天。卡尔·威廉·卡佩尔上校以全套军事荣誉被埋葬于阿灵顿国家公墓，68区1575号墓。

1945年10月8日，罗伯特·布兰肯西普上尉被荷兰威廉敏娜女王授予威廉军事勋章（Military William Order）。这枚勋章是由威廉一世国王于1815年创建的，属于荷兰王国最古老、最崇高的军事荣誉，堪比法国的荣誉勋章，但获得者更为稀少。这份勋章还被授予了塔克上校、库克中校、威斯利·哈里斯上尉，并被追授给第307空降工兵营的威廉·克洛中士。1946年1月，布兰肯西普辞职离开陆军，返回平民的生活，这让当时的库克中校和塔克上校有些失望。他在路易斯安那州的亚历山大里亚（Alexandria）开始自己的生意，并被授予"年度市民"。布兰肯西普于1962年又获得了路易斯安那州德雷德市的"年度市民"，他从1968年开始担任当地市长，直到去世。他的死因并不是詹姆斯·梅格拉斯在《通往柏林之路》里所写的由于战伤，而是在1970年8月13日由于一次心脏病复发，时年49岁。

附录A： 优异服役十字勋章获得者

军衔	姓名	连队	获勋地点
少校	朱利安·库克	3营营长	奈梅亨
中士	谢尔顿·达斯汀	B连	赫门
少校	威拉德·哈里森	特遣队	诺曼底
下士	约瑟夫·居瑟克	E连	艾尔勒孔
一等兵	约瑟夫·克斯（追授）	F连	维彻伦
中尉	詹姆斯·梅格拉斯	H连	惠勒湖
一等兵	瓦尔特·慕斯泽斯基	I连	奈梅亨
下士	查尔斯·瑙	B连	赫门
一等兵	托马斯·罗杰斯（追授）	特遣队	诺曼底
上校	鲁本·塔克	团长	奈梅亨

附录B： 市场花园行动期间编制图

团部

团长：鲁本·H·塔克三世（Reuben H.Tucker）上校

团作战军官：沃伦·R·小威廉姆斯（Warren R.Williams）中校

S-1（人事官）：路易斯·A·霍普特福莱施（Louis A.Hauptfleisch）中尉

S-2（情报官）：福戴斯·格勒姆（Fordyce Gorham）上尉

S-3（作战官）：马克·C·谢利（Mack C.Shelley）上尉

S-4（后勤官）：威廉·A·B·艾迪生（William A.B.Addison）上尉

团医：伊凡·J·罗根（Ivan J.Roggen）少校

新教牧师：德尔波特·A·屈尔（Delbert A.Kuehl）上尉

天主教牧师：埃德温·J·科扎克（Edwin J.Kozak）上尉

1营

营长：威拉德·E·哈里森（Willard E.Harrison）少校

营作战军官：阿卜杜拉·K·扎克比（Abdallah K.Zakby）少校

约翰·T·贝利（John T.Berry）少校（1944年9月21日续任）

营医：保罗·D·布伦斯（Paul D.Bruns）上尉

A连连长：邓肯（Duncan）上尉

B连连长：托马斯·C·赫尔格森（Thomas C.Helgeson）上尉

C连连长：阿尔伯特·E·米洛伊（Albert E.Milloy）上尉

营部直属连连长：罗伊·E·安德森（Roy E.Anderson）上尉

2营

营长：爱德华·N·维勒姆斯（Edward N.Wellems）少校

营作战军官：威廉·科尔维尔（William Colville）上尉

营医：威廉·W．基钦(William W.Kitchin)上尉
D连连长：维克多·W．坎帕纳（Victor W.Campana）上尉
E连连长：瓦尔特·范·波克（Walter Van Poyck）上尉
F连连长：贝弗利·T．理查德森（Beverly T.Richardson）上尉
营部直属连连长：罗伯特·J．采拉尔（Robert J.Cellar）上尉

3营

营长：朱利安·库克（Julian Cook）少校
营作战军官：亚瑟·W．弗格森（Arthur W.Ferguson）上尉
营医：海曼·D．夏皮罗（Hyman D.Shapiro）上尉
G连连长：弗雷德·H．托马斯（Fred H.Thomas）上尉
H连连长：卡尔·W．卡佩尔（Carl W.Kappel）上尉
I连连长：T．莫法特·布瑞斯（T.Moffat Burriss）上尉
营部直属连连长：沃伦·S．伯克霍尔德（Warren S.Burkholder）上尉

师部作战联络官

约翰·S．雷克森（John S.Lekson）少校

驻美军第9航空队联络官

艾尔伯特·F．史密斯（Elbert F.Smith）中尉

握着汤普森枪的莫法特·布瑞斯上尉和他I连的士兵一起飞往荷兰,搭乘同一架飞机的还有新教牧师德尔波特·屈尔上尉(站立戴头盔者)。前排的医护兵是罗伯特·多瑞迪二等兵,后排右起第二人是弗朗西斯·基弗二等兵。前排右起第二人也许是杰克·塞琴格二等兵,他在三天后战死。

C-47运输机在斯潘霍机场准备起飞。摄于1944年9月17日。

1944年夏，四名I连士兵在英国的埃文顿。注意帐篷上的部队标志。

左图：A连的詹姆斯·邓恩少尉在强渡瓦尔河后不久就受伤。他的日记提供了不少市场花园行动的细节。
右图：I连的爱德华·肯尼迪少尉，在一次夜间巡逻中误入雷区，伤重不治身亡。

3营接受德怀特·艾森豪威尔将军和路易斯·布里尔顿以及其他高级军官的检阅。摄于1944年8月。

1944年夏，I连一群士兵在埃文顿的合影。后排最左边的是约翰·加拉赫二等兵。前排左数第二人是哈利·巴斯比少尉，他强烈预感自己会在荷兰被打死。

埃文·基德二等兵在吉普车上看到的10号桥景象。照片很可能拍摄于1944年9月20日。

来自马斯——瓦尔运河旁尼尔布施孤儿院的一群孩子,摄于1944年9月。最前面手里拿着一根棍子的是维姆·范·鲁特恩,他是作者爷爷的堂兄。

美军P-38闪电战斗轰炸机正在压制马斯河大桥旁的德军高射炮阵地。摄于1944年9月17日。

E连降落在维尔普附近。摄于1944年9月17日。注意画面最右端正在靠近马斯河大桥的是汤普森少尉的飞机。

赫拉弗附近马斯河大桥北端的高射炮塔。摄于1945年9月。

赫拉弗附近马斯河大桥的北端，1945年9月。这座欧洲最长的大桥被第504伞兵团夺取。

英军第30军的车队通过赫拉弗附近的马斯河大桥,由莫法特·布瑞斯上尉于1944年9月18日在桥北拍摄。

塔克上校的部队在上阿瑟尔特的空降区跳伞。摄于1944年9月17日。(Mass River 马斯河 Mass Bridge 马斯河大桥 Overasselt 上阿瑟尔特 DE Gaasselt Farm 德·加塞尔特农场 Gaasseltsedam 加赛尔特丹)

沃伦·威廉姆斯中校（带无线电者）和福戴斯·格勒姆上尉(右)在上阿瑟尔特。摄于1944年9月17日。

被押往后方的德军战俘经过上阿瑟尔特的团指挥部。摄于1944年9月17日。

德军战俘进入上阿瑟尔特。

上阿瑟尔特的镇公所被用作塔克上校的第一个团部。照片由霍普特福莱士少尉于1944年9月拍摄。

左起:朱利安·库克中校(近处)和3营的军官,1945年5月。后排:托马斯·皮特(人事官)、威廉·基钦上尉(营医)、佚名、亨利·基普上尉(作战官)和维吉尔·卡迈克尔中尉(情报官)。

第504伞兵团一名少尉和两名士兵开着一辆缴获的德军乘用车。拍摄于1944年9月的上阿瑟尔特。

团部的人员在查看那辆缴获的德军乘用车，拍摄于上阿瑟尔特。

团部的人员在查看那辆缴获的德军乘用车，拍摄于上阿瑟尔特。

B-24"解放者"来执行空投补给的任务,这引起了当地民众的围观。照片拍摄于1944年9月18日的上阿瑟尔特。

德军战俘被押往上阿瑟尔特附近的田野里去搬运那些空投下来的补给。摄于1944年9月18日。

福戴斯·格勒姆上尉在上阿瑟尔特审讯德军战俘。

荷兰民众和塔克上校的手下在赫拉弗邮局外的合影。摄于1944年9月18日。

哈特尔特附近的风车。

左图：维勒姆·范·厄是一位在奈梅亨志愿加入E连的荷兰人，他在部队里一直待到1945年5月战争结束。
右图：B连亨利·多诺万少尉签发给本·波曼的证明书，表明他作为荷兰向导的功劳。

亨利·多诺万少尉是B连的作战军官,这张照片拍摄于他在1944年9月17日登上飞机前。

阿布达拉·扎克比少校(有胡须者)和其他1营军官,1944年夏拍摄于英国。

3营机枪排的格雷迪·罗宾斯中士在I连于1944年9月21日上午在楞特附近发起的进攻中阵亡。

托马斯·卡特中士（战俘照）在1944年9月17日作为飞机乘务长参加了他的第一次战斗飞行。他是理查德·博汉南上尉那架C-47运输机上唯一幸存下来的机组成员，落地后被俘。

马斯——瓦尔运河靠近7号桥的河段,位于赫门附近。摄于1945年9月。

D连威廉·兰西德尔二等兵(于突出部战役阵亡)与兰格沃特家族在赫拉弗的合影。照片摄于1944年9月18日。后排:格莉、米斯、埃尔斯、兰西德尔二等兵和雅内克。前排:弗兰斯和洛基。

中俯视火电站,图中能看到对面的河岸。上图最左边是雷纳德·特林布二等兵被潘道尔抵抗组织所救的地点。

被损毁的瓦尔河铁路桥,照片拍于南岸。

奈梅亨附近的公路桥。摄于1945年9月。

在奈梅亨地区被击毁的英军坦克。摄于1945年9月。

左图：E连的约翰·汤普森少尉，他在市场花园行动的第一天就率部攻克了马斯河大桥的南端。他也是团里公认最帅的军官。
右图：A连的菲·斯蒂格二等兵在马斯——瓦尔运河的10号桥认识了孤儿扬·范·迪伦。

朱利安·库克少校在英国一次演习间隙留下这张微笑着的照片。库克在强渡瓦尔河作战中赢得了全营的尊重。

左图：E连的卡尔·毛罗少尉在荷兰战役的第一天就救了自己的连长。他于10月3日在E连连部时遭遇德军炮弹袭击，受了重伤。

右图：第307空降工兵营C连的约翰·霍拉伯德少尉是在瓦尔河强渡中随第一拨部队过河的唯一一名工兵军官，他协助部队拆除桥上的爆破装置。

威廉·曼德勒少尉是团爆破排的军官，他也在第一波渡河部队中。他后来与戴维·惠特尔一等兵在1945年编写第504伞兵团战史。

宾·塔克三世上校于1942年12月至1946年5月间担任第504伞兵团团长,照片拍摄于1935年他刚从西点军校毕业的时候。

左图:罗伯特·科勒二等兵是詹姆斯·梅格拉斯的H连救护兵,他在瓦尔河强渡中阵亡。
右图:瓦尔特·慕斯泽斯基二等兵,由于自己在1944年9月20日攻克楞特的战斗中表现英勇而获得令人羡慕的优异服役十字勋章。

H连的约瑟夫·福雷斯塔尔站在霍威尔农场谷仓的门口。摄于1944年9月27日。

斯坦利·克里斯托弗森二等兵是I连的救护兵,他曾英勇救助了彼得·克雷松二等兵。

H连的威廉·普利斯顿在晚上返回连部时被友军误伤。

左图：特德·巴亨海默一等兵在跳伞学校的照片，摄于1942年夏天。巴亨海默在敌军战线后方帮助荷兰抵抗组织时被德军捕获并被杀害。
右图：第80防空营B连的罗素·布斯迪克少尉，他带着两门57毫米火炮于1944年9月18日随同2营作战。他们通过英军的筏子渡过瓦尔河。

党卫军第21装甲掷弹兵团的党卫军一级突击队中队长卡尔-海因茨·欧林负责瓦尔河大桥南岸的防守。对他来说,瓦尔河强渡的成功迫使他放弃阵地后撤。

上尉彼得·卡林顿勋爵(图中)和他第2近卫步兵师的坦克手。

格拉德·佩吉·赫拉福德一等兵和他父亲的合影，拍摄于格拉德乘船前往北非之前。他于1944年9月24日前往教堂祷告的途中被炮弹击中身亡。

理查德·贝托勒特救护兵、埃德温·科扎克上尉（天主教牧师）、罗伯特·哈罗朗上尉（牙医）和艾迪·米古斯军士长在比克合影。照片摄于1944年9月。

A连2排迫击炮班的约翰·伊索姆一等兵和阿尔伯特·克拉克中士合影,他们都穿着自己的A级制服。在克拉克于9月27日受伤后,伊索姆被晋升为中士。

詹姆斯·盖文少将(左)于1945年7月给第504伞兵团团医伊凡·罗根授勋。

第504伞兵团一名受伤的伞兵被装上一辆救护车送到后方的野战医院去。

第504伞兵团的团急救站。摄于1944年9月。

H连的戴维·罗森克朗茨上士和约翰·巴尔达萨在霍威尔村附近阵亡。

第504伞兵团位于贝格恩达尔的阵地朝东北方向看出去的情景。

鲁宾·塔克上校（左）拜祭莫伦霍克美军公墓时的情景。摄于1945年9月。

A连的雷诺·布列德少尉带着第504伞兵团仪仗队前往瓦尔河大桥，这是他们参加1945年9月在奈梅亨庆祝解放的活动。

詹姆斯·加文少将给奈梅亨市长查尔斯·哈斯汀斯赠送铭牌。摄于1945年9月。

德尔波特·屈尔上尉（新教牧师）与即将离开的H连罗伊·汉纳中尉握手告别。摄于1945年6月。

因达尔的这座房屋在美德两军中的争夺中曾多次易手。

帕特·希令于2013年4月来到G连他的父亲弗雷德·希令于1944年9月28日被俘的地点。